播音与主持艺术专业"十四五"规划教材

播音创作基础训练教程

第三版

李新宇 ◎ 主编

BOYIN CHUANGZUO JICHU
XUNLIAN JIAOCHENG
[DI-SAN BAN]

播音与主持艺术专业训练教材

中国传媒大学出版社
CUCP
· 北京 ·

本书编委

张　俊

徐　华

李　鹏

邓凯元

贾　婉

马少楠

第三版修订说明

《播音创作基础训练教程》第一版于2011年出版，第二版于2017年出版。多年来，得到广大读者的认可，被多所高校相关专业选为教材。

本书紧密结合一线实践，训练材料中除保留经典稿件外，增加了当下热播节目的实录，更新了新闻稿件、评论稿件、分析案例等，并增加了新媒体节目的内容。部分稿件附有二维码，读者用手机扫描后可直接收听收看。因此，《播音创作基础训练教程》（第三版）更贴近时代发展、贴近实践需要。

本书难免有疏漏之处，欢迎各位批评指正！

李新宇

2024年5月

写在前面

两年前，一群怀揣梦想的年轻人集合在山东传媒职业学院播音主持系豪迈地开始创业；两年后，这群年轻人竟交上了一份令人自豪的答卷——一部自己编写的教材。这部教材即将付梓并嘱我为序。我作为他们中的一分子，感奋之余写上几句话，也算是对年轻人的奖掖。是义务，更是责任。

播音主持专业教学自20世纪60年代滥觞于北京广播学院，得益于一代代播音教学岗位巨擘、大师、前辈、同侪的矻矻致力，薪火相传，而今已迈入枝繁叶茂、万类霜天竞自由的盛年。现如今，播音主持学术理论大架已然形成，同业人在科学承继中前瞻、创新与发展，一批又一批播音主持人才走出象牙塔，在广播电视一线挥洒着智慧和才情。这是广播电视事业兴旺发达之兆迹，也是播音主持后备人才培养之方略。广播电视事业发展如火如荼；播音主持专业人才培养亦跨越常往，继续抒写着一代风流。于今天在播音主持岗位上奋斗了38个春秋的我辈，欣然中自是慨当以慷。后浪推着前浪走乃社会发展之必然，顺天应人，倾其全力扶掖晚生，给他们一些善意、实用的提醒当是为序之初衷和向往。

播音主持创作基础，是播音主持专业的一个重要组成部分，业内人士将它提炼为“内外部技巧”。普通话语音和播音发声教学是它的前提和基础，文体、语体教学又以它为前提和基础。这里不仅仅有技术手段和艺术技巧，更重要的是培养学生规划并因循一条正确的道路和思路去创作。它影响学生的不仅是几年，而是整个业务生命。这本《播音创作基础训练教程》是播音主持系年轻教师根据教学感悟和心得于一年之内攒集起来的,从训练手段、方法、体例方面对原已定型的理论进行了部分拆解和组合,对训练材料严格甄选,使其既彰显出播音主持创作理论的丰富性、完整性,又不失科学性和规范性。当然,作为一门专业训练课程,其系统性、科学性、实用性效果如何,必然有一个不断修正提炼、去芜存菁的过程,尚待教学实践的检验。但既然我的同事们有勇气将其与教学同行共享并求教于方家,表明这帮可爱的同事们对于专业的敬畏、热爱和追求,同时也表明播音主持教学后继有人、前程无虞了。

山传播音主持系的专业建设刚刚起步,各项专业教学活动方兴未艾。不久,这帮年轻人又会干出些啥大“动静”来也未可知!还是多点信心把它交给时间和岁月吧……

是代序。

张涵

2011 年 3 月 8 日

张涵(萧涵):山东广播电视台播音指导,国家广电总局教育师资库成员,中广协会播音主持委员会副会长,山东省广电协会播音主持专业委员会副主任委员、秘书长,山东省播音高级职称评委会主任委员,山东省广播电影电视局专业技术拔尖人才,国家级普通话水平测试员,国家职业技能鉴定高级考评员。从业 38 年,连续三届山东省广播电视局首席播音员,142 件作品在全国、全省获奖 216 次。播音执教 33 年,培养学生 15,000 余人。出版《普通话语音教程》《实用普通话》《播音主持语音发声训练教程》《播音员主持人汉字读音手册》等图书 170 万字,发表论文 2 万余字。曾获山东省“我最喜爱的广播电视主持人”第一名。

目录

CONTENTS

第一单元　准备稿件

教学目的：学生理解备稿的必要性，掌握备稿的基本要求和规律，树立备稿是播音创作的重要基础的意识，能够熟练地运用“备稿六步”对稿件进行“理解稿件——具体感受——形之于声——及于受众”的创作与表达。

教学要求：学生明确备稿的概念、重要意义、要求和方法，学会运用“备稿六步”进行备稿。

重点难点：备稿六步。

课时安排：大课 2 课时，小课 4 课时。

第一部分　理论概述

一、备稿的必要性

（一）播音不是个人的随意活动

播音员在话筒前的有声语言创作活动绝不是个人随意的语言活动，播音员必须受到稿件的制约，必须忠实地、准确地反映稿件的精神实质，鲜明生动地传达稿件的思想感情。播音作品是播音员的二度创作，如果对稿件没有深刻的了解和把握，二度创作也就无从谈起。播音员只有“吃透”稿件，把稿件变成自己要说的话，才能创作出高水平的播音作品。

（二）从文字到有声语言的转换不是简单的对应过程

有声语言并不仅仅是文字和语音的简单对应。稿件是作者对客观世界的认识的反映，是作者思维活动的成果，播音员要将这一思维成果转化为清晰、准确、生动感人的有声语言,就要深入稿件,并通过稿件认识其反映的现实生活,把握作者的思维过程,领悟、体味作者的认识成果。

(三)稿件内容纷繁,形式多样

播音员不可能对遇到的所有稿件的内容都熟知,因此只有在备稿上下功夫才能在话筒前有上佳表现。另外,节目形式的不同,要求播讲方式随之变化,哪种方式更适合节目形式以及稿件特点的要求,都需要播音员在备稿过程中精心考虑。

在备稿这一环节上的错误做法是拿过来就念;即便考虑一下,也考虑得比较粗略,不够细致;即便考虑得多一些,也很少将这一过程落实到纸上;即便落实到纸上,也不愿多做量的积累。所以,在学习备稿时,不仅要将备稿分析落实到纸上,还要多做量的积累,在这个过程中,逐渐掌握迅速备稿的能力。

二、备稿的要求

(一)准确、迅速、深刻、精细

播音工作是党的新闻工作的一部分,播音员日常担负的工作以新闻节目播音为主。这样的工作性质和业务范畴决定了播音员必须具有极强的政治意识,同时注意高质量和高效率地完成工作。具体到备稿这个环节,从效率上说,要求迅速、熟练;从质量上说,要求深刻、精细理解稿件。可以说,备稿是播音员应熟练掌握的业务基本功之一。

(二)把稿件变成自己要说的话

把稿件变成自己要说的话主要包括两层意思:一是指激发播讲愿望,产生积极的语言表达心态;二是指备稿的终结,要在头脑中形成与稿件一致的思想感情运动线,以及声音变化的大致轮廓。作为播音语言的表达者,播音员要有明确的语言目的,要有说话的冲动和意念,只有这样才可能有真诚恳切的语言传达和交流。

三、广义备稿:备稿的基础

每一次备稿都需要调动播音员的知识储备,可以说,播音员各方面的修养就是广义备稿的基础。一个人多方面的修养需要在实践中不断学习积累,这就是我们常说的广义备稿。广义备稿主要包括思想政治水平、文化知识和专业技能三大方面。

(一)较高的思想政治觉悟和水平

播音员是新闻工作者,应具备较高的政治理论修养和政策水平,能够正确分析问题、认识问题,把握政策分寸。播音员在立场、感情上应与党和人民站在一起,积极深入生活,深入群众。

(二)广博的文化知识

播音员遇到的稿件是多样的、复杂的,因此播音员的文化水平应该较高,凡事尽量多知道一些。孤陋寡闻、不懂装懂容易在播音时闹出笑话,而这些可以通过不断学习来避免。

(三)深厚的专业基本功和艺术修养

为了更好地完成二度创作,播音员应当具有良好的驾驭有声语言的能力和娴熟的语言表达技巧。提高语言功力是播音员不断努力的目标。播音是一门语言艺术,艺术是相通的,加强艺术修养可以从姊妹艺术中汲取营养,增强播音的表现力。

四、狭义备稿:备稿的方法

狭义备稿,是指播出前具体的一篇稿件的准备,概括起来有六个步骤,简称“备稿六步”。它们是:划分层次、概括主题、联系背景、明确目的、分清主次、确定基调。

(一)划分层次

所谓层次,是指稿件的布局和结构。稿件的自然段是从写作角度形成的,而层次是根据播音的需要划分的。层次是对自然段的进一步整理,是指对自然段的归并和划分。

1.归并

归并,就是把内在联系比较紧密的段落合为一个层次。如果全篇稿件中层次很多,还要把内在联系比较紧密的层次合为一个部分。有小标题的稿件,每个小标题里的内容就是一个层次。

2.划分

划分,是指把一个自然段里的内容分为几个小层次。简短的自然段可以不再划分,较长的自然段可以划分。划分层次的目的是使句子“归堆儿”“抱团儿”。

概括层次大意要简单明了,抓住关键词点到即可,切忌啰唆繁杂。

经过归并和划分,稿件的脉络就更加清晰了,人物、事件的来龙去脉,观点、例证的前因后果,在播音员的心目中就更加明确了。

(二)概括主题

主题就是稿件的中心思想,是作者通过具体的人物、事件反映出来的看法、主张和态度。

主题不是主要事实,而是主要事实中包含的思想意义。概括主题既要揭示稿件深刻的思想意义,又要有利于调动播音员的思想感情。

(三)联系背景

播出背景包括两方面的内容:一方面,是指与稿件有关的党和政府的路线、方针、政策等;另一方面,是指国际、国内各方面的现实情况及其变化。我们把前者称为“上情”,把后者称为“下情”,而下情里还有“主流”和“支流”。主流是指与稿件有关的现实情况及其变化中的好的方面和代表事物发展前进方向的方面;支流是指与稿件有关的现实情况及其变化中不好的方面和存在的问题。联系背景是为了更好地把握稿件中的政策精神,加强播音的针对性。

(四)明确目的

播讲目的,是指稿件在德、智、美三方面所能实现的社会意义和作用,所能达到的传播效果,所要遵从的引导方向。因此,每一篇稿件都要求目的具有纲领性、准确性和感染性。

(五)分清主次

重点一般是直接表现主题、体现目的、抒发感情、感染受众的地方。重点是落实播讲目的的重要环节。分清主次,从大方面讲,要抓住重点部分,包括重点层次、重点段落;从小方面讲,要抓住重点小层次、重点句子。这两方面不可偏废。

重点的分布,大体有两种情况:集中或分散。集中,是指重点集中在一两个部分、层次、段落,其他部分、层次、段落都是非重点;分散,是指重点分散在各部分、各层次、各段落中。

(六)确定基调

基调,是指稿件总的感情色彩和分量、播音时总的态度倾向,不是指某一句或某一段的感情色彩和分量,也不是指播音时声音的高低。它体现的是播音员对稿件认识、感受的整体结果。随着稿件内容的发展，感情色彩和分量是不断变化的，这种变化既是形成稿件基调的具体因素，又受稿件基调的制约。

基调的概括要贴切，态度要鲜明；既要注意整体感，又要有变化，基调是在统一中有变化的。

训练建议：

(1)训练篇目的选择要由易到难，由简至繁，由短到长。

(2)特别要注意一段当中小层次的划分。

(3)播出目的要明确，要能触动“说”的愿望。

(4)联系背景是难点，教师要多加引导，训练中要多提问，课下要求学生多做分析。

(5)重点不仅要落实到纸上，更要落实到口上。

(6)基调的把握也可以从本书第二单元、第七单元中的小段子练起，培养找准基调的意识。

(7)训练阶段一定要写出详细的分析笔记。

参考文献：

(1)张颂主编：《中国播音学》(修订版)，第十九章《准备稿件》，北京广播学院出版社 2003 年版。

(2)付程主编：《实用播音教程》(第二册)，第一单元《准备稿件的方法》，北京广播学院出版社 2002 年版。

第二部分　示例分析

示例一：新闻

驰骋大漠 为祖国“加油”

当代中国青年生逢盛世，重任在肩。祖国最需要的地方恰是青年人拼搏奋斗的舞台。2020 年，中国石油大学(北京)克拉玛依校区的首届本科毕业生中，有超过四分之一的学生响应祖国号召留在边疆，担起西部建设重任。越是艰险越向前,青年人的豪迈与激情点亮了大漠荒滩,让祖国边疆更加美丽。

在新疆准噶尔盆地,沙漠中采油机轰鸣声不绝于耳。

25 岁的樊译阳负责着油井的设计、运维工作。樊译阳服务的陆梁油田作业范围5300 多平方公里,相当于北京三分之一的面积。工作三年,小樊已经摸排了这里近一半的油井,超过 600 口。

战沙梁、挺脊梁、做栋梁。毕业刚两年,他就担起了高产井的运维设计的担子。重任在肩,使命光荣。在油田三人间的宿舍床头这张照片上,樊译阳写上了一句诗:"濯鳞沧海畔,驰骋大漠中。"这是诗词《壮士篇》的节选,也是樊译阳的青春之歌。

扎根大漠戈壁,让青春更加闪光,阮思雅也是其中一员。工作三年,阮思雅干过油田近一半的工种,零下二十多度查油井,顶着酷暑上塔架。茫茫戈壁,每次巡查油井,阮思雅的行头都超过十斤重。

在阮思雅服务的采油厂,编号 193 的油井有着"英雄井"的美誉,这是新中国第一口日产超百吨的高产井。

驰而不息,久久为功。2020 年,中国石油大学(北京)克拉玛依校区第一届本科毕业生有 118 名学生选择扎根西部,2021 年这个数字增加到 220 人。

(2023 年 5 月 4 日《新闻联播》)

示例分析:

(1)层次:全文共七个自然段,可分为四个层次。

第一层:第一自然段。中国石油大学(北京)克拉玛依校区的首届本科毕业生响应祖国号召留在边疆,建设西部。

第二层:第二、三、四自然段。樊译阳奋战在大漠,谱写青春之歌。

第三层:第五、六自然段。阮思雅扎根戈壁,让青春更加闪光。

第四层:第七自然段。扎根西部的中国石油大学(北京)克拉玛依校区的本科毕业生逐年递增。

(2)主题:通过对中国石油大学(北京)克拉玛依校区首届本科毕业生响应祖国号召留在边疆,建设西部的介绍,赞扬了他们为祖国的西部建设无私奉献的精神。

(3)背景:上情是国家提倡大学生到祖国最需要的地方作贡献。

下情分为主流和支流。主流是相当一部分大学生响应祖国号召,留在边疆,建设西部;支流是有少数大学生还没有行动起来。

(4)目的:引导、鼓励更多的大学生为祖国的西部建设作出积极贡献。

(5)重点:第一、七自然段。其他自然段中也有重点句,比如具体人物的具体事迹。

(6)基调:赞扬、热情、明快。

示例二:评论

“娱乐圈”低龄化的隐忧

崔孟金

从模特走台到婚庆主持,从影视拍摄到电视选秀,越来越多的幼稚面孔出现在大众娱乐的领域。带着孩子走进娱乐圈,已成为许多家长的选择。3岁练舞蹈、4岁学钢琴、5岁练书法、6岁画国画的孩子比比皆是,“小明星”们正在被全力打造出来。看看舞台上的这些孩子吧——“小模特”浓妆艳抹,扭腰摆胯,“小婚礼司仪”煽情搞笑,大谈情爱,“小歌手”劲歌热舞,高唱情歌……他们的脸上少了些许天真,多了几分成熟;少了些许稚趣,多了几分老成。

很难说这些家长将孩子打造成“童星”的初衷是什么,为名?为利?为了赶潮流、跟形势,还是让孩子见世面、开眼界?难道家长们真的将张爱玲那句“出名要趁早”当成了培养孩子的座右铭?打造明星并非易事,让几岁、十几岁的孩子混迹复杂喧嚣的娱乐圈,对他们今后的成长究竟是好是坏还很难说。

成为童星绝非易事。如果孩子不具备某一方面的天赋而硬要他去学习,那只能是揠苗助长,不但很难使孩子在这方面有所成就,还会使他因巨大的压力而产生自卑心理甚至厌学情绪。即使孩子对某艺术领域有强烈的兴趣爱好,要想学有所成,也需要后天扎实系统的训练。“台上一分钟,台下十年功”——那些急着让孩子登上电视屏幕的热心家长们,真正能够静下心来了解孩子的特点和意愿,真正有耐心、有能力为孩子创造一个良好的艺术学习环境的究竟有几人?

为了当明星这样一件概率极小的事情,把孩子抛进“名利场”是一种不理智的行为。古有方仲永“天才沦为平庸”的先例,今有因成功主演《小鬼当家》中的“凯文”而一跃成为耀眼童星的麦考利·卡尔金的销声匿迹。鲜花和掌声往往成为童星成长中的陷阱。而那些娱乐圈的“常青树”多是在成年后涉足此行业的,他们一般都具有良好的教育背景,既能在台前又能做幕后,涉足娱乐圈是他们在对自身兴趣特长的客观审视和对未来人生道路的合理规划下,作出的职业选择。因此,他们的“星光”经久不衰。著名主持人杨澜在加盟《正大综艺》之前,走的是一条中规中矩的求学道路。在央视大获成功后,她又主动选择全身而退,到美国哥伦比亚大学攻读传播学硕士学位,为自己充电。硕士毕业后,杨澜从主持人走向传媒管理岗位,并获得了社会的高度认可。杨澜的厚积薄发对那些心急的童星父母来说,足以为鉴——即使成不了童星,也至少能够成为社会良材。

孩子成才的道路千万条,"星"和"家"的结果不是催出来的,而是酝酿、培养出来的。面对鲜花和掌声,家长们更应认真思考:怎样才能使孩子们健康成长、成才立业。

示例分析:

(1)层次:全文共五个自然段,可分为四个层次。

第一层:第一自然段,指出娱乐圈存在低龄化现象。

第二层:第二、三自然段,具体分析娱乐圈低龄化现象出现的原因,提醒家长,孩子过早进入娱乐圈会对其产生不良影响。

第三层:第四自然段,利用正、反例子,进一步阐述让孩子过早进入娱乐圈是不可取的。

第四层:第五自然段,提出建议:家长应该更多地考虑如何让孩子健康成长。

(2)主题:本文通过对娱乐圈低龄化现象的分析,呼吁家长一定要正确对待"出名要趁早"这句话,应更多考虑如何让孩子健康成长。

(3)背景:上情是提倡根据孩子的实际条件选择发展方向,让孩子健康快乐地长大。

下情分为主流和支流。主流是大部分家长能够从孩子的自身条件出发,为孩子提供一个适合他们的发展空间和方向。支流是一些家长片面地追求"出名要趁早",使孩子脱离实际发展,最终沦为平庸,浪费了时间和精力。

(4)目的:提醒家长从实际出发培养孩子,以免葬送了孩子的前途。

(5)重点:第二、三、四、五自然段。

(6)基调:严肃、诚恳。

示例三:新闻特写

请过路吧,亲爱的藏羚羊

朱海燕

昨晚,约有500只藏羚羊带着刚满月的儿女们,通过可可西里青藏铁路工地,向黄河源头的扎陵湖、鄂陵湖迁徙。

为了不惊扰这些可爱的精灵们,可可西里至五道梁一线,铁路夜间停止施工,拔走彩旗,灯光休眠,机器熄火;作为高原生命线的青藏公路,过往车辆在夜间停驶3个小时。这里又呈现出一种远古洪荒的宁静，只有高原的夜风为这群母子结成的队伍送行。

潜伏下来的观察哨称：跨越铁路线，母藏羚羊若无其事，像跨过自己家的门槛一样；小羊羔紧依着母羊，流露出一种莫名其妙的惊喜。

每年6月至8月，藏羚羊集结成群，长途跋涉，前往可可西里腹地的卓乃湖、太阳湖一带产崽，完成一年一度的延续种群的历史使命。小羊羔满月后，再由母羊呵护着返回原栖息地。

今年6月20日前后，两万多只雌性藏羚羊北上产崽，铁路夜间停止施工10天，为它们开辟通道。一个多月里，两万多只小羊羔诞生在那块神秘的"天然产床"上。估计，从8月4日到8月15日，将有4万只大小藏羚羊跨过铁路安然回迁。

藏羚羊是国家一级保护动物，有"羊绒之王"的称号，因此，也带来杀身之祸。10多年来，偷猎者大量涌入，每年有上万只藏羚羊遭到捕杀。1994年，保护区工委书记索南达杰，为保护藏羚羊，在太阳湖与18个偷猎者搏斗，壮烈牺牲。

青藏铁路开工后，环保理念渗透到建设者的血脉之中，青藏高原成为他们心目中环保的圣地。他们精心爱护每寸绿草，善待每一种动物。一年来，他们将5只失去母爱的小藏羚羊送到自然保护区机关，可爱的小宝贝们得到了妥善的保护。在他们这种精神的昭示下，没有一只藏羚羊在捕杀的枪声里倒下。

这块拥有野生动物230多种，国家重点保护的一、二级动物20多种的土地，正在恢复往日野生动物天堂的动人景象。

可可西里自然保护区党委书记才嘎说，铁路建设的一年间，藏羚羊增添了两万多只，估计到铁路建成之日，将由现在的7万只增至15万只。

据悉，青藏铁路在设计中专门设立了动物通道。铁路建成后，不影响野生动物的正常生活和自由迁徙。

示例分析：

（1）层次：全文共十个自然段，可分为五个层次。

第一层：第一自然段。藏羚羊安全迁徙。

第二层：第二至五自然段。藏羚羊迁徙的具体细节和基本情况。

第三层：第六自然段。描述之前严重的猎杀情况。

第四层：第七至九自然段。青藏铁路建设者在保护野生动物方面取得的成绩。

第五层：第十自然段。美好结局。

（2）主题：通过对藏羚羊安全迁徙的描写，反映了青藏铁路建设者把野生动物保护理念落到实处，取得了良好效果，展示了人类与野生动物和谐相处的美好画面。

(3)背景:上情是国家制定了法律法规保护珍稀野生动物。

下情分为主流和支流。主流是大部分进入这片土地的工作者都很注意对环境、野生动物的保护;支流是仍有偷猎行为,工作过程中仍有保护不力的行为存在。

(4)目的:推广青藏铁路建设者的做法,希望人们都能像他们一样把环保理念落到实处,实现人与自然的和谐相处。

(5)重点:第一、二、三、五、七自然段。

(6)基调:欣喜、赞扬。

第三部分　训练材料

一、文学作品

桥之美

吴冠中

“我走过的桥比你走过的路还长”,现在大概很少有人用这口吻教训后生小子了!人生一世自然都要经过无数的桥,除了造桥的工程人员外,恐怕要算画家见的桥最多了。

美术工作者大都喜欢桥,我每到一地总要寻桥。桥,多么美!“小桥流水人家”,固然具诗境之美,其实更偏于绘画的形式美:人家房屋,那是块面;流水,那是长线、曲线,线与块面组成了对比美;桥与流水相交,更富有形式上的变化,同时也是线与面之间的媒介,它是沟通线、面间形式转变的桥!如果煞它风景,将江南水乡或威尼斯的石桥拆尽,虽然绿水依旧绕人家,但彻底摧毁了画家眼中的结构美,摧毁了形式美。

石拱桥自身的结构就很美:圆的桥洞、方的石块、弧的桥背,方、圆之间相处和谐、得体,力学的规律往往与美感的规律相拍合。不过我之爱桥,并非着重于将桥作为大件工艺品来欣赏,也并非着眼于自李春的赵州桥以来的桥梁的发展,而是缘于桥在不同环境中的多种多样的形式作用。

茅盾故乡乌镇的小河两岸都是密密的芦苇,真是密不透风,每当其间显现一座石桥时,仿佛发闷的苇丛做了一次深呼吸,透了一口舒畅的气。那拱桥的强劲的大弧线,或方桥的单纯的直线,都恰好与芦苇丛构成鲜明的对照。早春天气,江南乡间石桥头细柳飘丝,那纤细的游丝拂着桥身坚硬的石块,即使碰不见晓风残月,也令画家销魂!

湖水苍茫，水天一色，在一片单纯明亮的背景前突然出现一座长桥，卧龙一般，它有生命，而且往往有几百、上千年的年龄。人们珍视长桥之美。颐和园里仿造的卢沟桥只有17孔，苏州的宝带桥有53孔之多，如果坐小船沿桥缓缓看一遍，你会感到像读了一篇史诗似的满足。广西、云南、贵州等省山区往往碰到风雨桥，桥面上盖成遮雨的廊和亭，那是古代山水画中点缀人物的理想位置。因桥下多半是急流，人们到此总要驻足欣赏飞瀑流泉，画家和摄影师们必然要在此展开一番搏斗。

张择端在《清明上河图》里将桥作为画卷的高潮，因桥上桥下，往返行人，各样船只，必然展现生动活泼的场面，两岸街头浓厚的生活情调也被桥相连而成浓缩的画图。矛盾的发展促成戏剧的高潮，形象的重叠和交错构成丰富的画面，桥往往担任了联系形象的重叠及交错的角色，难怪绘画和摄影作品中经常碰见桥。极目一片庄稼地，有些单调，小径尽头忽然出现一座小桥，桥下小河里映着桥的倒影，倒影又往往被浮萍、杂草刺破。无论是木桥还是石桥，其身段的纵横与桥下的水波协同谱出形与色的乐曲。田野无声，画家们爱于无声处静听桥之歌唱，他们寻桥，仿佛孩子们寻找热闹。高山峡谷间，凭铁索桥、竹索桥交通。我画过西藏、西双版纳及四川等地不少索桥，人道索桥险，画家们眼里的索桥却是一道线，一道富有弹性的线！一道孤立的线很难说有什么生命力，是险峻的环境孕育了桥之生命，是山岩、树丛及急流的多种多样的线的衬托，才使索桥获得了具有独特生命力的线的效果。

南京长江大桥远看也是一道直线，直线美不美？直线是否更符合新的审美观？不宜笼统地提问，不能笼统地答复，艺术形式处理中，往往是失之毫厘，差之千里。为了画长江大桥，我曾爬上南京狮子山，就是想寻找与桥身的直线相衬托、呼应、引申的点、线、面！为了画钱塘江大桥，我曾两次爬到六和塔背后的山坡上，但总处理不好那庞大的六和塔与长长的桥的关系，因而构不成画面。虽然滨江多垂柳，满山开桃花，但脂粉颜色哪能左右结构之美呢！成昆路上，直线桥多，列车不断地过桥、进洞，出洞、过桥，几乎是桥连洞，洞连桥。每过环形的山谷，前瞻后顾，许多桥的直线时时划断陡坡，有时显得险而美，有时却险而不美，美与险并不是一回事。

摄影师和画家继续在探寻桥之美，大桥、小桥，各有其美。有人画鹊桥，喜鹊构成的桥不仅意义好，形式也自由，生动活泼。凡是起到构成及联系之关键作用的形象，其实也就具备了桥之美！

训练提示：《桥之美》是著名画家吴冠中的美学小品。文中诗意的描写性文字与说明性文字让人在受到美的熏陶的同时，也获得了一些美学常识。而文中极具个性色彩的表达与《中国石拱桥》平实的语言形成了鲜明的对比。

《桥之美》的语言具有强烈的画面感与抒情般的感染力。作者将桥置于一个个构图框中,挖掘出桥在不同环境中产生的不同美学效果,给人一种新的审美视角。文章由桥的诗境美引出桥在绘画上的形式美,再将桥自身的结构美与它的构图美相对比,强调了桥之美美在构图,美在它于不同环境中的多种多样的美学作用。接着以诗意的语言具体描绘了不同的桥与自然环境、社会环境和谐优美地融合的几幅画面。最后得出结论:“凡是起到构成及联系之关键作用的形象,其实也就具备了桥之美!”

备稿时,注意层次的归并与划分,把握好句子的意群关系;朗读时,要将层次感表现出来,注意句子的“归堆儿”“抱团儿”。大家可根据自身情况选择部分或全篇进行练习。

读书人是幸福人

谢冕

我常想读书人是世间幸福人,因为他除了拥有现实的世界之外,还拥有另一个更为浩瀚也更为丰富的世界。现实的世界是人人都有的,而后一个世界却为读书人所独有。由此我想,那些失去或不能阅读的人是多么不幸,他们的丧失是不可补偿的。世间有诸多的不平等,财富的不平等、权力的不平等,而阅读能力拥有或丧失却体现为精神的不平等。

一个人的一生,只能经历自己拥有的那一份欣悦、那一份苦难,也许再加上他亲自闻知的那一些关于自身以外的经历和经验。然而,人们通过阅读,却能进入不同时空诸多他人的世界。这样,具有阅读能力的人,无形间获得了超越有限生命的无限可能性。阅读不仅使他多识了草木鱼虫之名,而且可以上溯远古下及未来,饱览存在的与非存在的奇风异俗。

更为重要的是,读书加惠于人们的不仅是知识的增广,而且还在于精神的感化和陶冶。人们从读书学做人,从那些往哲先贤以及当代才俊的著述中学得他人的人格。人们从《论语》中学得智慧和思考,从《史记》中学得严肃的历史精神,从《正气歌》中学得人格的刚烈,从马克思学得人世的激情,从鲁迅学得批判精神,从托尔斯泰学得道德的执着。歌德的诗句刻写着睿智的人生,拜伦的诗句呼唤着奋斗的热情。一个读书人,是一个有机会获得超乎个人生命体验的幸运人。

一个人一旦与书本结缘,极大的可能是注定与崇高追求和高尚情趣相联系的人。说“极大的可能”指的是不排除读书人中也有卑鄙和奸诈,况且,并非凡书皆好,在流传的书籍中,并非全是劝善之作,也有无价值的甚而起负面效果的。但我们所指的读书,总是以其优好品质得以流传一类,这类书对人的影响总是良性的。我之所以常感读书幸福，是从喜爱文学书的亲身感受而发的。一旦与此种嗜好结缘，人多半因而向往崇高一类。对暴力的厌恶和对弱者的同情，使人心灵纯净而富正义感，人往往变得情趣高雅而趋避凡俗。或博爱、或温情、或抗争，大抵总引导人从幼年到成人，一步一步向着人间的美好境界前行。笛卡尔说："读一本好书，就是和许多高尚的人谈话。"这就是读书使人向善。雨果说："各种蠢事，在每天阅读好书的影响下，仿佛烤在火上一样渐渐熔化。"这就是读书使人避恶。

所以，我说，读书人是幸福人。

训练提示：作者谢冕是北京大学中文系博士生导师、著名诗学理论家。20 世纪 50 年代后期，他作为北大中文系学生，在北大逗留时间最多的地方是北大图书馆和分散在全校大大小小的图书阅览室。谢教授曾经动情地回忆这段青春的记忆，"就我个人而言，我的成长有赖于名园的熏陶、名师的指点，也有赖丁这座著名图书馆的灯火，它是我们青春的欢乐和痛苦的见证，如今它已成了点燃在心灵深处的恒久的光明"。由此可见，谢冕教授是充分感受到读书的幸福后才由衷地发出"读书人是幸福人"的心声的。

备稿时，要加深对文章的理解与感受，明确文章的主题是呼吁人们多读书，读好书，以利于思想感情的运动。朗读时，语言的表达要自然流畅，尤其是其中的对比语句，要读出对比感。

二、消息类稿件

消息类稿件的分析既要按照备稿六步进行，也要兼顾消息的结构特点，即从导语、背景、主体、结尾的角度把握内容的层次。既要注意小层次的准确划分，又要注意句子的"归堆儿""抱团儿"，切忌把一条消息播散了。备稿过程中，我们对新闻的主题、播出目的要有明确认识，分析播出背景时尤其要注意联系实际、联系现实，基调的把握要准确鲜明，重点要突出。

消息的篇幅虽然不长，但内容不同，播出目的、基调也有所不同。表达时，要有变化，防止千篇一律。

黄河保护法实施一周年 依法治水共护母亲河

2023 年 4 月 1 日，《黄河保护法》正式实施，今天是《黄河保护法》施行一周年，一年来，沿黄九省区依靠法治力量共护黄河安澜，开启依法治河新篇章。

在青海省玛多县黄河源区,生态管护员正在开展巡护、监测等工作。

今天,黄河全域进入休禁渔期,农业农村部、公安部联合启动“中国渔政亮剑2024”专项执法行动。2023 年山东省向黄河三角洲补水 2.09 亿立方米。

山西吕梁市将再生水纳入全市水资源统筹调配体系,目前,再生水利用率达到15.73%,每年减少地表水取用量 364 万吨。目前,黄河流域获得国家再生水循环利用试点的城市已达 22 个。

一年来,在法律的保护下,黄河流域生态环境得到明显改善,2023 年优良水质比例较上一年提高 3.5 个百分点。

(2024 年 4 月 1 日《新闻联播》)

江苏谱写“强富美高”现代化建设新篇章

国务院新闻办公室今天举行“推动高质量发展”系列主题新闻发布会,江苏省有关负责人介绍了相关情况。

2023 年,江苏省地区生产总值 12.82 万亿元,5 个城市经济总量过万亿,村均集体经营性年收入超过 230 万元,城乡居民人均可支配收入5.27 万元。十年来,单位 GDP 能耗、碳排放强度分别下降 26.4%、30.9%左右,环境空气质量连续 3 年达到二级标准,长江干流江苏段水质连续 6 年保持Ⅱ类。

今年,江苏将巩固和增强经济回升向好态势,持续扩大有效益的投资,激发有潜能的消费,做强有活力的外贸,担当好“勇挑大梁”的政治责任,加快打造发展新质生产力的重要阵地。

江苏还将着力抓好要素市场化配置、投融资等重点领域改革,加快建设具有世界聚合力的双向开放枢纽。联动推进长江经济带、长三角一体化发展,纵深推进“1+3”重点功能区建设,在服务构建新发展格局中提升辐射带动力。

(2024 年 4 月 2 日《新闻联播》)

我国商业航天驶入规模化发展“快车道”

今年以来,在一系列政策支持下,我国商业航天产业正在迅速成长,驶入了规模化发展的“快车道”,为加快发展新质生产力不断注入新的动能。

海南国际商业航天发射中心这几天正在加紧建设二号发射工位。

在热火朝天的建设现场，记者看到，这个发射工位仅是各类接口的数量就是以往航天发射工位的数倍，未来将可以满足9家火箭公司19型火箭的发射需求。

为了提前能给自己企业研制的火箭预留好发射位置，目前多家国内头部商业航天企业，都已经或正在计划落地文昌国际航天城。发射场还没有建起来，就开始排队等发射，在这背后，是去年我国商业运载火箭的发射次数和成功率显著提升，共实施发射13次，相比2022年的5次，同比增长160%。如今，我国已初步形成了面向商业航天的火箭总装总测、卫星研产、卫星数据应用为一体的产业链，除了北京、上海、西安等传统的航天聚集地，河北、山东等地的商业航天配套企业也快速发展起来。

产业链的带动有多强？在银河航天，这款近9米长的柔性太阳翼将用于新一代低轨互联网卫星，在它身上有这么一个叫作谐波减速器的小组件，以前在市场上根本找不到类似产品。但如今，在产业上下游的共同努力下，这个零件的供应商已经成功进入航天应用领域。如今，仅银河航天一家企业，其供应商和配套合作伙伴就已经从2018年的100多家增加到如今的1000多家。而从全国范围来看，去年，我国商业航天领域新增企业数量为113,272家，同比2022年的87,844家增长达28.95%。相关数据显示，今年在各地政府和企业积极布局下，预计中国商业航天市场规模将突破2.3万亿元。

（2024年4月2日《新闻联播》）

北京：科技创新引领高质量发展

北京市发挥科技创新引领作用，大力发展新质生产力，积极推动重大技术突破和应用落地，为高质量发展注入强劲动能。

位于北京经开区的这家新能源汽车工厂，每76秒就会有一辆新车下线。工厂有超过700个机器人直接服务生产线，同时，依托人工智能大模型技术自主研发的X光智能质检系统，实现了关键工序100%自动化高精度在线检测。

2023年，北京经开区汽车与交通设备产业产值达到了1983亿元，占北京市的60%以上。

不仅是生产领域，北京在消费领域也加快发展新质生产力，推动自动驾驶等一批应用场景落地。目前，北京经开区全域已经可实现整车无人自动驾驶。载客自动驾驶出租车也已经驶上了高速公路，旅客往返北京大兴机场和经开区，可以预约自动驾驶车辆。

布局新兴产业和未来产业，目前，北京约有2200家人工智能领域企业，全市数字经济增加值占地区生产总值的比重超过42%,形成了新一代信息技术、科技服务两个万亿级产业集群,以及集成电路、智能网联、智能制造与装备、新材料等八个千亿级产业集群。

(2024年3月31日《新闻联播》)

候鸟迁徙进入高峰期 科技助力保护研究

眼下,南方越冬的候鸟陆续开启北迁之旅。各地不断加大科技力量的投入,完善生态保护举措,让候鸟的迁徙之旅、繁衍生息更加顺利。

在江西鄱阳湖湿地,越冬候鸟迁徙进入高峰期,每天都有数万只包括天鹅、灰雁、白鹤等候鸟北迁。工作人员通过AI识鸟系统可以密切关注候鸟数量、种群变化的数据,帮助科研人员作出有效科学研判。福建闽江河口湿地是东亚至澳大利西亚候鸟迁徙路线上重要驿站。这是国家一级重点保护野生动物黑嘴鸥,这几天,工作人员通过AI鸟类智能监测模块,观测到黑嘴鸥从白色夏羽换成了黑色的繁殖羽,这也是它们北迁前最重要的一项准备工作。

在位于山东东营的黄河三角洲国家级自然保护区,每年在这里迁徙、越冬、繁殖的各类候鸟达数百万只。为了给候鸟提供更好的栖息繁育环境,保护区建起了65个湿地水鸟栖息繁殖岛,可以满足不同鸟类对浅滩、浅水、深水的需求。在天津七里海湿地,此次迁徙季已有超过20万只各类候鸟途经这里。工作人员为东方白鹳搭建起人工鸟巢,并构建起远程监控系统,帮助它们在此栖息繁衍。

(2024年3月31日《新闻联播》)

三、评论类稿件

睡前聊一会儿:守护全红婵们的纯真和质朴(节选)

张近山

睡前聊一会儿,梦中有世界。听众朋友,你好。

昨天晚上,东京奥运会落下大幕。中国体育代表团以38枚金牌、32枚银牌、18枚铜牌的优异成绩圆满收官。17天的拼搏,许多瞬间定格为我们心中难忘的记忆。围绕奥运会和运动员的讨论仍在继续,今天我们再来聊聊备受关注的全红婵。

全红婵的故事,对于很多人来说是一个“天才少女”横空出世的故事。第一次出国比赛、第一次世界大赛、五个动作有三个满分、奥运跳水比赛历史最高分、中国代表团第33金、本届中国代表团年龄最小的奥运冠军……一系列身份标签，配合“下饺子都比她的水花大”“水花消失术”等赞美，让全红婵“一跳成名天下知”。

不过，虽然人们不吝将“天才”等溢美之词送给全红婵，但全红婵的故事本质上仍然是一个关于拼搏奋斗的故事。被问到“把水花压得这么好的秘诀是什么”，全红婵回应，“练的，自己慢慢去练呗”。体校硬件设施没有那么好，训练很苦，她从来没有退缩；有的动作不标准，她主动给自己加码；为了在比赛中保持最佳状态，她将体重精准地控制在34.5公斤到35公斤之间，偶尔长一两斤，就自觉加大训练量减下去……“我不是天才，我很笨的”，这在成年人耳中颇有些“凡尔赛”的回答，显然只是一种纯真表达，在这背后，是每天陆上、水上一共要跳300多次的专注刻苦训练。

这几天，伴随着前所未有的关注目光，巨大的流量涌向全红婵的老家。善意的暖流中，也夹杂了一些出格越线的举动：有媒体报道，有人直接堵在了全红婵家的大门口，就差翻墙进去；有的主播一边直播一边带货，甚至扬言要把全红婵家里的波罗蜜摘走；有人在门口大声喧哗，“已经骚扰到老人家两天没有睡了”……守护好全红婵的纯真和质朴，就要对种种“唯流量是图”的行为说“不”。从拒收慰问金只留下鲜花，到表示不能消费全红婵的荣誉，再到希望女儿努力读书考上大学、继续为国家争光，全红婵家人身处热度之中的冷静和清醒，也让我们看到她未来健康成长的坚强后盾。

“希望这几天所有赞美过妹妹的人，在未来她如果未能满足各位的期待时，也能抱有同等善意，鼓励保护她。”一位网友这样写道。的确，奥运赛场一跳成名，但对于全红婵来说，“除了要消化荣誉之外，她还有很多坎坷需要去面对”。除了给予她赞美与鼓励外，我们还要给她一个安静的空间，让她在翻腾跳跃中继续成长、自信成长。同时我们也要看到，在全红婵的身后，还有很多没有拿到奥运冠军、没有获得巨大关注的人像她一样默默努力。正如巩立姣在夺得东京奥运会女子铅球冠军后所说：“希望我的热情把这个项目带火。”希望我们的关注，不只是在奥运会举办期间，而是在他们乘风破浪的道路上，持续关注，遥遥祝福。

希望更多的暖意、善意和关注，支撑起更多小红婵们实现人生梦想。这正是：磨炼技艺，加强学习；小红婵们，未来可期。

以上就是今天的人民日报评论“睡前聊一会儿”，我们在北京，祝您晚安。

（2021年8月9日微信公众号：人民日报评论）

训练提示：全红婵“一战成名”之后，引起了很多人的关注，人们惊讶于她小小年纪就能拿到如此优秀的成绩。但是突然受到广泛关注给全红婵和她的家人带来了一些烦恼。除此之外，还有一些企业和个人想给全红婵家里送钱送房。全红婵的父亲一概拒绝了,他希望全红婵能够把注意力放在学习和训练上面,将来考上一所大学。看到全红婵父亲的回应,网友们都为这份清醒点赞。

本篇主题与播出目的都很明确。注意从"这几天,伴随着前所未有的关注目光,巨大的流量涌向全红婵的老家"这一段开始,情感色彩有所变化。对于"夹杂了一些出格越线的举动""有人直接堵在了全红婵家的大门口,就差翻墙进去""有人在门口大声喧哗"等句子,要在态度的表达上把握好"度"。此时的批评,更倾向于"善意的提醒",而不是声色俱厉的"斥责"。

反思"吴亦凡事件",不良粉丝文化该凉凉了(节选)

张近山

累计清理负面有害信息15万余条,处置违规账号4000余个,关闭问题群组1300余个,解散不良话题814个,拦截下架涉嫌集资引流的小程序39款,专项排查整治网络综艺节目……近期,中央网信办、国家广播电视总局等相关主管部门整治不良粉丝文化工作取得阶段性成效。伴随着"吴亦凡事件"引发饭圈文化集体反思,这一信息被认为是对人们呼吁治理饭圈乱象的回应,是更严治理还在后面的信号。

如果说过去粉丝投入大量时间、精力、金钱在追星活动上,更多是个人行为的话;那么现在追星已经完成了体系化、团队化甚至职业化的转变,"饭圈"也就随之形成。追星本无可非议,有自己喜欢的圈子也很正常,但越过底线就成了问题。从诱导未成年人应援集资、高额消费、投票打榜,到通过号召粉丝、雇用网络水军、"养号"形式刷量控评,再到组织粉丝跟机跟车围堵明星,妨碍机场、酒店等正常服务和秩序,频频越界的"饭圈"乱象引起了社会的强烈批评。

尤其是近两年,"饭圈"乱象有愈演愈烈之势。一些组织群体为了自身利益诱导青少年无底线追星,人肉搜索、造谣攻击、网络暴力等行为频频出现。或是抱团排外、互相拉踩,或是发现有损自家偶像的言论动辄人身攻击,或是制造话题、挑动对立、干扰舆论。凡此种种,无不对清朗网络生态造成恶劣影响。畸形的"饭圈"和不良的粉丝文化,对年轻人尤其是价值观尚未定型的未成年人伤害巨大,对青少年一代的健康成长形成巨大威胁,必须予以纠偏和规范。

"饭圈"乱象表现形式多样,给治理提出了不小的挑战。究其根源,背后既有盘根错节的资本和利益链条作祟,也受到泛娱乐化等不良倾向和"流量至上"、拜金主义等畸形价值观的影响。一些互联网平台为了所谓"人气"睁一只眼闭一只眼,"粉头"等"操盘手"为了攫取利益不惜推波助澜,共同助长了饭圈的不良风气。根治畸形"饭圈”文化，需要标本兼治，既切除病灶也铲除病根。加强监管，压实平台主体责任，让肆意越线者付出代价，让非法逐利者受到惩罚，才能形成维护清风正气的雷霆之力。

当前，“清朗·‘饭圈’乱象整治”专项行动正在开展，成效逐步显现。从深入清理涉粉丝群体违法违规和不良信息，到督促网站平台进一步优化产品功能、逐步压缩粉丝群体非理性追星空间，再到加强选秀类网络综艺节目管理、严格控制投票环节设置，治理力度不断加大，打击违法违规行为的精准程度不断提高。然而，冰冻三尺非一日之寒，化冰解冻也不可能一蹴而就。整治和规范“饭圈”发展，还需形成的长效机制，还需凝聚多方合力，久久为功。

粉丝文化，理应健康向上。激发粉丝群体的正向价值，需要粉丝自律、文明追星、理智应援，也离不开明星更好地发挥表率和引导作用。治理乱象与建设良性的“饭圈”文化齐头并进，才能避免“饭圈”陷入怪圈，共同营造文明有序健康的网上精神家园。

（2021 年 8 月 3 日微信公众号：人民日报评论）

训练提示：播好一篇评论，备稿时一定要了解其背景。近年来，从粉丝堵路堵机场影响交通秩序，到举报和围攻网站破坏舆论生态，畸形而疯狂的“饭圈文化”已经引起民众不满和国家重视。

从 2020 年 7 月起，中央网信办每年开展“清朗”系列专项行动。2023 年 6 月 21 日，为进一步强化未成年人网络保护，营造健康安全网络环境，中央网信办自即日起开展为期 2 个月的“清朗·2023 年暑期未成年人网络环境整治”专项行动，督促网站平台严格落实《关于进一步加强“饭圈”乱象治理的通知》要求，重点整治诱导未成年人无底线追星、饭圈互撕、应援集资、违规打赏等价值导向不良的信息和行为。

在对背景有一定了解之后，播读时，我们就能更好地明确目的、分清主次、确定基调。

四、专稿类稿件

带领乡亲打通脱贫致富路——毛相林：“我愿当一辈子筑路人”（节选）

王斌来　刘新吾

壁立千仞，群山合围。翻几座大山，盘过 108 道“之字拐”，重庆市巫山县下庄村便映入眼帘。这里地处巫山深处，如“深井”一般，“井底”缓坡上，小楼星罗棋布，大片柑橘林连绵起伏。

毛相林是下庄村村委会主任,也是老村支书,当地人称他当代“愚公”。

成为“愚公”,是被穷逼出来的。“锁”在深山里的下庄村,以前是巫山县最穷的地方。村民外出只能徒步翻过绝壁,到县城得花两天时间。

不能让大山“困”住下庄!1997年开始,“愚公”毛相林带领乡亲们“移山”,用了整整7年时间,在绝壁上凿出一条“天路”。

路通了,产业也活了。在毛相林带动下,乡亲们种起了脐橙等水果,发展生态旅游。随后,一栋栋新楼拔地而起,一辆辆小轿车来来往往,日子一天比一天红火。

2015年,曾经最穷的下庄村在全县率先实现整村脱贫。2019年,村民人均收入达12,670元,是修路前的40倍。

“要自己动手,劈山开路!”

“下庄像口井,井有万丈深。”小时候,毛相林就常听长辈们念叨。坐“井”观天,村民们有时也开玩笑说要修路,可没人敢下决心。

直到1997年的一天,38岁的毛相林去县里开会,发现邻村村民家里有电视机,还有车子来收购蔬菜。“没想到山里还能这么生活!”回到村里,毛相林马上召集村民们商量修路的事。

“不能坐等,要自己动手,劈山开路!”毛相林给村民们算了一笔账:公路预计七八公里,计划20年修完,每天修1米即可,全村将近400人,只要一起努力,修路是可行的。

不修路,没出路!几经周折,全村人终于下定决心。

男女老少齐上阵,冬去春来都不停。大家用最原始的办法,一块块石头凿。绝壁上,一个个“空中飞人”绑着绳索凿开炮眼、放上炸药……鞋子磨破就赤脚,夜里不便回家就住山洞。

可是,坏消息还是传来了。村民黄会元被巨石砸中,滚落下山,悲痛万分的毛相林一度动摇了修路的决心……此时,黄会元的父亲站出来说,“为了子孙后代,我儿子死得光荣!继续修!”顿时,大家齐刷刷地举手,擦掉眼泪,继续走向工地……

终于,2004年春天,一条“玉带”出现在山腰上,下庄人终于打通康庄大道!

“失败了不要紧,继续干!”

路修通了,村民外出方便多了,当天就能往返县城。不少村民开始外出务工,赚钱补贴家用。

不过,村里没有产业,只能自给自足,村民依然贫困。“修好路,还要发展产业,打开财路!”毛相林又一次站出来,带领村民继续“折腾”。

2009年,毛相林看到其他村发展蚕桑赚了钱,便号召村民种桑树养蚕。没想到,

100多亩桑树欣欣向荣,30多张蚕子却死气沉沉。原来,下庄村海拔高、气温低,不适合养蚕。

失败后,村民们意见很大。毛相林也很失落,在村民大会作检讨。

“老毛心还是好的嘛,只是急了点。哪个能一次就搞成功的?共产党员还怕这个?”会上,老党员杨元玖鼓励毛相林,也平息了大伙的议论。

山里人,脾气倔。失败反而激发了毛相林的韧劲:“失败了不要紧,继续干!”

第二年,毛相林在县城吃到一种西瓜,觉得特别香甜。他又动心了,想种植西瓜。不过,这次他精明了,先请教农技人员,自己试种两分地。

可喜的是,种西瓜,毛相林成功了。他把西瓜分给村民们吃,还卖到县城,赚了一笔钱。在毛相林带动下,下庄村终于有了第一个像样的产业。今年,村里西瓜种植面积达200亩。

村民们信心大增,毛相林乘势而上。2014年,他邀请市县农业专家深入考察分析,确定发展柑橘、桃、西瓜三大产业。

“讲述修路历程,激励更多人!”

公路通了,腰包鼓了,已年过六旬的毛相林依旧闲不下来。他在琢磨,怎么能让村里在外的年轻人回到家乡,振兴乡村。

29岁的毛连长曾在外种西瓜、跑销售。今年春节回家,毛相林上门找他,“连长,留在村里吧,下庄村需要你们年轻人”。

看着毛相林满头白发,毛连长又回忆起当年修路的场景。看着村里产业蒸蒸日上,他动心了,选择留下,还说服女朋友也回来,准备发展民宿,搞直播带货。

这两年,返乡村民越来越多。200多名外出务工村民中,已有100多人选择回来,振兴家乡。

2018年,毛相林提议,建一个全村的事迹陈列室,记录下庄人修路的故事:“讲述修路历程,激励更多人!”

在乡党委、政府支持下,下庄人事迹陈列室于2019年落成。毛相林自告奋勇,当起讲解员。

在村口的下庄人事迹陈列室里,常常可见到毛相林的身影。他在为一批又一批的外地游客讲述当年的奋斗故事。

“这是我们当年修路时穿的鞋子,已经磨穿了……”毛相林说。这样的话,毛相林不知讲过多少遍,但每次都充满感情。

看着一拨拨年轻人来来去去,毛相林感慨万千:“我愿当一辈子筑路人!”

(2020年11月17日人民网)

训练提示:在人物专稿的备稿过程中,要注意搜集文章描写人物的事迹,对人物产生更加具体清晰的认识,以便更好地提炼主题、明确播读目的,积聚强烈的播读情感,引发播读愿望。这篇人物专稿讲述了全国脱贫攻坚楷模毛相林坚守偏远山村,苦干实干40多年,带领重庆市巫山县下庄村村民在悬崖峭壁上凿石修道,用7年铺就8公里的“绝壁天路”,带大家走上致富路的事迹。毛相林改变了一个村的命运,让下庄村三代人过上了好日子。

毛相林身上展现出来的敢作敢当、吃苦耐劳、勇于挑战的精神,值得我们每一个人学习。这也正是此篇专稿的宣传目的。

在艰苦奋斗的过程中,毛相林遇到过误解、遇到过质疑、遇到过失败,但他在一次次失败后一次次从头再来!直至带领乡亲们2015年实现整村脱贫;2019年,全村人均收入超过1.2万元。

播读者在明确了播读目的之后,在确定基调的过程中,要考虑到文章基调在统一中还要有适度变化,尤其是在遇到误解、质疑、失败的那些字里行间。

第二单元　情景再现

教学目的:通过本单元的学习,使学生全面把握情景再现的内涵,能够以稿件内容为依据展开想象和联想,加强感受力,提高表现力。

教学要求:详解情景再现的展开过程,提高学生依据稿件内容激发形象感受、调动情感的能力,使思想感情处于积极的运动状态,激发播讲愿望。

重点难点:情景再现的展开过程。

课时安排:大课 2 课时,小课 8 课时。

第一部分　理论概述

一、情景再现的内涵

情景再现是播音员在播音创作中调动思想感情使之处于运动状态的重要技巧。情景再现在播音中具有特定含义,即在符合稿件需要的前提下,以稿件提供的材料为原型,使稿件中的人物、事件、情节、场面、景物、情绪等在播音员脑海里不断浮现,形成连续活动的画面,并不断引发相应的态度、感情,这个过程就是情景再现。

播音员在理解和感受稿件的过程中,不仅要感受到内中的形象——“景”,而且要感受到内中的神采——“情”,从而达到情景交融的境界,这个过程是运动的、融合的。

情景再现的定义中有三个关键点:感受、想象、表达。感受是基础,想象是桥梁,表达是实现。播音员要掌握情景再现这一有声语言的表达技巧,需要具备三种能力:感受力、想象力、表达力。

二、情景再现的过程

(一)理清头绪

看到稿件后,我们头脑里连续的活动画面是如何开始的,接下来是怎么变化的?后面又是如何发展的?结果怎样?哪里是横向展开、哪里是纵向展开?怎样展开的?是详述还是简述?详细到什么程度?哪里是重点的特写镜头?哪里是远景?哪里是近景?哪个镜头是大笔勾勒?哪个镜头是工笔细描?对于这些,播音员都要心中有数。

(二)设身处地

播音员要把稿件叙述的一切视为亲眼所见、亲耳所闻、亲身经历,进入具体的事件、场面中,不能与"我"无关。但注意不要忘乎所以,设身处地的主要任务是获得现场感,产生"我就在"的感觉,而不是"我就是"。

(三)触景生情

当稿件描述的画面在脑海里浮现时,我们一定要作出积极的情感上的反应。稿件寄情于景,我们就要触景生情。触景生情是情景再现的核心。播音中特别强调积极的情感反应,在毫无准备的情况下,一个具体的"景"的刺激,应当马上引起我们具体的"情"的反应,当然这种情感必须符合稿件的要求。

(四)现身说法

现身说法是播音员运用情景再现这一内部技巧完成播读任务的过程。

情景再现需要注意的问题:第一,一定要以稿件为依据,情景再现是在分析理解稿件的基础上进行的,不能脱离稿件不着边际;第二,情景再现一定要产生于具体的感受,感受是把文字稿件变成自己要说的话的关键环节。

训练建议:

(1)对于形象感受而言,学生的视觉、听觉感受往往敏感些,其他感受平日注意得不多;对于逻辑感受而言,学生往往眼里看得到,口里表达时注意不到,表现力自然也弱一些。因此,教师首先应强调各种感受的训练。为此,我们设计了内容丰富的、蕴含多种感受的片段,以加强学生这方面能力的培养。

(2)训练时要强调情景交融的重要性,通过触动丰富的“景”,生出不断变化、不断丰富的“情”。

(3)训练内容中有文学作品、消息、评论、专稿,既可以使训练循序展开,又有利于教师根据学生的不同水平因材施教。

(4)在进行片段练习时,要注意与“基调”知识相联系;在进行整篇训练时,要注意与“备稿”知识相联系。

参考文献:

(1)张颂主编:《中国播音学》(修订版),第二十章《播音创作中的感受》、第二十三章《想象的特点与运用》,北京广播学院出版社 2003 年版。

(2)付程主编:《实用播音教程》(第二册),第二单元《情景再现》,北京广播学院出版社 2002 年版。

第二部分　示例分析

谁是最可爱的人(节选)

魏巍

在朝鲜的每一天,我都被一些东西感动着;我的思想感情的潮水,在放纵奔流着;我想把一切东西都告诉给我祖国的朋友们。但我最急于告诉你们的,是我思想感情的一段重要经历,这就是:我越来越深刻地感觉到谁是我们最可爱的人!

谁是我们最可爱的人呢? 我们的战士,我感到他们是最可爱的人。

也许还有人心里隐隐约约地说:你说的就是那些“兵”吗? 他们看来是很平凡、很简单的哩。既看不出他们有什么高深的知识,又看不出他们有什么丰富的感情。可是,我要说,这是由于他跟我们的战士接触太少,还没有了解我们的战士:他们的品质是那样纯洁和高尚,他们的意志是那样坚韧和刚强,他们的气质是那样淳朴和谦逊,他们的胸怀是那样美丽和宽广!

让我还是来说一段故事吧。

还是在二次战役的时候,有一支志愿军的部队向敌后猛插,去切断军隅里敌人的逃路。当他们赶到书堂站时,逃敌也恰恰赶到那里,眼看就要从汽车路上开过去。这支部队的先头连(三连)就匆匆占领了汽车路边一个很低的光光的小山岗,阻住敌人。一场壮烈的搏斗就开始了。敌人为了逃命,用三十二架飞机、十多辆坦克发起集团冲锋,向这个连的阵地汹涌卷来,整个山顶的土都被打翻了,汽油弹的火焰把这个阵地烧红了。但是,勇士们在这烟与火的山岗上,高喊着口号,一次又一次把敌人打死在阵地前面。敌人的死尸像谷个子似的在山前堆满了,血也把这山岗染红了。可是敌人还是要拼死争夺,好使自己的主力不致覆灭。这场激战整整持续了八个小时。最后,勇士们的子弹打光了。蜂拥上来的敌人占领了山头,把他们压到山脚。飞机掷下的汽油弹把他们的身上烧着了。这时候,勇士们是仍然不会后退的呀,他们把枪一摔,身上、帽子上呼呼地冒着火苗向敌人扑去,把敌人抱住,让身上的火,也把占领阵地的敌人烧死。……据这个营的营长告诉我,战后,这个连的阵地上,枪支完全摔碎了,机枪零件扔得满山都是。烈士们的尸体,保留着各种各样的姿势,有抱住敌人腰的,有抱住敌人头的,有掐住敌人脖子把敌人摁倒在地上的,和敌人倒在一起,烧在一起。还有一个战士,他手里还紧握着一个手榴弹,弹体上沾满脑浆,和他死在一起的美国鬼子,脑浆崩裂,涂了一地。另一个战士,他的嘴里还衔着敌人的半块耳朵。在掩埋烈士们遗体的时候,由于他们两手扣着,把敌人抱得那样紧,分都分不开,以致于把有些人的手指都掰断了。……这个连虽然伤亡很大,但他们却打死了三百多敌人,更重要的是,他们使我们部队的主力赶上来,聚歼了敌人。

这就是朝鲜战场上一次最壮烈的战斗——松骨峰战斗,或者叫书堂站战斗。假若需要立纪念碑的话,让我把带火扑敌和用刺刀跟敌人拼死在一起的烈士们的名字记下吧。他们的名字是:王金传、邢玉堂、井玉琢、王文英、熊官全、王金侯、赵锡杰、隋金山、李玉安、丁振岱、张贵生、崔玉亮、李树国。还有一个战士已经不可能知道他的名字了。让我们的烈士们千载万世永垂不朽吧!

这个营长向我说了以上的情形,他的声音是缓慢的,他的感情是沉重的。他说他在阵地上掩埋烈士的时候,他掉了眼泪。但他接着说:“你不要以为我是为他们而伤心,我是为他们而骄傲!我感觉我们的战士是太伟大了,太可爱了,我不能不被他们感动得掉下泪来。”

亲爱的朋友们,当你坐上早晨第一列电车走向工厂的时候,当你扛上犁耙走向田野的时候,当你喝完一杯豆浆提着书包走向学校的时候,当你安安静静坐到办公桌前计划这一天工作的时候,当你向孩子嘴里塞着苹果的时候,当你和爱人悠闲散步的时候,朋友,你是否意识到你是在幸福之中呢?你也许很惊讶地看我:“这是很平常的呀!”可是,从朝鲜归来的人,会知道你正生活在幸福中。请你们意识到这是一种幸福吧,因为只有你意识到这一点,你才能更深刻了解我们的战士在朝鲜奋不顾身的原因。朋友!你已经知道了爱我们的祖国,爱我们的伟大领袖毛主席,你一定会深深地爱我们的战士——他们确实是我们最可爱的人！

示例分析：

情景再现作为一种想象、联想活动，需要有深刻的理解、细致丰富的感受做基础，还要以稿件提供的材料为原型，符合稿件表情达意的需要。在此，以《谁是最可爱的人》这篇文章为例稿，做以下分析。

第一步：理清头绪。

一篇稿件在经过了备稿过程中的理解感受之后，还要从情景再现的角度理清情景再现的过程、头绪。

《谁是最可爱的人》这篇通讯以生动的笔触、感人至深的典型事例，真实地报道了中国人民志愿军在抗美援朝中的英雄事迹。本文节选了原文中的第一个典型事例——松骨峰战斗，表现了志愿军战士的革命英雄主义精神和爱国主义精神。

文章开门见山，直抒胸臆，告诉读者战士是最可爱的人。然后运用排比句，四个“那样”，体现出作者对战士们的热烈赞颂之情。

主体部分列举了著名的松骨峰战斗，用凝重深沉的笔调描绘了面对凶猛的敌人，战士们一次次冲锋在前，无惧生死，最后选择与敌人同归于尽的悲壮画面。作者列举了这场战役中牺牲的战士的名字，并以营长的视角进行叙述，侧面烘托出战士们对祖国深沉伟大的爱。

文章最后一段号召人们热爱志愿军战士，再次强调他们是最可爱的人。

理清了头绪，对文章的主次和态度把握就更加清晰。

第二步：设身处地。

我们可以借助想象和联想体会、感受文章描写的场景，把稿件叙述的一切转化为亲眼所见、亲耳所闻、亲身经历的事，进入具体的事件、场面中去，产生“我就在战场上、我就在战士们身边”的感觉，真切体验到现场环境带来的情绪上的触动。

比如，朗诵到“敌人为了逃命，用三十二架飞机、十多辆坦克发起集团冲锋，向这个连的阵地汹涌卷来，整个山顶的土都被打翻了，汽油弹的火焰把这个阵地烧红了”时，我们仿佛听到了飞机、大炮的轰鸣声，战士们的喊杀声，我们仿佛看到了冲天的火光，看到了战士们血洒疆场。朗诵到“飞机掷下的汽油弹把他们的身上烧着了。这时候，勇士们是仍然不会后退的呀，他们把枪一摔，身上、帽子上呼呼地冒着火苗向敌人扑去，把敌人抱住，让身上的火，也把占领阵地的敌人烧死”时，我们似乎也感受到那种烧灼感，感受到与敌人同归于尽的决心与勇气。朗诵到“烈士们的尸体，保留着各种各样的姿势”那段时，我们似乎看到战士们是如何勇敢地与敌人展开殊死搏斗，直至生命的最后一刻。

从“一场壮烈的搏斗就开始了”到“让我们的烈士们千载万世永垂不朽吧”,画面在不断转换着,我们的内心视像在不断变化,内心情感也在不断积聚,直到“我感觉我们的战士是太伟大了,太可爱了,我不能不被他们感动得掉下泪来”,将我们对战士的敬佩与热爱推向高潮。

身处幸福中的我们,一定要细细体会生活中那些貌似平凡的画面,那是新中国的战士在朝鲜奋不顾身换来的,这种设身处地的感受将再次升华我们对志愿军战士的敬佩之情。

第三步:触景生情。

伴随着对画面的设想,我们选择用什么样的基调、什么样的声音形式将画面再现出来就显得尤为重要,因为这在某种程度上反映出朗诵者的情感体验程度和内在素养。

(1)在敌强我弱,阵地被敌人火力覆盖的时候,我们的战士“一次又一次把敌人打死在阵地前面”,我们的内心既要有战场形势带来的紧迫感,更要有对战士们的敬佩、对打败敌人的坚决。

(2)随着战况越发激烈,战士们“把枪一摔,身上、帽子上呼呼地冒着火苗向敌人扑去,把敌人抱住,让身上的火,也把占领阵地的敌人烧死”。我们要有对战士们以血肉之躯痛击敌人的心疼,也要有对战士们英勇无畏的赞颂。

(3)“烈士们的尸体,保留着各种各样的姿势”,他们宁可一死也要和敌人同归于尽。面对这雕像一般的英雄群像,我们要表现出对侵略者的仇恨,更要体会到战士们的英勇悲壮,并为战士们的革命英雄主义精神表示崇高的敬意。

(4)结尾“当你……的时候”六个排比句,读来使人心情激荡、热血沸腾,仿佛又回到了那个火热的战斗年代,对志愿军的敬仰油然而生。

想象的画面在不断变化,我们内心情感也在不断变化,直到转化为一种不吐不快的创作冲动,这就是我们希望得到的被丰富的“景”所触动而生发出不断变化的“情”。

第四步:现身说法。

触景生情之后,那种向受众诉说的愿望就更加强烈了。这时,我们要抓住具体的细腻的感受,用富于色彩、富于变化的有声语言表达出来,引起受众的共鸣,让受众通过我们的讲述感受到文字描述的画面似乎就在眼前,文字似有了生命一般,变得鲜活生动起来,这也就达到了我们进行话筒前创作的最终目的:感染受众。

第三部分　训练材料

一、感受训练

感受是把稿件文字变为自己要说的话的关键环节，情景再现一定要产生于具体的感受之中。感受能把稿件文字转化为播音员内心的实有事物，促使播音员的内心主动接受、消化稿件文字的多层次刺激。漠视感受，往往使情景再现过程有景无情，使播读无动于衷，饱满的感情无从谈起，这怎么能令我们的播读充满生命力呢？所以，重视各种感受的训练有助于我们更好地掌握情景再现这一内部技巧。

（一）形象感受

感知觉的种类有很多，比如视觉、听觉、嗅觉、味觉、触觉、时间感觉、空间感觉、运动感觉、平衡感觉、内脏感觉等。客观事物、稿件文字作用于播音员的感官，会引起各种感知觉的运动，形成一系列的感知，我们将这种感知觉的内心体验称为形象感受。在训练初期，建议先从形象感受的小段子练起，循序进入不同篇章的练习。

1.视觉感受练习

（1）进入天山，戈壁滩上的炎暑就远远地被撇在后边，迎面送来的雪山寒气，立刻会使你感到像秋天似的凉爽。蓝天衬着高矗的巨大的雪峰，在太阳下，几块白云在雪峰间投下云影，就像白缎上绣上了几朵银灰的暗花。那融化的雪水，从高悬的山涧、从峭壁断崖上飞泻下来，像千百条闪耀的银链。这飞泻下来的雪水，在山脚汇成冲激的溪流，浪花往上抛，形成千万朵盛开的白莲。可是每到水势缓慢的洄水涡，却有鱼儿在跳跃。当这个时候，饮马溪边，你坐在马鞍上，就可以俯视那阳光透射到的清澈的水底，在五彩斑斓的水石间，鱼群闪闪的鳞光映着雪水清流，给寂静的天山添上了无限生机。

（碧野《天山景物记》）

（2）这次，我看到了草原。那里的天比别处的更可爱，空气是那么清鲜，天空是那么明朗，使我总想高歌一曲，表示我满心的愉快。在天底下，一碧千里，而并不茫茫。四面都有小丘，平地是绿的，小丘也是绿的。羊群一会儿上了小丘，一会儿又下来，走在哪里都像给无边的绿毯绣上了白色的大花。那些小丘的线条是那么柔美，就像只用绿色渲染，不用墨线勾勒的中国画那样，到处翠色欲流，轻轻流入云际。这种境界，既使人惊叹，又叫人舒服，既愿久立四望，又想坐下低吟一道奇丽的小诗。在这境界里，连骏马和大牛都有时候静立不动，好像回味着草原的无限乐趣。

（老舍《草原》）

（3）沙威的脸上有一个塌鼻子，两个深鼻孔，两大片络腮胡子一直升到鼻孔边。初次看见那两片森林和那两个深窟的人，都会感到不愉快。沙威不常笑，但在笑的时候，形状是狰狞可怕的，两片薄嘴唇张开，不但露出他的牙，还露出他的牙床肉，在他鼻子四周也会起一种像野兽的嘴一样的扁圆粗野的皱纹。严肃时的沙威是猎犬，笑时的沙威是老虎。

（〔法〕雨果《悲惨世界》）

（4）曲曲折折的荷塘上面，弥望的是田田的叶子。叶子出水很高，像亭亭的舞女的裙。层层的叶子中间，零星地点缀着些白花，有袅娜地开着的，有羞涩地打着朵儿的；正如一粒粒的明珠，又如碧天里的星星，又如刚出浴的美人。微风过处，送来缕缕清香，仿佛远处高楼上渺茫的歌声似的。这时候叶子与花也有一丝的颤动，像闪电般，霎时传过荷塘的那边去了。叶子本是肩并肩密密地挨着，这便宛然有了一道凝碧的波痕。

（朱自清《荷塘月色》）

（5）见过一个父亲的泪。他蹲在一堵墙外，满身疲惫的风尘。先是呆呆地看着街景，后来，他手捂住脸呜咽起来。他的双肩耸动，单薄的身影，像极了深秋时树枝上一片欲掉落的叶。眼泪从他的指缝处不住地溢出来，汇成小溪流。午后的阳光照在上面，反射着惨痛的晶莹。他的头上，霜花点点。墙内，是看守所。他20岁的儿子，因跟人合伙抢劫，被关在了里面。

（丁立梅《那个被你伤得最深的人》）

2.听觉感受练习

（1）体育场中央，随着一声声强劲有力的击打，2008尊中国古代打击乐器缶发出动人心魄的声音，缶上白色灯光依次闪亮，组合出倒计时数字。在雷鸣般的击缶声中，全场观众随着数字的变换一起大声呼喊：10、9、8、7、6、5、4、3、2、1。在一片欢呼声中，迎来了开幕式正式开始的时刻：20时整。

（《百年奥运梦 今夜终成真》新华社北京8月8日电）

（2）我和往常一样放学回家，一回家就听到有些奇怪的声音，咚咚地响，还没有规律，一会儿又会发出沙沙的抓挠声，还有哼哼的叫声，这是什么动物，怎么跑到我家来了？四处寻找都没有看到，最后在家门口的一个纸箱里找到了，声音是从这里面发出的。我用脚踢踢纸箱，里面的叫声更大了，不断地哼哼，会是什么动物呢？老鼠？它怎么会跑到这来？我鼓足勇气打来了箱子，啊！是一只可爱的小狗，毛茸茸的。看到了我，小狗非常高兴，拼命地摇着尾巴，不断地哼哼着，因为它太小了，估计还没有满月呢，这就是爸爸送我的7岁生日礼物。

(3)20年前的雨听起来与现在的有所不同，雨点落在更早以前出产的青瓦上，室内的人便听见一种清脆的铃铛般的敲击声。毫不矫饰地说，青瓦上的雨声确实像音乐，只是隐身的乐手天生性情乖张喜怒无常。突然地，它失去了耐心，雨声像鞭炮一样当空炸响，你怀疑如此狂暴的雨是否怀着满腔恶意，然后忽然它又倦怠了，撒手不干了，于是我们只能听凭郁积在屋檐上的雨水以其惯性滴落在窗门外，小心翼翼地，怀着一种负疚的感觉。这时候，沉寂的街道开始苏醒，穿雨衣或打雨伞的人踩着雨的尾巴，走在回家的路上。有个什么声音在那里欢呼起来，雨停啦！回家啦！

（苏童《雨和瓦》）

(4)你听那唱腔何止千回百转：初起时，如一朵清亮的流云当空，随着流水的快板幻化，忽而凝结成庙堂轰轰烈烈的金钟大镛，忽而散漫为荒野窸窸窣窣的竹枝荷叶，风过处传来巫峡悲切的猿啼，传来京畿呢喃的燕语，听得你忽喜忽愁，情难自已——花好月圆时如饮醇醪，到了天昏地暗呵，便有隐隐的雷声穿云裂石而来，夜空里缠绕着似怨似慕的游丝，忽高忽低盘旋穿插，大雨如注中愈唱愈尖，愈尖愈险，一声响雷过去，你以为就要撒手悬崖、粉身碎骨了，她却又嗓音一转，烟火一灭，随化作如恋如诉的回云与流风，不知是谁家少女，清夜玉笛暗飞声，若有若无间风情万种，是不可言传的蜜语，冉冉散入太虚去……霎时四声八韵都歇，万籁俱寂中，天风自天风，海涛自海涛，多少曼妙的感情在虚空里翱翔……

（方杞《坤伶》）

(5)当朋友们告诉我，他们如何对交响乐、奏鸣曲、室内乐一筹莫展的时候，我这样对他们说。

肖邦让黑白相间的钢琴键轻轻起伏，当清澄的和弦与如歌的旋律从中飞逸出来的时候，你有没有感受到他那一腔柔情？他在向你诉说一个流亡者的孤独，诉说爱情带来的惆怅，还有那莫名的、却永远弥漫于心头的雾霭……贝多芬让百十来人的大乐队轰然作响，当铿锵嘹亮的号角音调震撼整个大厅的时候，你有没有体会到那股英雄的豪气？他在向全世界宣告人类的理想、人类的力量，他伸出巨大的拳头，猛击在命运布下的锁链上！柴可夫斯基深情地唱起俄罗斯农民的曲调，他是在告诉你，那广袤的土地上，有着多么深重的、三套马车印下的辙迹。舒伯特也把一个独行旅人的背影，悄悄印在菩提树的绿荫间，你看到他了吗？别闭上你的心扉，瞧，他们正向你走来，凝视着你的眼睛，握住你的手。

（周晓静《音乐是一种心境》）

3.嗅觉、味觉感受练习

(1)女儿又回忆起另一件事情："夏天，妈妈喜欢用茶叶水来洗草席，所以当我躺在草席上睡觉时,就闻到茶叶的香味,很香呢!”就这样,我们聊了很多从前的小事情,女儿总是记得那些很小的感觉,却都是幸福的味道。

(小野《幸福的味道》)

(2)大约也因那蒙蒙的雨,园里没了浓郁的香气。涓涓的东风只吹来一缕缕饿了似的花香,夹带着些潮湿的草丛的气息和泥土的滋味。园外田亩和沼泽里,又时时送过些新插的秧,少壮的麦,和成荫的柳树的清新的蒸气。这些虽非甜美,却能强烈地刺激我的鼻观,使我有愉快的倦怠之感。

(朱自清《歌声》)

(3)澳大利亚这片神奇的世界,不仅是厨师眼中的天堂,还是你能大快朵颐世界各地美食的好地方。这里的城市中既有奢华的酒楼,也有物美价廉的小餐馆、咖啡馆、小酒馆。想象一下,富有异国情调的香草和时蔬,香嫩多汁的羊羔肉、牛肉,各种水产海鲜,一些味道上佳的奶酪,以及曾荣获大奖的橄榄油就放在你的餐桌上,该是多么诱人啊!

(4)入口,先是一丝甜,淡淡的。然后觉出一些咸,是生养它的南太平洋海水的记忆。一股油脂的香,弥漫在口鼻之间。不是猪油般腻,不是鸭油般腥,也不是牛羊油的膻,是你从没尝过的醇香的油脂。不需咀嚼,鱼肉已经在舌苔上化开。千万个味蕾敞开怀抱,拥抱不期而遇的美味。你听见乐声响起,你看见鲜花满地。咽下去的时候,喉咙里咕噜一声,震得你两耳嗡嗡作鸣,你以为满室的人都听得见。

(白雨《鱼的味道》)

(5)幼时家住城南庄,那里的肉丸是出了名的。一个月里总有那么几天,我在外婆蹒跚小脚的引领下,走到街边那些冒着热气的油布篷子里,坐在小方桌前的长条板凳上,眼巴巴地看着外婆从怀里掏出她的小手巾包,一层一层打开来,直到露出几张毛票,然后抽出一张,递给掌柜的,再抽出一张,走到相邻的烧饼摊上去。刚出炉的油酥烧饼用草纸托着,被外婆放在小方桌上,然后,热腾腾的肉丸子也端上了桌,酱红色的鲜汤里飘着白色的葱花和翠绿的香菜,圆的肉丸子半浮在里面,浓厚的油香味儿熏得人直咽口水。这时,外婆就把烧饼掰成块儿,浸泡在丸子汤里。这应该是最为经典的吃法,面香和肉香混合在一起,滚烫的丸子汤经这一泡,温度略有降低,在烫与不烫之间,味道也便更加可口。当然,外婆是舍不得吃上哪怕一小口的,只是一边看着我吃,一边和卖肉丸的掌柜聊几句闲天。而这样的小吃,于童年的我不仅仅是打牙祭,也竟是次次都值得期待的盛宴了。

(平明《故乡的饕餮》)

4.触觉感受练习

(1)母亲的手是一双坚硬的手。那是她长期参加繁重劳动磨炼的结果。记得我在儿童时代,有时候脊背发痒,就叫母亲帮我抓痒。她那粗糙的手,像铁锉似的,将我的脊背划出了一道道细痕,疼得我直叫唤。

(2)赵大龙不等吴七爬起来,一个箭步蹿过去,骑在吴七背上,摆出一副武松打虎的架势,把铁锤一般的大拳头,雨点般地落在了吴七背上、头上、瘦脖子上和嘴巴上……

(冯骥才、李定兴《义和拳》)

(3)渐渐它胆子大了,就落在我书桌上。

它先是离我较远,见我不去伤害它,便一点点挨近,然后蹦到我的杯子上,俯下头来喝茶,再偏过脸瞧瞧我的反应。我只是微微一笑,依旧写东西,它就放开胆子跑到稿纸上,绕着我的笔尖蹦来蹦去,跳动的小红爪子在纸上发出嚓嚓响。

我不动声色地写,默默享受着这小家伙亲近的情意。这样,它完全放心了,索性用那涂了蜡似的、角质的小红嘴,"嗒嗒"啄着我颤动的笔尖。我用手抚一抚它细腻的绒毛,它也不怕,反而友好地啄两下我的手指。

(冯骥才《珍珠鸟》)

(4)一个月的"禁闭",我似有一种脱胎换骨的感觉,那个总在埋头赶路、急急匆匆的我不见了。每天清早下楼去散步,扶着楼梯冰凉的铁杆一步一步往下挪,脚步踩不稳,摇摇晃晃的,如同刚会走路的孩子。而最像孩子的,是眼光的变化,一些在过去很少会引起我注意的东西,一一地进入我的视线:首先是楼外靠围墙的那排冬青,由于低矮,以前根本不在我眼里,但在出院第二天,我试着下楼,刚迈出门,迎面所见的就是那排齐腰的冬青已笼着一层参差不齐的新叶,在争先恐后地往上冒。鲜润的新叶,油嫩油嫩的,嫩得像婴儿的心,嫩得让人不忍走开。我停在树丛前,像碰摸炫目的肥皂泡一样小心地捏了捏那逼眼的嫩叶时,我的指尖如过电似的被那饱含新生的"嫩"触动了,有一股热热的、流动的东西从手指一直通到心底,我感觉,那是一种生命的东西。

(陆星儿《小鸟,你好》)

(5)我常这样问自己,在森林里走了一个多小时,却没有发现什么值得注意的东西,这怎么可能呢?我这个有目不能视的人,仅仅靠触觉都能发现许许多多有趣的东西。我感到一片娇嫩的叶子的匀称,我爱怜地用手摸着银色白桦树光滑的外皮,或是松树粗糙的表皮。春天,我满怀希望地在树的枝条上寻找着芽苞,寻找着大自然冬眠后的第一个标志。我感到鲜花那可爱的、天鹅绒般柔软光滑的花瓣,并发现了它那奇特的卷曲。大自然就这样向我展现千奇百怪的事物。偶尔,如果幸运的话,我把手轻轻地放在一棵小树上,就能感到小鸟放声歌唱时的欢蹦乱跳。我喜欢让清凉的泉水从张开的指间流过。对于我来说,芬芳的松叶地毯或轻软的草地要比最豪华的波斯地毯更受欢迎。四季的变换,就像一幕幕令人激动的、无休无止的戏剧,它们的行动通过我的指间流过。

([美]海伦·凯勒《假如给我三天光明》)

5.时间、空间感受练习

(1)我曾经使用过一辆纺车,离开延安那年,把它跟一些书籍一起留在蓝家坪了。后来常常想起它。想起它,就像想起旅伴,想起战友,心里充满着深切的怀念。

(吴伯箫《记一辆纺车》)

(2)我的园子,是我童年时代居住的外公的家。园子很大,足有一亩多地,对着一弯清清的池塘。五间正屋,两间北屋。冬来,会加一层稻草编缝的门,阻隔风寒,再用许多矮小带刺的干枯小槐树做篱笆墙,围成一个小园子。园子门只用木棍松松插着,是真正意义上的"柴门"了。园子里栽着许多棵枣树,两棵梨树;一眼深井,两畦韭菜;一架葡萄,几行的萝卜或白菜,还有外公劳作时候用的铁锨、锄头、小铲子、斗笠等。

(苏美玲《温暖的园子》)

(3)他们按照所给的地址去找,却是一条繁华的小街。屋子一间连着一间,看似很亲密;小孩一群一群地在耍玩,这让他们同时想起小时候,单纯而美好的小时候。他们找到了那位老太太的家,是一栋很古老的青砖砌成的瓦房。里面光线很阴暗,却相当凉爽。但没有人的屋子总是安静得有些怕人。左天客轻轻地推了一下半敞开的木门,慢慢地进去了。门的右边是大厅,陈旧而简陋的家具静静地躺在那,像是早就在那等候着他们。左边有一间房,他们朝房门走去,看到一个小女孩乖乖地坐在床边,手里拿着些针线正在做着什么似的,看见他们来了就马上紧张地收起来。小女孩的对面,一老太太坐在竹椅上也正做着针线。

(4)月光如流水一般,静静地泻在这一片叶子和花上。薄薄的青雾浮起在荷塘里。叶子和花仿佛在牛乳中洗过一样;又像笼着轻纱的梦。虽然是满月,天上却有一层淡淡的云,所以不能朗照;但我以为这恰是到了好处——酣眠固不可少,小睡也别有风味的。月光是隔了树照过来的,高处丛生的灌木,落下参差的斑驳的黑影,峭楞楞如鬼一般;弯弯的杨柳的稀疏的倩影,却又像是画在荷叶上。塘中的月色并不均匀,但光与影有着和谐的旋律,如梵婀玲上奏着的名曲。

(朱自清《荷塘月色》)

(5)是谁创造了历史？又是谁在历史中创造了伟大的文明？

公元1403年1月23日，中国农历癸未年的元月一日。这一天，生活在这块土地上的人们，依然延续着自古以来的传统，度过他们一年中最重要的节日——农历元旦。

这一年，人们收到的类似今天的贺年卡上，不再有建文的年号了。建文帝四年的统治，在一场史称靖难之役的战争后，成为往事。

公元1403年的大年初一，大明朝第三个皇帝朱棣正式启用永乐作为自己的年号。这一年为永乐元年。年号的更替，随之带来的是这个王朝的更多变化。

6.运动、平衡感受练习

(1)小丽噘着嘴，弓着腰，蹑手蹑脚地，一步一步慢慢地靠近它。靠近了，靠近了，又见她悄悄地将右手伸向蝴蝶，张开的两个手指一合，夹住了粉蝶的翅膀。小丽高兴得又蹦又跳。

(2)他强忍着失去妻子的悲痛，依然在工地施工，他蹲在那里装着沙子，身体抽搐着，随后颤抖地站起，手握小推车，踉跄地推到施工电梯上，他用袖子抹去脸上的眼泪，仰起头，像是坚定了些什么。

(3)我看那边月台的栅栏外有几个卖东西的等着顾客。走到那边月台，须穿过铁道，须跳下去又爬上去。父亲是一个胖子，走过去自然要费事些。我本来要去的，他不肯，只好让他去。我看见他戴着黑布小帽，穿着黑布大马褂，深青布棉袍，蹒跚地走到铁道边，慢慢探身下去，尚不大难。可是他穿过铁道，要爬上那边月台，就不容易了。他用两手攀着上面，两脚再向上缩，他肥胖的身子向左微倾，显出努力的样子，这时我看见他的背影，我的泪很快地流下来了。

(朱自清《背影》)

(4)渐渐，他居然能扶着板凳下楼了，他走出大门，看到一个全新的世界：和自己一样大的孩子们在狂热地跑、跳、追、叫，在抢球。那球，不知被谁一脚踢上天空，那真叫人眼馋啊！当父亲给他做了一只木拐后，他立即一瘸一拐加入了抢球队伍。当他由于在奔跑中失去平衡一次次摔得鼻青脸肿时，引起阵阵哄笑。他紧闭着嘴唇，爬起来，接着抢。他是踢不到球的，但是跑一身汗也比站在旁边干眼馋强啊！这样一来，孩子们却不把他当外人了，吃过饭就来约他一块儿玩，照样传给他球，而且他摸到门路后也居然能一脚破网。孩子们带着惊奇和赞叹为他欢呼：好！好！

这群孩童们震耳的欢呼，在大人们的耳朵里可能只是喧闹，在李成刚的耳朵里却唤起了一种从未体验过的觉醒：我，不是一个万事不如人的废物，我，也能跟别人一样!

(肖获《钢铁是这样炼成的》)

(5)两位老人如醉如痴地欣赏着这无比的美景,突然,妻子感到身边有一个东西在往下坠落。她下意识地伸手一拽,拽住的正是她失足的丈夫。她拽住他的衣领,拼命地往上拉,但无论怎么努力,都无济于事。丈夫悬在山崖上不敢随意动弹,否则两人会同时摔落谷底,粉身碎骨。她拽着拽着,渐渐有些支撑不住。她的手麻木了,胳膊又肿又胀,仿佛随时都会和身子断裂。她意识到瘦弱的胳膊根本拉不住他太沉的身体,她只能用牙齿咬住他的衣领,坚持到最后一刻。

(梦瑶《用牙咬住的生命》)

7.内脏感受练习

(1)他觉得自己掉进了万丈深渊里,黑暗像高山压着他,像大海淹没他,话也说不出来,气也透不出来,世界上没有任何一种痛苦能够和他此刻所感觉的痛苦相比。这种痛苦是那样尖锐,那样深刻,又是那样复杂,那样沉重。

(欧阳山《三家巷》)

(2)她气急了,因为愤怒而呼吸急促了。开初,一阵骚动的暴怒使得她肌肉痉挛,她张开了嘴,预备用一阵升到嘴边的辱骂去斥责他们的行为,不过因为愤怒扼住了嗓子,她简直不能够说话。

([法]莫泊桑《羊脂球》)

(3)觉新默默地坐在方桌旁。他觉得他的心里只有悲哀,这房间里只有悲哀,悲哀重重地压住他。他想不到未来,想不到光明。他渐渐地感到了恐惧。恐惧跟着内房里的钟摆的滴答声不断地增加。窗外一阵一阵的虫声哀歌似的在他心上敲打。沈氏垂着头,像一个衰老的病人一样枯在写字台前。她失神的小眼睛空虚地望着玻璃窗,她似乎要在那上面寻找一个鬼影。这个矮小女人的半身像在觉新的眼里就成了痛苦与悲哀的化身。他的恐惧更增加了。他觉得有很多根锐利的针尖慢慢地朝他的心上刺下来,就咬紧牙关忍耐住这样的隐痛。他并没有盼望谁来救他。

(巴金《秋》)

(4)生命在无边的轮回中,翱翔、坠落、消亡。她如一条丰满的河流,一点点流向生命的终点。

2009年9月22日下午2:30,刻骨铭心的时刻。她安详地走完了73年的人生旅途。任凭怎样撕心裂肺地呼唤,她再也没有丝毫回应。时间,仿佛在那一刻凝固,犹如我脸上的泪珠,在秋日的阳光下闪耀着寒冷的光。我心中的春天似乎在她长眠的那一刻突然土崩瓦解。那一瞬,无边落木萧萧下,天一下子暗淡了,片片落叶,仿佛一枚枚为她送行的纸钱，满天飞扬，满目凄凉。那一刻，我才真正地明白有一种疼痛叫失去，没有一种疼痛比这种痛更痛。那个最疼爱我、最欣赏我的人永远地去了。我拼命地在落叶纷飞里追赶，而她，以每秒千米的速度，失散。

（傅彩霞《妈妈的心依旧与我同在》）

8.综合感受练习

（1）我一个人走进林中。我发现，此地无蝇，也无蚊，却有那么多蝴蝶、蜜蜂，无论走到哪里，它们都在身边飞，耳畔叫。空气里，有松香味，有草木的青气，闻起来，心里麻酥酥的。岩上，一挂飞泉，下面，滴成一个不大的潭，潭边，流出一股水，扯成一条小溪。潭水，黛青色的；溪水，豆绿色的。鱼儿都露着黑色的脊梁，唼喋（shàzhá）着小嘴，从潭里出来，游进小溪，玩够了，又顺小溪游回潭里。我跳进水里，濯足，洗脸，水凉而润，顿觉心清神爽。又上岸，在浓荫里盘桓（huán），流连，抚摸每一棵树，摩挲每一块石。

（周同宾《天籁》）

（2）"咣"的一声，黑夜就到来了。一个昏黄的、方方的大月亮出现在对面墙上。岳之峰的心紧缩了一下，又舒张开了。车身在轻轻地颤抖。人们在轻轻地摇摆。多么甜蜜的童年的摇篮啊！夏天的时候，把衣服放在大柳树下，脱光了屁股的小伙伴们一跃跳进故乡的清凉的小河里，一个猛子扎出十几米，谁知道谁在哪里露出头来呢？谁知道被他慌乱中吞下的一口水里，包含着多少条蛤蟆蝌蚪呢？闭上眼睛，熟睡在闪耀着阳光和树影的涟漪之上，不也是这样轻轻地、轻轻地摇晃着的吗？

（王蒙《春之声》）

（3）2 月 28 日凌晨，由乌鲁木齐开往阿克苏的 5807 次列车遭遇大风袭击，车厢脱轨，事件发生后，记者从乌鲁木齐驱车赶赴事发地点。

一路上，狂风大作，空中的雪花像瀑布一样击打着车窗，能见度不足 20 米，有的路段甚至不足 5 米，汽车上的温度计显示气温在零下 10 摄氏度左右。沿途看见 4 辆货车被大风吹翻。

14 时，在几经周折后，记者终于到达现场，首先看见的，就是高高的路基上 11 节红色的车厢东倒西歪，像是被拆散的玩具。狂风中，十几名铁路民警维持着现场秩序。记者推开车门，想要跑下去采访，顿时觉得要被大风吹倒，只能几个人艰难地互相扶持前行，狂风卷起砂石，打得人脸上生痛。瞬间一股强风，吹得我们不由向前跑，最后，只能借助车辆的阻挡才不致被风吹跑。

这时，记者注意到车站里的风速测量仪上显示的风力在十级到十二级之间不停变换着，风速始终在 27 米/秒以上。

（靳泉、井波、袁蕾《狂风肆虐覆列车　众志成城渡险关》）

(4)一个手雷砸在丁晓兵身上。他想也没有想,抓起手雷就扔了出去。一团火光,他失去了知觉。几秒钟后,丁晓兵睁开眼。突然他发现,右手使不上力气,侧头一看才发现,右胳膊已经被炸断了动脉,鲜红的血液,一股股地往外喷!战友给丁晓兵简单包扎了伤口后撤,只连着一点点皮的右臂一次次挂在树枝灌木上。他又一次拔出了匕首,把右臂与身体之间仅仅连着的一点皮割断,割下来的右臂,被他插在自己的腰带上!整整在山里跑了近4个小时,一看到迎面跑来的接应人员,丁晓兵一头栽倒在地上!

(人民网《英雄赞歌》)

(5)中学的时候我们学了朱自清的《背影》,老师说你们也写一篇吧。我想起我的父亲,但是真奇怪,脑海里竟然只有一点恍惚的回忆,我才发现父亲一直都是以迎接者的姿态在接纳我!陪我上学,他让我走在前面,自己拎着包紧紧跟着,我的影子就在他沧桑的脸庞上忽隐忽现;寄宿时学校规定周三探望,才下楼梯我就看见他站在那棵熟悉的玉兰下冲我微笑,手里捧着母亲赶早熬制的鸡汤;我乘车外出,他会目送着我坐的车子渐渐走远,我只能推测他什么时候会背过身去;家乡四面临水,坐船跟吃饭一样稀松平常,我常常在江心就眺望到码头上站着一个人,岸近了,他一定是我的父亲。有时候老天会突如其来地下雨,父亲也不躲,就用一件雨衣披着,任雨水从裤腿一直浸湿到膝盖,一直浸成我心里一道心酸的风景。

(李兴甲《没有背影的父亲》)

(二)逻辑感受

仅有形象感受而无逻辑感受,是不能很好地感知文章整体的。逻辑感受是指播音员在有声语言创作过程中对文字反映的客观事物之间的关系的主观体验。逻辑感受包括并列感受、对比感受、递进感受、转折感受、因果感受、总括感受等。逻辑感受是播音员把稿件文字串联成起承转合、环环相扣的有声语言的逻辑链条,是构成全篇稿件整体感受的结构性要素。进行逻辑感受的训练,对于我们在有声语言的表达中表现出文字的内在联系有较大帮助。

1.并列感受练习

(1)苦难是清洁剂,它净化了国人的灵魂;苦难是催化剂,它催生了潜伏在人们心中的善因;苦难是黏合剂,它将国民的心空前地黏合到了一起。

(王学进《民族魂在灾难中浴火重生》)

(2)看!——一捶起来就发狠了,忘情了,没命了!百十个斜背腰鼓的后生,如百十块被强震不断击起的石头,狂舞在你的面前。骤雨一样,是急促的鼓点;旋风一样,是飞扬的流苏;乱蛙一样,是蹦跳的脚步;火花一样,是闪射的瞳仁;斗虎一样,是强健的风姿。黄土高原上，爆出一场多么壮阔、多么豪放、多么火烈的舞蹈哇——安塞腰鼓！

（刘成章《安塞腰鼓》）

(3)美国人难以了解中国人及中国文化，因为美国人通常是宽大、单纯，但不够深刻。英国人不能了解中国人及中国文化，因为英国人一般是深刻、单纯却不宽大。德国人不能真正了解中国人及中国文化，因为德国人深刻、宽大但不够单纯。至于法国人，在我看来，是能了解并已经是最了解中国人及中国文化的……如果美国人能够学习中国文化，将会获得深刻；英国人学习中国文化，会获得宽大；德国人将会获得单纯。

（林语堂《林语堂文化妙论》）

(4)诗人笔下，长安曾是理想之都，是云端之梦。

这里有李白的浪漫张狂，也有杜甫的黯然神伤；

这里有白居易的年少得志，也有王维的诗韵画香；

这里有孟郊的春风得意，也有杜牧的叶落归根。

这里是纸醉金迷的天堂，也是月光高悬于上的青砖古墙；

是鲜衣怒马少年时，也是壮志未酬的伤心诗章；

是他乡，也是故土；

是初相识，也是恨难忘。

这是长街沸灯万里游龙的大唐。

有贵妃一袭花裙罗裳，惹人心驰神往；

有遥遥华胄一掷千金，难买红颜笑；

有禅师毳(cuì)客，袈裟绫罗，远渡而来经书万卷抄；

有骚人墨客，仙衣白马，挥袖快意一朝天下晓。

长安是心胸博大的地方：

它见证盛世之貌，也看遍历史沧桑。

它窥见人心之狂，也不忘举杯感念慷慨解囊。

光明、灰暗它都不挑，欣然接受，坦坦荡荡。

人在别离时感叹的"浮生只合尊前老，雪满长安道"，不过是长安千百年岁月中的一剂调味料。

它从不如人一般心事重重，怯对南山笑，因为它知道这铺满雪的道路，待到春暖花开时，又会是一番繁盛景象。

长相思在长安，梦回大唐，无不心驰神往。

长相思在长安，诗酒年华，青春热情坦荡。

（董宇辉对西安的描述）

2.对比感受练习

(1)如果一个人有了"知识"这样一个概念,并且认识了自己知识贫乏的现状,他就可能去寻求、靠近知识。相反,如果他认为自己什么都懂,他就会远离知识,在他自以为是地"前进"的时候,走着倒退的路。

(严文井《谈读书》)

(2)西方采取的是强硬的手段,要"征服自然",而东方则主张采用和平友好的手段,也就是天人合一。要先与自然做朋友,然后再伸手向自然索取人类生存所需要的一切。宋代大哲学家张载说:"民,吾同胞,物,吾与也。"

(季羡林)

(3)骄傲与谦卑未必是反义词。有高贵的骄傲,便是面对他人的权势、财富或任何长处不卑不亢;也有高贵的谦卑,便是不因自己的权势、财富或任何长处傲视他人,它们是相通的。

同样,有低贱的骄傲,便是凭借自己的权势、财富或任何长处趾高气扬;也有低贱的谦卑,便是面对他人的权势、财富或任何长处奴颜婢膝,它们也是相通的。

真正的对立存在于高贵与低贱之间。

(周国平《人性》)

(4)有的人在工作、学习中缺乏耐性和韧性,他们一旦碰了钉子,走了弯路,就开始怀疑自己是否有研究才能。其实,我可以告诉大家,许多有名的科学家和作家,都是经过很多次失败,走过很多弯路才成功的。有人看见一个作家写出一本好小说,或者看见一个科学家发表几篇有分量的论文,便仰慕不已,很想自己能够信手拈来,妙手成章,一觉醒来,誉满天下。其实,成功的作品和论文只不过是作家、学者们整个创作和研究中的极小部分,甚至数量上还不及失败作品的十分之一。大家看到的只是他们成功的作品,而失败的作品是不会公开发表出来的。

(华罗庚《聪明在于学习,天才在于积累》)

3.递进感受练习

(1)上海发展的历程和规律都告诉我们,上海的昨天、今天和明天都离不开全国的关心和帮助,尤其是上海要建成"四个中心",作为一项国家战略,更离不开全国人民的支持。

(2)母亲是什么?对子女来说,母亲是无私,是亲情,是最安全的避风港,是最牵挂你的那个人;母亲更是一种动力,更是一种精神,更是一种信念,更是一种足以让你面对一切的力量。一个牵挂母亲的人,才有可能牵挂整个社会。一个能够拥抱母亲的人，才有可能拥抱世界。

（吴忠民《拥抱母亲》）

（3）在英语被视为取舍一切的刚性指针下，我们培养的一些“精英”写不出通顺的文章，总是在无法表达时难为情地“蹦”出一个英语单词。我们的一些科学家能够用英语写出长篇论文，却无法用汉语写就小小的一篇科普文章。更令人不安的是，在这种狂热中，语言所承载的文化的迷失。年轻一代被席卷而来的“麦当劳文化”所包围，传统的礼俗、记忆、语言淡忘在来势汹汹的圣诞节、情人节里。此情此景下，我们流传久远的文化根基必然遭受侵蚀的危险。

（张显峰《中国人，可别把汉语丢了》）

（4）涉未成年人犯罪不仅是重要的司法问题，更是突出的社会问题。孩子的模样，很大程度就是家庭、学校以及一些社会因素在他们身上的投射。在这个意义上，那些伤害别人、喜欢暴力的孩子，在成长过程中又很可能是另一个意义上的“受害者”。保护我们的孩子，既要教会他们在面对欺凌和暴力时如何最大限度不受伤害，更要从一开始就在所有孩子心中播下良知的种子，避免他们成为加害者。

（苏砥《保护孩子远离暴力伤害，没有旁观者》）

4.转折感受练习

（1）手机网络为我们构筑了四通八达的信息社会，为我们的工作和生活带来了很多的便利。但是我们在享受手机网络带来的好处的同时，也遭受着手机网络的“侵蚀”，尤其是青少年一代，更是深受其害。手机网络诈骗、色情网站传播、垃圾信息等，给青少年的学习生活造成了极大的负面影响。

（光明网《从源头上净化网络环境》）

（2）谭千秋老师不会不知道桌子底下更安全，但他宁愿张开双臂匍匐在桌子上，死死护住桌下的4个学生；张米亚、苟晓超老师不会不知道砸向他们后背的砖石和混凝土墙体会夺人生命，却一样毅然地选择把生的机会留给两名学生。还有吴忠洪、杜正香老师，虽然他们的牺牲没能换回那几个他们竭力挽救的学生的生命，但一样把“老师”这个亲切而又令人敬重的称呼深深地刻进世人心里。

（万一《这一刻，我们懂得了“为人师表”》）

（3）厉行节约成果值得欣喜，浪费问题的顽固性和反复性也不容小觑。反对粮食浪费必须砥砺一篙不可放缓、一滴不可弃滞的韧劲，激发永远在路上、永远没有休止符的执着和耐心。从公众角度看，讲排场、比阔气、大手大脚、奢侈浪费的现象少了，但诸如外卖浪费、聚会浪费等问题，依然需要给予高度重视。从商家角度看，量大实惠固然可以招徕顾客，但要做到拒绝浪费，必须尽到应尽之责，引导和鼓励消费者理性、适度消费。公共食堂、外卖平台、行业协会等,都需要继续完善并落实防范粮食浪费的长效机制。

(李斌《形成全社会节约粮食的合力》)

(4)我以为,中国历史上最激动人心的工程不是长城,而是都江堰。长城当然也非常伟大,不管孟姜女们如何痛哭流涕,站远了看,这个苦难的民族竟用人力在野山荒漠间修了一条万里屏障,为我们生存的星球留下了一种人类意志力的骄傲。长城到了八达岭一带已经没有什么味道,而在甘肃、陕西、山西、内蒙古一带,劲厉的寒风在时断时续的颓壁残垣间呼啸,淡淡的夕阳、荒凉的旷野溶成一气,让人全身心地投入对历史、对岁月、对民族的巨大惊悸,感觉就深厚得多了。但是,就在秦始皇下令修长城的数十年前,四川平原已经完成了一个了不起的工程。它的规模从表面上看远不如长城宏大,却注定要稳稳当当地造福千年。如果说,长城占据了辽阔的空间,那么,它却实实在在地占据了邈远的时间。长城的社会功用早已废弛,而它至今还在为无数民众输送汩汩清流。有了它,旱涝无常的四川平原成了天府之国,每当我们民族有了重大灾难,天府之国总是沉着地提供庇护和濡养。因此,可以毫不夸张地说,它永久性地灌溉了中华民族。

(余秋雨《都江堰》)

5.因果感受练习

(1)我爱春天,但是太年轻。我爱夏天,但是太气傲。所以我最爱秋天,因为秋天的叶子的颜色金黄、成熟、丰富,但是略带忧伤与死亡的预兆。

(林语堂《论年老——人生自然的节奏》)

(2)做好最坏的准备,别羡慕那些春风得意的骄子。他们往往是脆弱的,一旦面临灾祸,就会束手无策,彻底崩溃。也别学那些倒霉背时的可怜家伙。他们一遇到挫折就不能自拔,常常沉溺于悲哀,一错再错,在眼看就要柳暗花明之际,却躺下不再起来。

([美]曼迪诺《永恒的变化》)

(3)民富才是富可敌国的根本,如居民的收入水平、住房水平、教育医疗、生活消费、休闲娱乐水平等都是检验国家是否富裕的重要基础指数。仅从经济总量上理解富可敌国,显然失之偏颇。因为大部分居民的生活质量远没达到发达国家的富裕标准,富裕的含金量还比较低,甚至很多中低收入居民,还承受着巨大的生活压力。此时,高调论及富可敌国,实在有些“奢侈”。

(唐卫毅《民富才是富可敌国的根本》)

(4)《中青报》与其他社会机构的调查结果是相当令人遗憾的:仅有11.2%的人认

为教育越来越公平，这是一个令人不安的数据。为什么这样说？这是因为：首先，教育作为一种公共资源，其分配有别于一般商品，如果分配不公平将会造成政府形象和作用的扭曲，触及社会公正的底线；更重要的是，教育凝结着社会对未来的期望，是公民基本权利的具体体现，也是人发展的起点。因此，教育不公平既是社会经济、政治等方面不公平的反映，又不同于社会其他领域的不公平，会损害公众对社会发展的预期，更容易使社会心理失衡，从而导致社会失衡。

（徐晓《教育公平：非不能也，是不为也》）

6.总括感受练习

(1)长征是世界战争史上的伟大壮举，是以弱胜强、挑战极限的奇迹。《红星照耀中国》一书中，作者罗列了一些自己都难以置信的数字：中央红军在367天的长征中，进行了300余次战斗，平均每天就有一次遭遇战。两万五千里路程上，只休息了44天，日均行军74里……各路红军跋山涉水、爬冰卧雪、草根果腹、皮带充饥，血战湘江、四渡赤水、飞夺泸定桥、转战乌蒙山、强渡嘉陵江、激战独树镇……十多万红军指战员血洒征途，前赴后继，汇成一股势不可挡的铁流。

（任仲平《长征，迎着民族复兴的曙光》）

(2)演出场景更新，助力艺术形式创新。在演艺新空间里，从剧目制作，到表演形式，再到观演关系，都有了更多的创新和突破。比如，沉浸式青春剧场《恰同学少年》在湖南长沙橘子洲上演，游客走进剧场即是“演员”，在观剧和演剧中激发理想信念的力量；新国风环境式越剧《新龙门客栈》将舞台搬进“客栈”，观众席位就是“客栈”用餐区域，观演互动创造了更多即兴演绎，观众也在沉浸式观演中与舞台叙事达到更好的共情。由此可见，演艺新空间带来的不只是空间上的“物理变化”，更是艺术上的“化学反应”，为演出行业的创新发展和转型升级拓展了空间、注入了动力。

（周珊珊《让优质文化内容充实城市生活》）

(3)教书育人，每一言每一行都是教育。走在校园里，看见一个饮料瓶、一片餐巾纸，莫振高都会俯下身捡起来，然后丢进垃圾桶。他对师生们说，“捡一片垃圾，净化一个灵魂”。他甘于清贫，一双拖鞋就穿了7年，直到实在是烂得穿不了才让它“退休”。今年3月5日，做完尿路肾结石手术才3天的他，躺在病床上拨通了负责后勤工作老师的电话，叮嘱他“今天是元宵节，要食堂把汤圆做足，让学生们吃饱”。是的，一位优秀的教育工作者，是时刻都注重细节，时刻都以身作则的。

（梁宇广《因为爱，因为执着，所以崇高》）

(4)“先义而后利者荣，先利而后义者辱”。中华优秀传统文化向来倡导见利思义、义在利先，反对见利忘义、唯利是图。在我国传统商帮中，晋商“利以义制”的行商准则、徽商“以义为利”的经营理念、浙商“义利双行”的价值追求,无不蕴含着义利兼顾的经济伦理。清代一名徽商购有大批粮食,赶上灾荒之年却未趁机涨价,而是将全部粮食减价出售。他说:“能让老百姓度过灾年,重新复苏,才是大利。”金融行业要坚持古为今用,从中华优秀传统文化中汲取营养,正确认识“义”和“利”,不断擦亮中国特色金融文化的“底色”。

(人民日报评论《以义取利,不唯利是图》)

二、文学作品

春

朱自清

盼望着,盼望着,东风来了,春天的脚步近了。

一切都像刚睡醒的样子,欣欣然张开了眼。山朗润起来了,水涨起来了,太阳的脸红起来了。

小草偷偷地从土里钻出来,嫩嫩的,绿绿的。园子里,田野里,瞧去,一大片一大片满是的。坐着,躺着,打两个滚,踢几脚球,赛几趟跑,捉几回迷藏。风轻悄悄的,草软绵绵的。

桃树、杏树、梨树,你不让我,我不让你,都开满了花赶趟儿。红的像火,粉的像霞,白的像雪。花里带着甜味儿;闭了眼,树上仿佛已经满是桃儿、杏儿、梨儿。花下成千成百的蜜蜂嗡嗡地闹着,大小的蝴蝶飞来飞去。野花遍地是:杂样儿,有名字的,没名字的,散在草丛里,像眼睛,像星星,还眨呀眨的。

“吹面不寒杨柳风”,不错的,像母亲的手抚摸着你。风里带来些新翻的泥土的气息,混着青草味儿,还有各种花的香,都在微微润湿的空气里酝酿。鸟儿将巢安在繁花嫩叶当中,高兴起来了,呼朋引伴地卖弄清脆的喉咙,唱出宛转的曲子,与轻风流水应和着。牛背上牧童的短笛,这时候也成天嘹亮地响着。

雨是最寻常的,一下就是三两天。可别恼,看,像牛毛,像花针,像细丝,密密地斜织着,人家屋顶上全笼着一层薄烟。树叶却绿得发亮,小草也青得逼你的眼。傍晚时候,上灯了,一点点黄晕的光,烘托出一片安静而和平的夜。乡下去,小路上,石桥边,有撑起伞慢慢走着的人,地里还有工作的农民,披着蓑,戴着笠。他们的房屋,稀稀疏疏的,在雨里静默着。

天上风筝渐渐多了,地上孩子也多了。城里乡下,家家户户,老老小小,他们也赶趟儿似的,一个个都出来了。舒活舒活筋骨,抖擞抖擞精神,各做各的一份事去。“一年之计在于春”，刚起头儿，有的是工夫，有的是希望。

春天像刚落地的娃娃，从头到脚都是新的，他生长着。

春天像小姑娘，花枝招展的，笑着，走着。

春天像健壮的青年，有铁一般的胳膊和腰脚，他领着我们上前去。

训练提示：朱自清的散文《春》，主题明朗，语言优美，看似晶莹剔透，一目了然，却又像一杯醇酒一般，蕴涵了绵长而清冽的韵味与芳香。在这篇“贮满诗意”的“春的赞歌”中，事实上饱含了作家特定时期的思想情绪、对人生以及人格的追求，表现了作家的传统文化积淀和他对自由境界的向往。

《春》描绘的景物充盈着跃动的活力与生命的灵气。“以我观物，物皆着我之色彩”，当人在观照外物的时候，他的情感就会投射到外物中去，使外物也好像有了人的感情。作者用心灵去感受春天的景物，将自己的情感倾注其中，通过比喻、拟人等修辞手法，使景物变得鲜活生动、形象逼真。《春》讴歌了一个生机勃勃的春天，更是朱自清心灵世界的一种逼真写照。

朗读时，注意作者对春草、春花、春风、春雨、春天里的人们的生动描写，积极调动视觉、听觉、嗅觉、触觉、时间感觉、空间感觉等，触景生情，努力做到情景再现。

安塞腰鼓

刘成章

一群茂腾腾的后生。

他们的身后是一片高粱地。他们朴实得就像那片高粱。

咝溜溜的南风吹动了高粱叶子，也吹动了他们的衣衫。

他们的神情沉稳而安静。紧贴在他们身体一侧的腰鼓，呆呆的，似乎从来不曾响过。

但是：

看！——

一捶起来就发狠了，忘情了，没命了！百十个斜背腰鼓的后生，如百十块被强震不断击起的石头，狂舞在你的面前。骤雨一样，是急促的鼓点；旋风一样，是飞扬的流苏；乱蛙一样，是蹦跳的脚步；火花一样，是闪射的瞳仁；斗虎一样，是强健的风姿。黄土高原上，爆出一场多么壮阔、多么豪放、多么火烈的舞蹈哇——安塞腰鼓！

这腰鼓，使冰冷的空气立即变得燥热了，使恬静的阳光立即变得飞溅了，使困倦的世界立即变得亢奋了。

使人想起:落日照大旗,马鸣风萧萧!

使人想起:千里的雷声万里的闪!

使人想起:晦暗了又明晰、明晰了又晦暗,尔后最终永远明晰了的大彻大悟!

容不得束缚,容不得羁绊,容不得闭塞。是挣脱了、冲破了、撞开了的那么一股劲!

好一个安塞腰鼓!

百十个腰鼓发出的沉重响声,碰撞在四野长着酸枣树的山崖上,山崖蓦然变成牛皮鼓面了,只听见隆隆,隆隆,隆隆。

百十个腰鼓发出的沉重响声,碰撞在遗落了一切冗杂的观众的心上,观众的心也蓦然变成牛皮鼓面了,也是隆隆,隆隆,隆隆。

隆隆隆隆的豪壮的抒情,隆隆隆隆的严峻的思索,隆隆隆隆的犁间翻起的杂着草根的土浪,隆隆隆隆的阵痛的发生和排解……

好一个安塞腰鼓!

后生们的胳膊、腿、全身,有力地搏击着,疾速地搏击着,大起大落地搏击着。它震撼着你,烧灼着你,威逼着你。它使你从来没有如此鲜明地感受到生命的存在、活跃和强盛。它使你惊异于那农民衣着包裹着的躯体,那消化着红豆角角老南瓜的躯体,居然可以释放出那么奇伟磅礴的能量!

黄土高原啊,你生养了这些元气淋漓的后生;也只有你,才能承受如此惊心动魄的搏击!

多水的江南是易碎的玻璃,在那儿,打不得这样的腰鼓。

除了黄土高原,哪里再有这么厚这么厚的土层啊!

好一个黄土高原!好一个安塞腰鼓!

每一个舞姿都充满了力量。每一个舞姿都呼呼作响。每一个舞姿都是光与影的匆匆变幻。每一个舞姿都使人战栗在浓烈的艺术享受中,使人叹为观止。

好一个痛快了河山、蓬勃了想象力的安塞腰鼓!

愈捶愈烈!形成了沉重而又纷飞的思绪!

愈捶愈烈!思绪中不存任何隐秘!

愈捶愈烈!痛苦和欢乐,生活和梦幻,摆脱和追求,都在这舞姿和鼓点中,交织!旋转!凝聚!奔突!辐射!翻飞!升华!人,成了茫茫一片;声,成了茫茫一片……

当它戛然而止的时候,世界出奇地寂静,以至使人感到对她十分陌生了。

简直像来到另一个星球。

耳畔是一声渺远的鸡啼。

训练提示:安塞腰鼓是产生于北方黄土高原上的一种民间艺术,充满原始的意味和浓郁的乡土气息,能充分、彻底地表现生命的阳刚之美。作者的《安塞腰鼓》是一首生命和力量的赞歌,既有对陕北高原这片土地和土地上生命的赞美,又有对我们这个迈着雄健的步伐、不断走向复兴的伟大祖国的赞美!通篇贯注了一个“情”字,通过一系列对“安塞腰鼓”赞美的语词,直抒胸臆,整个散文呈现出雄奇的诗意美。播读过程中,要注意情绪的调动,发挥想象力,不断产生细致的感受,从而在脑海中闪过那雄浑奇伟的画面,激发强烈的播读愿望。

播读中,一个排比接一个排比,一个高潮接一个高潮,不让人有半分喘息的机会。高亢的节奏使得内容表达更热烈、更激荡,充分表现出生命力喷薄而出的神韵。

天上的草原

阿木古郎

在儿时依稀的记忆中,我出生在飘着炊烟的白色毡房。

茫茫的大草原啊,是我熟睡时的摇篮,是我嬉戏时的玩伴,也是我学习时的殿堂。养育我的这片土地,我把你当作自己的身躯一样爱惜,沐浴我的这江河水啊,你为何总像母亲的乳汁一样醇香!

苍鹰在天穹中寻望,黑色的骏马肆意飞奔,平顶山下,成群的牛羊。还有你,我天上的草原,还有你那悠扬的牧歌,夜夜伴我入梦乡。

我喜欢纵马驰骋,放声歌唱,那就像是回到了传说中的时代,我向往着像我的祖辈那样成为一匹苍狼去周游世界,去看看祖父故事中那无边的海洋。

而现在,我是真的离开了你,来到这陌生的地方,不见了蒙古包,不见了牧场,只为心中一个小小的理想而不停地奔忙。其间有欢笑也有泪水,曾经骄傲也曾经气馁。但是,但是我从未曾后悔呀,因为每当我拖着疲惫的身体入睡时,我发现你那悠扬的牧歌又在我的耳边回响;我发现我的那颗心啊,一直跳跃在绿宝石似的草原上。如水晶般清澈的河水啊,我真的发现了,那歌声就像是号角,而那颗心源源不断地给我力量与希望!

腾格里塔拉,我天上的草原,直到现在我才明白,为什么我的祖辈千回百转历经艰险,都要重回你的身旁,为什么我身在异乡,却总觉得你在不住地把我盼望!

蒙古人,是草原的儿子,草原的儿子就是这样地恋乡啊。

腾格里塔拉,我天上的草原,请你听我讲,我也是草原的儿子,我也是草原的儿子啊!我今日所做的一切,就是为了有朝一日,能够重回你的身旁,替你抚去脸上的皱纹,替你驱赶那肆虐的风暴,让你昔日的笑容重新绽放!

等着我呀,我天上的草原,我长生天的故乡,我的亲娘!

训练提示:这篇文章表达了作者对故乡的依恋、热爱之情。从文章中我们可以看出,作者是远离家乡的游子。一个人在外,更加深了对故乡的思念。那绵绵不绝的思念犹如儿子对母亲的热爱、依恋之情。文章对草原的描写使人体会到它在作者的心中永远是世上最美、最圣洁的地方。

备稿时,应该先把文中描写的草原的景象一一印入脑海,形成一幅幅活灵活现的画面。朗诵时,要把草原的辽阔、豪迈、美丽表现出来。在景象之外,还要把作者对草原的思念、热爱通过语句更深一层地展现出来。这只有在朗读之前把文章的整体情感贯穿起来理解才能够充分表达。文章结尾的感叹句表达得要真诚,让听众深切体会到作者热爱草原、热爱家乡的那种发自内心的、真挚的感情。

三、消息类稿件

在为"情景再现"这一单元选择新闻训练稿件时,我们挑选了一些画面感较强、较易引起受众情感共鸣的消息。训练时要注意:新闻要求客观、公正,但并不等于要人为地消除报道中所有的感情成分。新闻播报的要求是从宣传策略和宣传目的出发,恰当地控制感情,有分寸地把握文字的有声语言表达,在客观报道中显示出态度,不能一味地念读,欠和过都是应当尽量避免的。对于一些描述成分较多的消息,我们在播报时不要过分追求"身临其境"和语言的"绘声绘色",以把握好"感而不入"的境界为佳。

繁花似锦　尽享和煦春光

春风拂面,花开似锦。人们走出家门踏青赏花,漫步在春光里。

樱花烂漫,如云似烟。这几天,湖北武汉东湖樱花园的上万株樱花已盛开。人们漫步樱花园,置身亭台楼阁中,一步一景,让人目不暇接。上海辰山植物园的晚樱盛开,园区开行的赏樱专列行驶在花海中,宛如穿梭在童话世界中。安徽宣城郎溪县连绵数里的3000多亩樱花竞相绽放,漫山遍野,云蒸霞蔚,将大地装点得如诗如画。

在北京怀柔水长城景区,粉白相间的山桃花、山杏花在群山中徐徐铺展,与明长城相互掩映,人们登长城、行古道,尽享美好春光。浙江湖州西塞山的百亩桃花开得正盛,当地推出春季赏花线路等一系列活动,吸引游客来这里休闲度假。河南洛阳的牡丹花正陆续开放，洛阳红、珊瑚台等牡丹品种竞相绽放，争奇斗艳，国色天香。

春光助力乡村振兴。在甘肃陇南角弓镇，6000亩油菜花在山谷之中蔓延开来，兰海高速和国道212线一南一北，在其中贯穿而行，方便了各地游客前来赏花踏青，当地建设了农业休闲体验园，修建了油菜花海的观光栈道。在四川北川，上万亩辛夷花竞相开放，漫山遍野，绵延数百里，形成壮观的高山花海景观，当地举办的花海露营、古羌民族文化体验等活动，每年接待赏花游客超过百万人，带动周边2000多户村民开办农家乐，推动乡村振兴。

（2024年4月2日《新闻联播》）

用生命和热血书写新时代英雄赞歌

和平年代，公安队伍是一支牺牲最多、奉献最大的队伍。2023年，全国公安机关共有253名民警、164名辅警因公牺牲。他们接续奋斗，用生命和热血书写了新时代的英雄赞歌。今天，我们来认识其中两位去年牺牲的人民警察。

2023年4月17日，四川青神县民警蒋久华在与战友执行搜捕盘查任务时，突遭犯罪嫌疑人持刀袭击，为保护战友和群众安全，他挺身而出，与嫌疑人展开殊死搏斗。在身负重伤的情况下，仍死死控制住嫌疑人，直至其被制伏。

因伤势过重，蒋久华经抢救无效壮烈牺牲，年仅46岁。蒋久华从警20年，遇到险情，他总是冲锋在前，先后参与侦办各类案件900余起，抓获犯罪嫌疑人400余名。

学习英雄，争做英雄。蒋久华牺牲后，他的英雄事迹激励和鼓舞着身边的每一名干警。

2023年7月24日上午，江西南昌的基层民警魏和友在例行晨会后，突发脑溢血晕倒在办公室，经医院抢救无效不幸去世，生命永远定格在51岁。在倒下的前几分钟，他还在给所里的同志安排当天的工作。

魏和友曾经在刑侦、经侦和基层派出所等多个岗位工作过。面对遭受经济损失的群众，他总是全力以赴追赃挽损。

在29年的从警生涯中，魏和友参与侦办各类案件850余起，累计追赃挽损1亿余元。

（2024年4月4日《新闻联播》）

【活力中国】纺织小镇焕新记

江南小镇苏州盛泽有着千年纺织历史。在加快发展新质生产力的当下,纺织这个传统产业在盛泽发生了怎样的变化呢?

走进盛泽小镇,建厂房、安装新机器,到处一片忙碌。这座外观酷似写字楼的新厂房,让纺织业传统的平面生产模式改为垂直生产。原料从一层上百个管道自动被“吹送”到楼上,经过梳棉等一系列环节,再到最终分拣入库,智能设备覆盖了纺纱所有环节。

另一家专门从事宋锦面料生产的企业里,新设备刚安装好就已经马力全开。拥有两万针的新机器能在一米四长的锦缎上织出800多个连续完整的花型,这是以前的设备做不到的。

设备更新、效率提升,如今,纺织小镇跑出了产业转型升级的“加速度”,不过“快”还不是这里唯一的变化。

早高峰时间,在小镇的一家烧卖店里,记者注意到,好几位用餐客人都挂着实验室、创新中心字样的工作牌。

不到30平方米的小吃店,科研人员的密度之高让记者意想不到,而他们大部分都来自附近的国家先进功能纤维创新中心。不久前,科研团队研发出新型的无针静电纺丝系统。

如今,面积只有150平方公里的小镇拥有一个国家级制造业创新中心,平均每平方公里有超过1家国家高新技术企业和3家国家级科技型中小企业。2023年,小镇规上工业企业研发投入20.43亿元,同比增长12.5%。一个纺织业的高端产业集群正在加速成长。

(2024年3月24日《新闻联播》)

乡村消费市场释放新活力

今年以来,我国乡村消费市场潜力不断释放,乡村旅游蓬勃发展。

今年前两个月,各地乡镇商贸中心“上新”速度越来越快。在河北新乐承安铺乡,村民们告诉记者,以往一些新款的小家电、服饰要到县城才能买得着,如今在离家不远的乡镇商贸中心就能买到。

紧跟乡村消费新需求,主题乐园、零售贩卖等城市服务产业要素加速下沉,成为乡村消费新选择。同时,农村现代物流配送体系加快建设,有效拉动乡村消费。

国家统计局数据显示,前两个月,乡村消费品零售额达到10,870亿元,同比增长

5.8%，增速高于城镇0.3个百分点。

在乡村消费市场潜力不断释放的同时，随着农村基础设施不断完善，也有越来越多的城里人到乡村感受田园风光、品味乡韵乡愁。

中国旅游研究院发布的最新数据显示，前两个月，全国监测的300多家乡村旅游示范点接待游客同比增长27.6%，乡村旅游收入同比增加48.7%。

（2024年3月19日《新闻联播》）

鹊桥二号中继星成功发射

今天上午8时31分，探月工程四期鹊桥二号中继星由长征八号遥三运载火箭在中国文昌航天发射场成功发射升空。鹊桥二号中继星作为探月四期后续工程的“关键一环”，将架起地月新“鹊桥”。

飞行24分钟后，星箭分离，将鹊桥二号中继星直接送入近地点高度200公里、远地点高度42万公里的预定地月转移轨道，中继星太阳翼和中继通信天线相继正常展开，发射任务取得圆满成功。

接下来，鹊桥二号将在地面测控支持下，经过中途修正、近月制动，进入捕获轨道，最后进入24小时周期的环月使命轨道，成为继鹊桥中继星之后世界第二颗在地球轨道以外的专用中继星，为嫦娥六号月球采样任务提供支持。

由于月球始终有一面背对地球，着陆在月球背面的探测器受到月球自身的遮挡，无法直接实现与地球的测控通信和数据传输。而探月工程四期的任务开展着陆探测以及采样地点，主要位于月球南极和月球背面地区，因此需要功能更广、性能更强的中继星，架设起月球对地新的“中继通信站”。

按计划，嫦娥六号将于2024年上半年择机发射，嫦娥七号和嫦娥八号将构建月球科研站基本型，开展月球环境探测等任务。

（2024年3月20日《新闻联播》）

四、评论类稿件

一车苹果因为一块篷布就不算农产品？

王小川

相信大家都刷到这条视频了吧，2月1日，广东广州的一个货车司机拉了一整车苹果,经过高速收费站的时候,因为一块篷布不免过路费。

视频当中高速公路收费站的工作人员说"篷布不是农产品,所以不符合农产品绿色通道车辆的判断标准",司机说"篷布是车上必须带的备用品",可是工作人员说不能和农产品混装,最后司机交了3750块钱的过路费。

大家试想一下,通过高速公路运输苹果,路途遥远,天气莫测,遇到雨雪天气肯定要用篷布遮盖,来保护苹果。仅仅因为车上带了一块篷布,就说这车货不属于绿色农产品,就要收钱。

我给大家看一张图,这是咱们国家定下的关于绿色鲜活农产品高速公路免费的目录,可以清楚地看到苹果是在目录当中的。当然,要想免费国家还有一条非常重要的规定,就是要合法装载。绿色通行农产品的装载量要占货车核定装载量的80%,而且不能混装。视频当中收费站的工作人员正是以车上带了一块篷布为理由,就说这是混装,所以不能免费。

给大家说一个《左传》里的故事,晋国的晋献公去世之后,大臣里克先后除掉了公子奚齐、公子卓以及重臣旬息,帮助晋惠公当上了国君。但是晋惠公一上台就对里克说,你杀害了这么多人,我要是不治你的罪,这说不过去呀。里克说,我要是不把这些人除掉,这个位子还能轮到你吗?但是老大你既然讲了,我懂你的意思了,然后说了一句流传千古的话:"欲加之罪,其无辞乎?"就自杀了。这句话流传到今天,就是那句著名的"欲加之罪,何患无辞"。

训练提示:2021年2月1日,广州的王先生拉着17吨苹果经过大广高速从化区收费站时,因为货车上有一块篷布被收费员指出不符合免收高速通行费政策,得收3570元的过路费。王师傅很委屈,就在抖音上发布了自己的遭遇。目前,有关方面已向司机全额退还过路费。

高速绿色通道的全称是鲜活农产品公路运输"绿色通道"。在这个"绿色通道"上行驶的鲜活农产品运输车辆可以享受通行费的优惠或减免,同时优先通行。"绿通"政策是保供应、惠民生的好政策,相关人员在执行中应准确把握,不能曲解政策、人为设障,让好政策堵在"最后一公里"。

该评论的创作者王小川是安徽广播电视台的主持人。在这篇短评中,王小川以晋惠公与大臣里克的故事做类比,以大家熟知的"欲加之罪,何患无辞"做结论,含蓄地表明了态度。大家在表达的过程中,要弄清楚事情的原委,掌握正确的基调,使自己的评论更有力量、有深度。

焦点访谈：舌尖上的浪费有“法”治（节选）

民以食为天，每一粒粮食都来之不易，都值得珍惜。反对食品浪费是优良传统，更应该成为制度。在前几天举行的十三届全国人大常委会第二十四次会议上，《中华人民共和国反食品浪费法（草案）》提请会议进行第一次审议，这部法律的立法进程一直备受各界关注。有人觉得食物浪费是一件要严肃对待的事情，有必要从法律层面进行约束，但也有人觉得给餐桌上的行为立法，是不是有这个必要呢？那么，这部法律究竟要约束什么？我们的生活又会因此有哪些改变呢？

12 月 26 日，十三届全国人大常委会第二十四次会议正式闭幕，这次会议审议了 16 部法律草案，其中 8 部都是第一次提请常委会审议。在这些法律中，反食品浪费法草案在审议过程中引起了许多委员和代表的积极讨论。

贴近日常生活，是此次修订反食品浪费法草案的一大特点。一日三餐，舌尖上的享受，随着餐桌上的美食越来越丰盛，浪费的现象也越来越多出现在大家身边。

目前我国粮食的年总产量大约是 1 万 3 千亿斤，也就是每人每天将近 3 斤粮食，但是肉、禽、蛋、奶、酒等都是由粮食转化而来的。一般来说，3 到 7 斤的粮食才能转化成 1 斤的谷物食品。每年在我国粮食生产、储存、运输、加工环节的粮食损失量约为 700 亿斤，而城市餐饮每年浪费食物达到 340 至 360 亿斤，这还不包括居民平时在家的食物浪费，因此食品浪费问题不容忽视。

近几年来，从媒体宣传到餐饮行业的自我监督，全社会逐渐开始重视食品浪费问题，但是真的到了餐桌上，各种浪费现象依然不少。

从 2013 年起，习近平总书记四次针对餐饮环节的食物浪费进行批示，尤其是 2020 年 8 月，习近平总书记再次针对制止餐饮浪费现象作出重要指示，强调“要加强立法，强化监管，采取有效措施，建立长效机制，坚决制止餐饮浪费行为”。

加速立法是此次反食品浪费法制定的另一大特点。从今年 8 月中旬全国人大法制工作委员会成立立法工作专班起草反食品浪费法开始，到 12 月下旬提请全国人大审议，只有 4 个月左右的时间。在这期间，专班成员系统梳理了我国现行法律、法规、规章、规范性文件，收集、整理了国外法律、有关国际组织文献；通过召开座谈会、实地调研、书面征求意见等方式听取中央有关部门、地方人大、行业协会、餐饮企业、外卖平台、食品加工零售企业和专家学者等意见，书面征求法工委 9 个基层立法联系点意见。如此多的步骤，目的就是要抓住食品浪费最关键的环节。

针对具体问题、热点问题，用法律条文作出规范是此次反食品浪费法制定的第三个特点。草案中，首先明确的就是食品浪费的定义“对可安全食用或者饮用的食品未能按照其功能目的利用”。

值得注意的是,在对各类主体的要求上,草案在明确了各级人民政府对反食品浪费工作领导的同时,首先提到了对机关、国有企业事业单位的公务活动用餐管理。强调公务活动用餐应当推行标准化饮食,科学合理安排用餐数量和形式。

而要解决大众餐饮的浪费问题,草案对餐饮服务提供者,提出了细致的要求。包括将珍惜粮食、反对浪费纳入服务人员培训内容,主动对消费者进行防止食品浪费提示提醒,引导消费者按需适量点餐,提供小份餐等不同规格选择、提供团体用餐服务按照用餐人数科学合理配置菜品、主食,在菜单上标注食品份量、规格、建议消费人数等内容。

在现实中,记者也观察到,一些餐饮场所,尽管已经设置了提醒、标识等不少防止浪费的环节,甚至用浪费罚款的方法来提醒,但是效果并不如人意。对此,此次反食品浪费法草案规定,餐饮服务提供者可以对造成明显浪费的消费者收取处理厨余垃圾的相应费用。

然而,在记者的采访中,不少消费者虽然支持用法律手段来约束可能出现的餐饮浪费行为,但是对于餐饮服务者如何对消费者收取浪费食品的处理费用,还有不少困惑的地方。如何保证草案的可执行性和长效机制,也是此次反食品浪费法在起草时就考虑到的问题。

在整部反食品浪费法草案中,明确处罚的条款并不多,但是其中一条针对的不是餐饮服务提供者,而是广播电台、电视台、网络音视频服务提供者,如果制作、发布、传播宣扬量大多吃、暴饮暴食等浪费食品的节目或音视频信息,拒不改正或者情节严重的,处 1 万元以上 10 万元以下罚款。

整部反食品浪费法草案,虽然只有 32 条,但是对食品浪费的方方面面进行了比较全面的定义和要求,既明确了政府及其部门职责、各类主体责任,也对监管措施、法律责任等进行了详细说明。

粮食安全是国家安全的重要基础。保障粮食安全,既要重视粮食生产,也要防止食品浪费,特别是疫情更给我们的粮食安全敲响了警钟,需要通过立法整治浪费行为,为粮食安全保驾护航。反食品浪费法草案即将向社会公布,征求意见。这部法律贴近民众生活,立法针对性强,立法速度快,而且也考虑到了法律的可执行性和长效性。这部法律在告诫我们“舌尖莫任性”的同时,其实更是在倡导一种节约适度、绿色低碳、文明健康的生活方式。

训练提示:民以食为天,反对食品浪费不仅是中华民族的优良传统,更应该成为制度。12 月 26 日十三届全国人大常委会第二十四次会议正式闭幕,本期《焦点访谈》就这次会议审议《中华人民共和国反食品浪费法(草案)》展开采访与评论,并总结了该草案的三个特点。

评论中讲到了食品浪费的具体数字;讲到了一些餐饮场所尽管设置了禁止浪费的提醒甚至用罚款的方法来防止浪费,但是效果并不如人意;讲到了广播电台、电视台、网络音视频服务提供者,如果制作、发布、传播宣扬量大多吃、暴饮暴食等浪费食品的节目或音视频信息,拒不改正或者情节严重的,处1万元以上10万元以下罚款等。这些内容很容易引发播读者联系相关的新闻产生具体的理解与感受,能够充分地帮助播读者在进行表达训练时,在脑海中完成情景再现,调动表达的积极性。这种感受要准确、具体、真切、深刻,同时有正确的态度判断,把感受上升为符合播讲目的的情感体验,然后再播读。

焦点访谈:给你一双明亮的眼睛(节选)

面对姚贝娜的名字,以前人们立刻想到的是她的歌声。而现在伴随着她的歌声,人们想到的是她的眼睛。这是一双美丽的眼睛:明亮、清澈;更是一双善良的眼睛,眼神中是温暖和坚定。1月16日下午,歌手姚贝娜因乳腺癌复发病逝。生前,她决定捐献自己的器官。

姚贝娜的父亲替昏迷的姚贝娜签了捐献角膜的志愿书,与此同时,姚贝娜的父亲和母亲也签署了自己的捐献眼角膜的志愿书。

23岁的董亮来自四川凉山彝族自治州,他患有双眼圆锥角膜,接近失明。1月17日晚上,姚贝娜捐献的一只眼角膜被运到成都,成功地移植给了董亮。眼角膜移植手术后,董亮的左眼裸眼视力,从术前的0.06提高到了0.25。

这是一双获得新生的眼睛,眼睛里满是希望和憧憬。董亮刚刚大学毕业,他说等眼睛恢复好了就可以正常地去工作了。

董亮的母亲也签署了《志愿捐献角膜申请登记书》,决定捐献自己的眼角膜。

姚贝娜是深圳市第694位眼角膜捐献者,她的角膜已经让两位患者重见光明。据介绍,她剩余的角膜还可以帮助3位患者重见光明,眼角膜是她留给这个世界的最珍贵、最美丽的馈赠。

然而并不是所有的患者都像董亮这么幸运,深圳眼科医院每年登记在册的需要做角膜移植手术的角膜盲患者大约有200例,但是深圳眼库每年收到的捐赠角膜大约是50例。

据统计,目前我国大陆地区有四百多万名角膜盲患者,但每年完成的角膜移植手术不到5000例。此次姚贝娜捐献角膜,让更多的人关注角膜捐献和器官捐献。

统计显示,现阶段我国的公民身后器官捐献率仅约0.6/100万人口,是世界上器官捐献率最低的国家之一。中国每年约有150万人需要器官移植,但是每年仅1万人能够接受移植手术,供体缺乏是主要原因。公众传统观念的束缚、我国法律不是很健全,没有形成器官捐献的联动机制等诸多原因造成了我国器官捐献率低,甚至目前许多公民还不知道该如何捐献器官。在我国,人体器官捐献具体流程如下:公民通过书面资源申请器官捐献登记;经省人体器官捐献办公室确认,捐献者相关资料录入中国人体器官捐献者登记管理系统;捐献者在临床上达到待捐献状态,省人体器官捐献办公室通知人体器官获取组织获取器官;人体器官捐献专家决定器官分配。

器官捐献者弥足珍贵,然而一些偶然的突发因素也会导致器官捐献的失败。高敏是深圳市的一名器官捐献协调员。这天,她来看望两位老朋友——赵爱民和黄美容夫妇。

高敏和赵爱民夫妇相识于2012年,当时赵爱民夫妇的女儿赵香患了脑癌晚期。全家人做了一个决定,要把赵香的器官捐献出来。他们找到了红十字会。

赵爱民为女儿填写了《无偿捐献器官和遗体协议书》,器官移植的专家也从广州赶来,所有的准备已经就绪。但是医院突然说不愿意提供手术室,最后只能被迫转院。在转院途中,赵香的心脏停止了跳动,因为耽搁太久,她的绝大部分器官不再适合捐献,最终她只捐献了眼角膜和遗体。

没能实现女儿的遗愿,让赵爱民夫妇一直不能释怀,他们说百年之后也要把器官全部捐出来。

截至2014年12月31日,全国共有3147位公民实现了逝世后器官捐献,共计捐献器官8469个。

在这里我们向姚贝娜表达敬意,向这3000多位捐献器官的逝者表达我们的敬意。从今年1月1日开始,我国全面停止使用死囚器官作为移植供体来源,公民逝世后自愿器官捐献将成为器官移植使用的唯一渠道。民众器官捐献体现了对生命的尊重,这关系到爱心,关系到制度。面对迫切的生命需求,怎样填补器官移植供应缺口成了重要课题。

训练提示:这期节目对著名歌手姚贝娜在身后捐献眼角膜的事迹、对赵爱民一家决定在身后捐献器官的事迹表达了敬意。

董亮接受姚贝娜眼角膜捐赠后重获光明的那一刻是非常能够打动人心的,我们要深切地感受那复明的喜悦、感受捐赠者的伟大;还要细致地体会赵爱民因为医院原因,造成女儿绝大部分器官不再适合捐献,最终只捐献了眼角膜和遗体的遗憾。这种细致的感受可以引发我们的深思。这对调动强烈的播读愿望是有益的。

五、专稿类稿件

芳华无悔——追记用生命坚守初心和使命的青年共产党员黄文秀(节选)

徐海涛、屈辰、何伟、农冠斌、卢羡婷、朱丽莉

她的一生,定格在芳华绽放的30岁。

她北师大硕士毕业,放弃在大城市的工作机会,回到家乡革命老区百色;她选择到贫困村担任第一书记,把双脚扎进泥土,为群众脱贫攻坚殚精竭虑;她忍痛告别重病卧床的父亲,深夜冒雨奔向受灾群众,面对危险坚定前行,不幸遭遇突如其来的山洪,年轻的生命永远定格在扶贫路上……

她就是广西百色市乐业县新化镇百坭村第一书记——黄文秀。

璀璨的青春岁月,如流星般划过,闪亮夜空。壮乡内外、网上网下,无数人深情缅怀,有无尽的哀思,更有对这位年轻共产党员坚守初心、担当使命的深深敬仰。

笃定前行:朝着受灾群众的方向

每当进入雨季,广西百色大石山区时常遭受洪涝、塌方、山体滑坡等自然灾害侵袭。6月16日晚,电闪雷鸣、暴雨倾盆,一条从百色市通往乐业县的山路被突如其来的山洪淹没。黄文秀在驾车返回乐业的途中遭遇山洪,不幸遇难。

车窗上的雨刮高频地刮动,车灯下却看不清前行的路,只有滚滚洪水从眼前涌过……从黄文秀用手机最后拍下的画面,可以看到当时的情景是何等危险。

在单位的工作群里,同事们纷纷给黄文秀留言:"太危险,赶快掉头!""注意安全!""不要走夜路……"然而,凌晨1点以后,群里再也没有了黄文秀的回复,她的电话也拨打不通……

很多同事一直关注着黄文秀的消息,大家的心都紧紧地揪着。同事成明说,17日一早得知凌云县路段发生塌方,有车辆被山洪冲走,她和几个同事立即赶去塌方现场,此时黄文秀的名字已出现在失联人员名单中。

救援一直在紧张地进行,等待的时间是煎熬的,黄文秀的家人、同事、朋友、村民的内心仍然抱有希望。然而,6月18日传来的却是噩耗。

同事们的劝阻、父亲的挽留,都没能留住黄文秀。

黄文秀利用周末回家看望做完第二次肝癌手术的父亲,看着天气突变,16日急着返回百坭村。病床上的父亲非常担心:"天气预报说晚上有暴雨,现在开车回村里不安全,明早再回吧?"

"正因为有暴雨更得赶回去,怕村里受灾,我马上得走了。"面对父亲的挽留,黄文

秀叮嘱了一句“按时吃药”,便启程回村。谁也没想到,这竟成了黄文秀留给父亲的最后一句话。

青春选择:“我就是要回来的人”

1989年出生的黄文秀性格开朗活泼。同学们对她的印象是:爱美,喜欢穿裙子,会弹古筝,写得一手好字,有一点时间就专心致志地学画画。她身上总是散发着一种热情阳光的感染力。

2016年毕业季。位于人生十字路口,不少同学都在为找一个不错的就业机会操心。黄文秀也有许多选择,但她没有留恋都市的繁华,毅然回到革命老区百色,作为优秀选调生进入市委宣传部工作。

百色位于广西西部,自然条件较差,是广西脱贫攻坚的主战场之一。2018年3月26日,黄文秀响应组织的号召,到乐业县偏远的百坭村担任第一书记。百色市委宣传部干部科科长何小燕回忆:“单位就驻村工作征求她意见时,她毫不犹豫答应了。她父亲患癌症病重的事一句也没提,当时我们都不知道。”

有同学问过她,为什么要放弃在大城市工作的机会,偏偏回到贫穷的家乡?她回答:“很多人从农村走出去就不想再回去了,但总是要有人回来的,我就是要回来的人。”

黄文秀为什么坚持做那个“要回来的人”?百坭村贫困户黄仕京与黄文秀有一段对话。

黄仕京问:“大家都说你是北京毕业的研究生,你为什么到我们这么边远的农村工作?”黄文秀说:“百色是脱贫的主战场,我有什么理由不来呢?我们党是切实为群众谋发展谋幸福的党,我是一名共产党员,这就是我的使命。”

了解黄文秀的人都说,她是一个懂得感恩的人。由于父母亲身体不好、家境贫寒,黄文秀通过国家的助学政策完成了学业。上大学后,她积极向党组织靠拢,并以自己品学兼优的表现,成为一名共产党员。

黄文秀在入党申请书中写道:“只有把个人的追求融入党的理想之中,理想才会更远大。一个人要活得有意义,生存得有价值,就不能光为自己而活,要用自己的力量为国家、为民族、为社会作出贡献。”

脱贫攻坚:“我心中的长征”

石山林立的百坭村是深度贫困村,全村472户中有195户贫困户,11个自然屯很分散,最远的屯距村部13公里,好几个屯都在10公里以上。初到村里,黄文秀碰了“钉子”。

“我们这里穷了那么多年,真的能脱贫吗?”“你一个女娃,能行吗?”一些村民议论纷纷。黄文秀一开口就是普通话,敲贫困户的家门时甚至会吃“闭门羹”。好不容易进去了，打开笔记本，群众却不愿多说。

脱贫攻坚时不我待，必须尽快打开工作局面，黄文秀急得哭鼻子，晚上回到宿舍整夜睡不着。

要取得群众的信任，就要从内心把群众当亲人，急他们所急，想他们所想，真正和他们打成一片。黄文秀请教有驻村经验的同事和村里的老支书，悟出了道理。很快她改变了工作方法，到贫困户家不再拿着本子问东问西，而是脱下外套帮助扫院子干农活；贫困户不在家，她就去田里，帮他们摘砂糖橘、种油茶，一边干活一边唠家常；她不说普通话了，学着说方言……

贫困户黄邦旋想申请低保，因不符合纳入低保的条件，未能如愿，就不给黄文秀开门。一次不行，就两次、三次上门，黄文秀打起了“亲情牌”：“我也姓黄，我叫你哥吧。哥这么聪明、勤快，一定能奔小康。”

黄文秀耐心地做黄邦旋的思想工作：国家扶贫政策多得很，何必就盯着低保政策？靠低保只能解决基本生活问题，要脱贫还得加油干，不等不靠自己干出来才光荣。讲通了道理，黄邦旋脸上有了笑容。黄文秀帮助他争取到7000元产业奖补资金种水果，老黄一家顺利脱贫。后来，他们一直以兄妹相称。

黄文秀周末经常不回家，走访了全村所有的贫困户，还绘制了村里的“贫困户分布图”，每一户的住址、家庭情况、致贫原因等，都一一标注在笔记本中。

群众从开始接纳黄文秀，到打心眼里喜欢她，敬重她。一些人开玩笑说：“你这个女娃娃还真是难‘缠’得很哩！”

山路太远，黄文秀还不时要去镇里、县城开会，为了提高工作效率，她将私家车开到村里当工作车用。今年3月26日驻村满一年，汽车仪盘表的里程数正好增加了两万五千公里，当天她发了一个微信朋友圈：“我心中的长征！”

黄文秀曾对朋友说：“长征中，战士死都不怕，在扶贫路上，这点困难怎么能限制我前行？”“作为驻村第一书记，不获全胜，绝不收兵！”

坚守使命：干出一片新天地

扶贫之路充满艰辛。黄文秀白天走村串户遍访贫困户，分析致贫原因，晚上与“村两委”研究脱贫对策，制定工作方案全力推进。夜深了，她一个人孤零零住在村部一间不足10平方米的小屋子里。

她给村里的扶贫工作群取了一个响当当的名字——“百坭村乡村振兴地表超强战队”。

要实现精准脱贫，基础设施是关键。百坭村有5个屯交通困难，虽然多年前通了砂石路，但连年雨水冲刷，路面已破损不堪，雨季陡峭路段连摩托车都无法通过，不仅影响出行，而且制约产业发展。

黄文秀心急如焚。村干部记得,那段时间她带着“村两委”班子熬夜做方案、拿对策,到镇里、县里申请项目,扎扎实实组织实施。目前,两条路已经修好,其余3条已经列入乐业县2019年第一批财政专项扶贫资金安排。

没有脱贫产业就不能实现可持续发展。为了解决山里产业短缺问题,黄文秀带领村干部和群众学经验、找路子,立足当地资源,大力发展杉木、砂糖橘、八角、枇杷等特色产业,请技术专家现场指导,挨家挨户宣传发动,鼓励党员带头示范。

对接市场是实现贫困群众增收的关键环节。百坭村砂糖橘从500多亩发展到2000亩,为打通销路,黄文秀多方联系,把客商邀请到村里来,甚至在微信朋友圈发销售信息。云南、贵州等外省果商来到村里,一次性收购几万斤砂糖橘。大卡车一辆接一辆开进来,把村里道路塞得满满当当。

黄文秀的奔忙带来了她渴望的收获,昔日的贫困山村发生了变化。2018年,百坭村88户贫困户实现脱贫,贫困发生率从22.88%下降到2.71%。

6月14日,黄文秀穿着印有“第一书记黄文秀”的红色马褂,双手撑在黄土上,爬到河沟边查看暴雨冲毁的水利设施,当晚就组织村干部制定了抢修方案,计划回村后立即实施,不影响群众生产。

这是她在村里留下的最后背影。

忠于信仰:“她是我们青年的榜样”

6月22日上午,百色市殡仪馆,黄文秀的骨灰安放在鲜花翠柏丛中,上面覆盖着鲜红的中国共产党党旗。告别的人群中,一位瘦弱老人久久地凝望着上方的遗像,老泪纵横。他是黄文秀的父亲黄忠杰。

黄文秀生前最后发的朋友圈中,展示了她买给父亲的营养品。身患癌症的父亲明白,除了脱贫大事,女儿最惦念的就是他的安康。

经过两次手术的黄忠杰吞咽困难,但他说自己一定会坚强:“我现在每天都努力吃东西。虽然很难吃下去,为了让文秀放心,我也要拼命吞下去……”

父亲曾这样对女儿说,没有共产党,我们家不可能脱贫。黄文秀选择回到家乡工作,他很欣慰,常常叮嘱她认真为党工作,为群众办事。面对前来慰问的干部,黄忠杰谢绝了慰问金:“我们不能给党和国家添麻烦。这些钱,村里的扶贫用得上。”

父亲懂得女儿的孝心,对女儿帮他圆了第一个心愿而倍感自豪。老人家多年来都想“看看天安门”,黄文秀大学期间边读书边做兼职,省吃俭用存下路费,把父亲接到北京,帮助他实现了这个心愿。

然而,黄文秀没有机会实现父亲的另一个心愿了,老人家还想去韶山瞻仰毛主席故居。姐姐黄爱娟含泪说:“妹妹请你放心,爸爸的心愿姐一定替你完成。”

望着手腕上的银手镯,黄文秀年过六旬的母亲悲痛不已。今年妇女节,黄文秀给妈妈买了这一礼物，手镯内侧刻着4个字“女儿爱你”。

黄文秀的同事、同学、朋友们都知道，这个懂事的姑娘深深地爱着她的父母和亲人。但是，作为第一书记，她心里始终装着村里的贫困群众，为了群众，她常常顾不上亲情。

“文秀的生命正值芳华却戛然而止，令人无比伤痛。她坚守初心使命，用生命践行了一个共产党员对信仰的无比忠诚，无愧于‘时代楷模’的称号，”黄文秀的好友、曾经在百色凌云县上蒙村担任过第一书记的路艳说，“她是我们青年的榜样，将激励我们为党和人民的事业勇于担当作为。”

“芳华虽短，但灿烂地绽放过，馨香永存！”黄文秀去世后，她的朋友李黎看着文秀的画作，忍不住泪流满面。黄文秀留下的两幅画，一幅是父亲背着小女儿的素描，画面温馨动人；另一幅水彩画上，金黄的向日葵正迎着阳光绽放。

（2019年7月2日新华社）

训练提示：这篇稿件讲述了广西百色市乐业县新化镇百坭村第一书记黄文秀放弃在大城市的工作机会，回到家乡革命老区百色帮助老区人民脱贫的感人事迹。文章从多个侧面展现了她把全部的心血乃至生命，献给了百坭村脱贫攻坚事业的感人画面，描述具体生动，也很有深度。

训练时要抓住稿件的特点，根据文章对黄文秀事迹的描写，对她进行全面的想象，可以把这些场景变成连续的画面，以激发播读的愿望，为播读做好准备。还要依据文章中的对话、描述等分析黄文秀当时的心理，提炼话语内在的含义。文章中有不少细节描写，这就要求我们通过情景再现既勾勒出整体轮廓，又抓住细节。力求播读时情感细腻、形象鲜活、语言生动、张弛有度，声音色彩富于变化，当然这些必须以符合稿件的要求为前提。

第三单元　内在语

教学目的:引导学生认识到分析稿件内在语的意义,掌握内在语的内涵及挖掘内在语的方法。

教学要求:学生熟练掌握内在语的基本类型,在拿到一篇稿件之后能够较快地明确文字中蕴含的内在语,以辅助表达。

重点难点:内在语的基本类型。

课时安排:大课 2 课时,小课 8 课时。

第一部分　理论概述

一、内在语的概念

稿件中的文字常常是“言有尽而意无穷”,作者不可能也没有必要把稿件包含的具体内容和思想感情全部写成文字,但在进行播音创作时,我们必须由表及里,将语句中的无尽之意挖掘出来。播音创作中的内在语,就是指那些在播音语言中不便表露、不能表露或没有完全表露出来的语句关系和语句本质。

内在语是帮助播音员主持人把稿件变成自己想要说的话,使思想感情运动起来的内部技巧之一,对播音表达的直接引发和含义的深化有重要的意义。

二、内在语的作用

内在语的作用有两大方面:揭示语句本质和揭示语言链条。

(一)揭示语句本质

语句本质是结合语言环境和上下文确定的语句的深层含义。

稿件文字的表层含义与深层含义存在同向同质和非同向同质的区别,有的即使基本上同向同质,但语义上也有细微差别。这就需要结合上下文具体语言环境,准确把握语句目的,确定内在语。

(二)揭示语言链条

语言链条是指语句间的逻辑关系。揭示语言链条就是搞清句与句、段与段、层次与层次如何衔接成一个有机整体,特别是在文中那些文气不太贯通的地方,在段落层次需要做明显转换而又不好衔接的地方,在需要赋予语言以动作感、形象感的地方,在需要唤起受众注意引发他们思考的地方,都要运用内在语来衔接、过渡、铺垫或转换,以取得更佳的表达效果。

三、内在语的基本类型

根据内在语的性质和作用的不同,我们把它分为六种基本类型。

(一)发语性内在语

发语性内在语,就是在呼台号之前,在节目、稿件、层次、段落、语句之前加上适当的词语作为开头,我们在内心播出来,并与稿件原来开头的词语自然地衔接,将其带发出来。

(二)寓意性内在语

寓意性内在语是稿件文字的"弦外之音",是隐含在语句深层的内在含义,是结合上下文语言环境挖掘出来的语句本质和语句目的。特别是那些在意向色彩或程度分寸上,与文字表面并非截然对立而存在差别细微的语句本质。

(三)关联性内在语

关联性内在语是指那些没有用文字表示出来的语句关系,具体地说,就是那些体现语句逻辑关系和语法意义的隐含性关联词和短语。

(四)提示性内在语

提示性内在语用于语句、段落、层次之间,也是为了解决上下语气衔接的问题,但与关联性内在语有所不同。它不是以关联词和短语的形式出现的,而且内容上也更丰富多彩。如果说关联性内在语重在使语句逻辑关系更加严密,那么提示性内在语则更注重使表达语气富于灵动的活力。播音员主持人可以通过设问呼应、提醒关注、表现情态、展示过程、感叹强调等提示性内在语使语气的表达更加丰富,使自己的创作思维和创作个性得以更好地发挥和施展。

(五)回味性内在语

在稿件文字段落、层次和全文结尾处设置的相应词语,提示播音员主持人的语气或回味、或思考、或想象、或憧憬,给人以语已尽、情尚存的印象,就是回味性内在语。回味性内在语的形式有四种:寓意式回味、反问式回味、意境式回味、线索式回味。

(六)反语性内在语

反语性内在语体现了表层意义与深层含义的对立或对比关系。(1)语句深层含义与表层意义相对立的内在语,称为对立型反语性内在语;(2)通过反问来表达确定意思的内在语,称为反问型反语性内在语;(3)利用语音或语义的关系,使语句同时兼顾两种事物的内在语,称为双关型反语性内在语;(4)语句本质与表层意思同向同质,但在表达的语气中需渗入一定的与语句意义有别的色彩的内在语,称为非对立型反语性内在语。

四、运用内在语技巧应注意的问题

第一,内在语是对稿件理解和感受的集中概括。内在语作为语句的实在意义是随着语句目的、语言环境的不同而变化的。因此,切忌就句论句地确定内在语,而应从播出目的、主题思想、整体基调和上下文语言环境的角度来分析内在语。

第二,在稿件的难点、重点上把握内在语,不必句句都找内在语。

第三,要特别注意语句本质与语句表层意思的差异,不要被文字表面所迷惑或诱导。

第四,内在语的概括要鲜明、简洁,有说服力,分析时力求准确到位,表达时不必字字再现。

训练建议:

(1)训练过程要循序渐进,引导学生从不同内在语类型的例句练起,以加深对理论知识的理解。

(2)向学生强调理解和感受能力的重要性。理解和感受能力不强,会出现诸多问题,比如当语句的表层意义与深层含义不同时,如果理解不到位,表达时就会把握不好。

(3)要联系上下文确定内在语,避免出现就句论句确定内在语的问题。

(4)注意内在语的概括要鲜明简洁。

(5)训练内容中准备了文学作品、消息、评论、专稿,既可以使训练循序展开,又有利于视学生的不同水平因材施教。

参考文献:

(1)张颂主编:《中国播音学》(修订版),第二十二章《内在语的开掘与分类》,北京广播学院出版社 2003 年版。

(2)付程主编:《实用播音教程》(第二册),第三单元《内在语》,北京广播学院出版社 2002 年版。

第二部分　示例分析

一、不同类型内在语例句

(一)发语性内在语

(1)(听众朋友,这里是)山东人民广播电台　(呼号前)

(2)(亲爱的战友们)又到了老兵退伍时节,老兵们即将告别朝夕相处、亲如兄弟的战友,告别"八一"军旗,告别热爱的军营。　(节目开场白之前)

(3)(青年朋友,俗话说)少壮不努力,老大徒伤悲。　(层次前)

(4)(今天我给大家讲一个感人的故事)从前,有个年轻人与母亲相依为命,生活相当贫苦。　(语句前)

(5)车祸往往发生在短暂的一瞬间。

(6)山东聊城的一个小村庄里发生了这样一件事。

(7)9 月 1 日是中小学新学期报到的日子。

(8)买卖不成仁义在。

(9)要是从浩瀚的中国文化典籍中选一本对国人影响最大的书,我想非《论语》莫属。

(10)我喜欢阅读,它让我感受到世界的广阔和深邃。

(二)寓意性内在语

(1)孔乙己是站着喝酒而穿长衫的唯一的人。　　(穷困潦倒又死要面子)

(2)近些年在高校的合并扩张中,好像每个学校都想办成哈佛、牛津,都想办成北大、清华。　　(实则追名逐利、好大喜功)

(3)天价月饼的包装,那可真算得上是华丽了。

(4)有些人总把"我很忙"挂在嘴边,仿佛他们的时间比别人的更值钱。

(5)根据北大前天披露的数据,除两成报考香港高校外,六成以上文理第一名被北大录取,由此推断,留给清华的状元并不多。而清华18日公布,录取了九成的理科状元和三成的文科状元。显然,两校录取的状元相加,比例已远远大于100%。

(6)就是这样一个连路都没修好的财政穷县,在办公楼建设方面却屡出大手笔。

(7)他初中毕业却兼任这所师范大学历史文化学院的教授,道教知识几乎为零却当选了道教协会副会长。

(8)我问一个五年级的小学生:"你感到快乐吗?"她说:"不快乐。""为什么不快乐?""作业太多。"我又问这个女孩的母亲:"你感到快乐吗?"她说:"快乐。""为什么快乐?""因为孩子的学习成绩不错。"

(9)现在权力最大的部门是"相关"部门,最爱说话的人是"相关"人员,最管事的规定自然是"相关"规定。

(10)他宣扬自己是一个环保主义者,却开着大排量的SUV在城市里兜风。

(三)关联性内在语

(1)有的人活着,他已经死了。(但是)有的人死了,他还活着。

(2)中国有自己特殊的国情。(如果)简单套用1857年德国学者发明的恩格尔系数来衡量当前我国人民的生活水平,(既)不科学,(也)不实际。

(3)一时间,专家学者们唇枪舌剑,折腾得不亦乐乎,作为旁观者,却只感到滑稽,还有些许悲凉。

(4)徐本禹的事迹是平凡的,但他奉献爱心的精神是许多人想做、能做而没有做到的。

(5)自律是好的,伪饰却没有必要。只从表面上不抽好烟、不戴名表,并非反腐败的治本之道。不戴名表只是治"表",不抽好烟不等于拒绝暗中受贿。

(6)政府投入农村危房改造资金的目的在于改善贫困农户居住条件,却由于监管乏力让这一民生工程在一些地区悄然沦为少数基层干部的"敛财工程"。此案件的发生,不仅反映出参与敛财事件干部的个人道德素质败坏,更是干部管理制度缺失、监督环节失控导致的结果。作为国家公职人员知法犯法，这样的案例虽然少之又少，但是其性质恶劣程度必须引起高度重视。如何建立健全管理制度，及时填补制度漏洞，斩断干部伸手“摸钱”的贪欲显得尤为重要。

(7)教书育人是一项专业性、探索性、创造性极强的工作，要求教育者必须先受到良好教育，具有高度的使命感、责任心，静下心来教书、潜下心来育人，来不得半点急功近利，来不得半点三心二意，来不得半点弄虚作假。

(8)人们常说，幸福的人用童年治愈一生，不幸的人用一生治愈童年。快乐的童年时光，就像肥沃的土壤，滋养我们走到现在，也支撑着我们走向未来。只有正视孩子的社交需求，创造条件让孩子们自由相处、快乐玩耍，才能还孩子一个充盈的童年、一个完整的人生。

(9)有人说，这是一个消费主义、实用主义、功利主义浪潮吞噬一切的时代。但从这些中国军人的身上，我们看到了对这种说法的否定。他们的身上，无不闪现着理想之光、信仰之光。飞行员李峰在1100米的空中遭遇战斗机停车，他没有选择弃机跳伞，而是选择了迫降。他看得比生命更重要的，是作为空军飞行员的信仰。

(四)提示性内在语

1.设问呼应

(1)有位上幼儿园的小孩横着切开苹果之后，你猜他发现了什么？(令人感到奇妙又有趣的是)他居然看到，苹果里面有一个五角星！

(2)记者纳闷：这不是政府机关的地方吗？怎么办起了婚宴？(令人不齿的是)原来是晋州市国税局局长马某的千金要结婚了，局长在这里置办酒席宴请宾朋。

(3)每个人都应当冷静思考，什么才是真正的美？我们究竟需要什么样的美？如果过分在意别人的评价，内在修养没有提高，这样的“整容”不要也罢。整容毕竟是一种手术，任何手术都有风险，一旦手术不成功，整容变毁容，想补救也晚了。

(4)您好，欢迎收看《科技苑》。今天咱们来说说养鳖。北京房山的黄自顺，给他的鳖找了一个好搭档，两个合在一起，一亩鳖池能比别人多赚八九千块，这个搭档到底是谁呢？原来，这个池塘不但养鳖，还养鱼，鱼鳖混养双丰收。

(5)让教师“轻装上阵”，难在哪？一方面，是教育管理的问题，一些形式主义让教师湮没在没完没了的表格、评比、信息采集等事务性工作中；另一方面，学校作为事业单位，往往被安排各类教学之外任务，甚至在基层治理中承担“补位”的角色。

2.提醒关注

(1)(市民们请注意)二环东路从今天零时封闭施工，给您的出行带来不便，请您谅解。

(2)(请注意防寒)中央气象台今天发布大风降温预警。

(3)《北京市小额担保贷款管理实施暂行办法》从明天起施行。

(4)明天起,常年冰封不动的手机国际长途资费终于将大幅度降价。

(5)近日来,在福州东南眼科医院就诊的青少年人群中,近视低龄化现象越来越严重,小学生及学龄前儿童的视力问题已经越来越突出。10 岁以下的小学生近视 300 度至 500 度并不奇怪,有的甚至达到 600 度。

3.表现情态

(1)余新江暗自猜想着:在这隆冬季节,不该出现雷鸣啊！难道是敌人在爆破工厂,毁灭山城了么?(或者是我们的人?)忽然,余新江冰冷的脸上,露出狂喜,他的手心激动得冒出了汗水。

(2)正在当班的扳道员谭定德听说变压器旁有个小孩被电击倒了,心里一怔:(不好)儿子正在那儿玩,莫不是他?

(3)独眼龙和几个弟兄眼看就要通过城门口了,忽然后面的看守高喝一声,吓得他心里激灵灵打了一个冷战,难道被人认出来了吗?

(4)此时他感觉有人在动他的皮包,但是他没有立即作出反应,他要等到人赃俱获的那一刻。

(5)老王急匆匆地往前走,忽然有个人影在胡同口一闪过去,老王心里咯噔一下,随即一股怒气冲上心头,心想,这个浑小子,终于见到你了！

4.展示过程

(1)清晨,我到公园去玩,一进门就闻到一阵清香,(像是荷花的香味)我赶紧向荷花池走去。

(2)李嫂发了疯似的向村外追去,就在她筋疲力尽时,无意中一低头,却看见一串小脚印,(是孩子的脚印)李嫂又惊又喜,急忙顺着脚印跑去。

(3)我随手翻开几本,无一不是圈圈点点。

(4)送信的人来了,她一下子冲上去。当翻到特快专递时,她的心里一阵狂喜,是的,就是她的名字,自己终于被录取了。

(5)去年初冬的一个晚上,何国英偶然在学校的一次音乐活动上听到老师卓有权吹奏流行于傣族等少数民族地区的葫芦丝,顿时泪如雨下。

5.感叹强调

(1)8 年间,丛飞义演 300 多场,资助了 178 个贫困孩子,捐献 300 多万元帮困扶弱。(太令人敬佩了)

（2）然而，就是在这样一个落后的国家，就是这样一支以步枪、手榴弹为主要作战武器的步兵部队，与强大的日本陆、海、空军对抗了整整14年。（这是多么伟大）

（3）就这样，18年来赵希海没花国家一分钱，累计种树18万棵，价值60多万元，全部无偿献给了国家。

（4）日军对根据地民众实行了最为残暴的手段，推行野蛮的“烧光、杀光、抢光”的三光政策，仅1943年，日军在北岳区3个月内就烧毁民居10余万间。

（5）春华秋实，岁物丰成。过去的一年，希望的田野再获丰收，全国粮食总产量再创新高。

（五）回味性内在语

1.寓意式回味

（1）曾有人问我，一生中最绝望的一刻是什么时候。我说，是妻子辞世的那一天。（她永远留在我的记忆里）

（2）这张照片的主人已经不在人间了，照片本身也在一场浩劫中化为灰烬，但是当时的情景却永远留在我和妻子的心里。（照片的主人永远活在我们的心中）

（3）华益慰走了，但他留给我们的一切，将会一代代珍藏和传递下去。

（4）雷锋之所以成为最可爱的人，是因为他做的一切都体现了人性的纯真与善良，在他身上，我们看到的不只是“大写的‘人’”，还是“美好的‘人’”。

（5）“肝癌晚期”——得知检查结果，陪他检查的女儿忍不住放声大哭。可是，他平静地说：“我不要紧，你们不要在这陪我了，回去把村里工作干好了，我就放心了。”

2.反问式回味

（1）如果我们不保护地球，难道要留给后代一个满目疮痍的家园吗？（我们必须保护地球，保护大自然）

（2）如此善于对待资助，谁能够说这位贫困的女大学生身上闪现的朴素金钱意识不令人肃然钦佩呢？（多么善良而又自立的姑娘啊！）

（3）女儿，妈妈很坚强，这也是你希望看到的，不是吗？

（4）没有健康的身体，你还想干什么大事业？

（5）一个看上去不到10岁的小男孩被老师救出废墟时，对老师说的第一句话是“老师，我过去做了那么多错事，对不起！”满脸稚气，还有几分顽皮，但谁会认为他只是说说而已？

3.意境式回味

（1）冬天来了，春天还会远吗？（春天马上就来了……）

(2)当年小伙子英俊的面容模糊了,但她依然在摇曳的油灯下哼着那首《啊呀来》。(那难忘的时光啊……)

(3)昆仑山跟着士兵一起恸哭。这一夜,不冻泉兵站的指战员们唱着《十五的月亮》,一遍又一遍……

(4)今晚的月亮真美,望着它,我仿佛又看到了我的丈夫和女儿,还有那梦中的可可西里:几万只藏羚羊在高原上驰骋,尘土飞扬,月光洒在它们的皮毛上,泛着银光……

(5)如果这个世界上真的有天堂,妈妈一定会在那里等你。如果天堂里真的有神,妈妈一定是你的保护神。我会永远爱你,我的孩子……

4.线索式回味

桌上的表

张明

洛阳东城门里边一座楼房上,当我们的部队冲进城后,少数敌人仍在凭楼顽抗着。最后两个突击队的战士首先冲上楼,敌人已经逃走了,房主人也吓得不知躲到哪里去了。楼上静悄悄的,一个人也没有。灯还亮着。房子里放着漂亮的花被子,崭新的皮包和许多衣服。在一张方桌上,还放着一只钢壳怀表,雪白的表面,漆黑的表针,在灯光下看去,还不到十二点钟,<u>细小的秒针正滴滴答答地走着。</u>(这是一只让人多么爱不释手的表啊!)

战士们在楼上搜寻了一会儿,没有发现武器弹药一类的东西,就急忙出去了。之后,这个楼上来来往往的战士很多,楼上的东西仍旧原封不动地摆着。

巩固突破口的任务完成后,第三连被命令在这座楼上休息。<u>桌子上的表还在滴滴答答地走着。</u>(战士们会把它拿走吗?)战士们围过来看,三排副排长王宝怀说:"打仗就是需要表。要是没有三大纪律,我就要把它装在口袋里了。"他说了之后,没有动那只表。其余的同志也纷纷议论:"纪律是自觉的,楼上的东西少了,咱们都要负责任。"

大家正在议论着,副指导员庄建礼同志来了。战士们指着桌子上的表问道:"副指导员,你看这只表好吗?"庄副指导员拿出小刀剥开表壳一看,崭新的表芯,镶着四颗宝石,的确是瑞士的好表。但看完之后,表又原样摆在了桌子上。

部队出发了,副指导员检查纪律,楼上的东西一点也没动。那只钢壳怀表还是放在桌子上,<u>滴滴答答地走着。</u>(这支纪律严明的队伍是多么令人敬佩啊!)

(六)反语性内在语

1.对立型反语性内在语

(1)说是“友邦人士,莫名惊诧,长此以往,国将不国”了。(简直是岂有此理!一派胡言!)

(2)与张悟本一样,李一“手掌煎鱼”“钢针穿臂”“生吞灯泡”“水下闭气”……一个比一个“神通”。(全是骗人的把戏)

(3)仿佛一觉醒来,浮现在广大消费者眼前的都是价值连城的“奇”“珍”“稀”“特”的珠宝。

(4)山西蒲县历时两年建起一座总投资超亿元的文化中心。主体竣工的蒲子文化宫气派豪华,被指酷似“鸟巢”。县委书记在接受采访时称,建文化宫是为了满足群众需要,也符合国家要求,不存在劳民伤财的问题。因此这是一个“爱民”工程。

(5)这位领导真是“亲民”,每次视察工作都提前通知,确保群众有足够的时间准备。

2.反问型反语性内在语

(1)“临时工”真是个“神器”,而且越来越神,神到还没打人就先想到“临时工垫背”。其实政府部门应该反思,到底是“临时工”出了问题,还是政府部门的公关思路卡在了“昏招”上?(相关部门应当自检自省)

(2)“点读机女孩”事件不同于一般意义上的造假,其发布的内容既非摆拍、自导自演,也不是P图嫁接、AI生成的。其“精妙”之处在于,内容属实,但时间线错乱,与现实世界“不同步”。那为何要把一则“旧闻”重新包装为“新闻”?用意不言自明。把过去的“苦难”搬出来,博取大众同情,难道不是让“直播”更具冲击力?(这种炒作消耗了大众同情,透支了社会信任)

(3)陈萌遭遇的一切完全是由一场天灾引起的吗?在暴雨来临的时候,为什么一条城市街道会变成一个吞噬生命的魔鬼?

(4)但就是这么一个穷地方,当地政府在原中心广场改造不成功的情况下,又决定耗资数千万元建造新广场,这样的决策科学吗?

(5)显然,这一份“道歉”避重就轻:为什么去年就坍塌了,所谓维修只是加栏杆、铺路面这种表面光的动作,却没有加固桥基?在全民防洪的季节,水流已逼近桥面,这样“桥基石块垒砌,垮塌桥面未见钢筋”的豆腐渣工程为什么没有排查警示,反倒滞留了那么多群众?

瞟着二狗媳妇儿。(指桑骂槐让五婶的气势越发旺盛起来)

(2)每一场暴雨都会造成洪水、滑坡和塌方,以前江水一年四季都是清的,现在变成“黄河”了。(多么辛辣的讽刺,再不改变,民之不幸!国之不幸!)

(3)这么简单的事你都办不好,你真是个“能人”。

(4)建筑工程是生命工程,是百年大计,一点也不能马虎!工程检查验收不能走马观花,不能变成“宴收”。

(5)我们都应该提高鉴别真假的能力,对那些造假者,一经发现,就一齐喊打,绝不能让“吹牛者”得“牛”,也不能让“南郭”们充数。

4.非对立型反语性内在语

(1)正因为这样,所以马克思是当代最遭嫉恨和最受污蔑的人。各国政府——无论专制政府或共和政府都要驱逐他;资产者——无论保守派或极端民主派都纷纷争先恐后地诽谤他,诅咒他。(这一切反倒说明,马克思是最伟大的人!)

(2)去小岗后,这样的时光再也没有了,一年只能见你几次,你没有时间陪我逛街、疯玩了。带我进书店,你只顾看自己感兴趣的经济类书籍,在博物馆,你一直用手机与客商谈项目,顾不上和我说话。(我很怀念以前的日子)

(3)妻子说:“2001 年我们结婚时,喜志刚当连长,忙起来一个月都见不着人影,每次回来都夹着几本专业书。有时我也跟他闹脾气,嫌他陪我少,他总是笑嘻嘻地说,‘咱学历低,得笨鸟先飞’。”

(4)作为一个警察,他在犯罪分子眼中简直就是个“钟馗”,因为任何小动作都无法逃脱他的法眼,他们从心里既恨他,又怕他。

(5)他外表普普通通。难怪有人说,在郭明义先进事迹报告会上,你可能认为报告团中的某个人是他,结果最没想到的那个人才是他。他的经历也没什么特别。1982 年从部队退伍来到公司,先后做过驾驶员、宣传干事、统计员兼人事员、英文翻译等工作,1996 年至今的 15 年,一直在茫茫铁矿山下担任采场公路管理员。

二、新闻例稿

长江上游仍在砍树

熊小立　黎大东

新华社攀枝花 8 月 19 日报道　(令人难以置信的是)长江上游地区大片森林仍在遭受数千把斧头和电锯的砍伐。记者近日随世界银行组织的 14 名生态、环保和人类学专家考察雅砻江下游的二滩水电站库区生态环境,(竟然)见到江面漂浮着上游漂运下来的上万根三四米长、脸盆般粗的木头，小舟左冲右突一个多小时后才驶离码头。（更让人焦急心疼的是）行出不到1000米，数万根粗木密密麻麻地塞满了几百米宽的江面。

攀枝花市一位林业干部告诉记者，这仅是雅砻江沿岸近期所砍伐树木很少的一部分。由于二滩水电站关闸蓄水拦住了漂木的去路，大量木头在上面几个水运站被捞上岸运走了，漂下来的只是“漏网之鱼”。（如果数万根树木只不过是“漏网之鱼”，那“大鱼”又是多少？）他说，仅沿江国有森林工业企业今年就至少砍伐了30万立方米的木材，相当于砍光了5万亩原始森林，而流域各县乡伐木企业的砍伐量更大。（这是多么令人触目惊心的数字啊！）

世行专家组成员、四川省森林科学院研究员刘仕俊说，四川宜宾市以上的长江三大干支流中，金沙江、大渡河两岸的森林早已所剩无几。雅砻江主要流经人烟稀少、交通闭塞的横断山脉，但现在，这条江两岸的森林资源也遭到了十分严重的破坏。（情况紧急，必须马上制定出行之有效的措施）

全长1517公里的雅砻江主要流经四川省甘孜、凉山、攀枝花等地市州。因水急谷深，沿江所伐树木主要以顺江漂流的形式运往下游，然后再装上火车经成昆铁路运出。

记者在几天的采访中看到，雅砻江下游两岸目前仅有一些残次林木，水土流失严重。当地老乡说：“每一场暴雨都会造成洪水、滑坡和塌方，以前江水一年四季都是清的，现在变成‘黄河’了。”（多么辛辣的讽刺，再不改变，民之不幸！国之不幸！）

第三部分　训练材料

一、文学作品

假如给我三天光明（节选）

〔美〕海伦·凯勒

我们知道自己难免一死。但是这一天的到来，似乎遥遥无期。当然，人们要是健康无恙，谁又会想到它？谁又整日惦记着它？于是饱食终日，无所事事。

我们对待生命如此倦怠，在对待自己的各种天赋及自己的器官上又何尝不是如此？只有那些瞎了的人才更加珍惜光明；只有那些聋了的人才更能体会到声音的美妙。事情往往就是这样，只有失去的东西，人们才会留恋它，只有得了病才能体会到健康的幸福。

我有过这样的想法:如果让每一个人在他成年后的某个阶段瞎上几天、聋上几天该有多好。黑暗将使他更加珍惜光明,寂静将教会他真正领略喧哗的欢乐。

我多么渴望看看这世上的一切,奇怪的是,明眼人对这一切却如此淡漠! 那点缀世界的五彩缤纷和千姿百态在他们看来是那么平庸。也许人就是这样,拥有的东西不知道欣赏,没有的东西又一味追求……

假如我是一位大学校长,我要设一门必修课程——“如何使用你的眼睛”。我要让我的学生知道,能看清他们面前一闪而过的东西会给他们的生活带来多么大的乐趣,从而唤醒人们那麻木、呆滞的心灵。

请你思考一下这个问题:假如你只有三天的光明,你将如何使用你的眼睛? 想到三天以后,太阳再也不会在你的眼前升起,你又将如何度过那宝贵的三天? 你又会让你的眼睛停留在何处?

训练提示:《假如给我三天光明》是 19 世纪美国盲聋哑女作家、教育家海伦·凯勒的散文代表作,她以一个身残志坚的柔弱女子的口吻,告诫人们应珍惜生命,珍惜健康的身体。

在训练前,教师应要求学生深刻了解海伦·凯勒传奇的一生,这能帮助学生更好地理解、感受作者的良苦用心,进而了解文章的语句本质。

第一段首句之前应有一个发语性内在语,段末有回味性内在语,以保证语气的连贯;第二、三、四段多为关联性内在语,如在第二段第一个句号后加入“但是”作为内在语,就能很好地表现出转折的意味;第三段的第一个句号之后加入“因为”作为内在语,体现出解释说明的意思;第四段在“奇怪的是”之前加入“然而”作为内在语,体现出海伦·凯勒对生活在光明中的健全人漠视美好的一切的不解与惋惜,劝诫健全人要珍惜幸福。最后一段是作者向健全人提出的三个问题,三句话之间是层层递进的关系,在语气上要有所体现。另外,在最后一段末尾可以加入回味性内在语,给人以语已尽、情尚存的印象。

“友邦惊诧”论(节选)

鲁迅

只要略有知觉的人就都知道:这回学生的请愿,是因为日本占据了辽吉,南京政府束手无策,单会去哀求国联,而国联却正和日本是一伙的。读书呀,读书呀,不错,学生束手无策，单会去哀求国联，而国联却正和日本是一伙的。读书呀，读书呀，不错，学生是应该读书的，但一面也要大人老爷们不至于葬送土地，这才能够安心读书。报上不是说过，东北大学逃散，冯庸大学逃散，日本兵看见学生模样的就枪毙吗？放下书包来请愿，真是已经可怜之至。不道国民党政府却在十二月十八日通电各地军政当局文里，又加上他们"捣毁机关，阻断交通，殴伤中委，拦劫汽车，横击路人及公务人员，私逮刑讯，社会秩序，悉被破坏"的罪名，而且指出结果，说是"友邦人士，莫名惊诧，长此以往，国将不国"了！

好个"友邦人士"！日本帝国主义的兵队强占了辽吉，炮轰机关，他们不惊诧；阻断铁路，追炸客车，捕禁官吏，枪毙人民，他们不惊诧。中国国民党治下的连年内战，空前水灾，卖儿救穷，砍头示众，秘密杀戮，电刑逼供，他们也不惊诧。在学生的请愿中有一点纷扰，他们就惊诧了！

好个国民党政府的"友邦人士"！是些什么东西！即使所举的罪状是真的罢，但这些事情，是无论那一个"友邦"也都有的，他们维持他们的"秩序"的监狱，就撕掉了他们的"文明"的面具。摆什么"惊诧"的臭脸孔呢？

可是"友邦人士"一惊诧，我们的国府就怕了，"长此以往，国将不国"了，好像失了东三省，党国倒愈像一个国，失了东三省谁也不响，党国倒愈像一个国，失了东三省只有几个学生上几篇"呈文"，党国倒愈像一个国，可以博得"友邦人士"的夸奖，永远"国"下去一样。

几句电文，说得明白极了：怎样的党国，怎样的"友邦"。"友邦"要我们人民身受宰割，寂然无声，略有"越轨"，便加屠戮；党国是要我们遵从这"友邦人士"的希望，否则，他就要"通电各地军政当局"，"即予紧急处置，不得于事后借口无法劝阻，敷衍塞责"了！

因为"友邦人士"是知道的：日兵"无法劝阻"，学生们怎会"无法劝阻"？每月一千八百万的军费，四百万的政费，做什么用的呀，"军政当局"呀？

训练提示：本文写于1931年"九一八"事变后，通过对国民党政府电文中"友邦人士，莫名惊诧"的谬论的批驳，尖锐地戳穿了所谓"友邦人士"勾结日本帝国主义，妄图瓜分中国的野心，无情地撕碎了他们伪善的面具，揭露了国民党政府对内镇压、对外勾结，与人民为敌的反动本质。

本文反语性内在语较多，要注意分析与把握。文章使用了大量排比、重叠的句式，使语言具有强烈的感情色彩，可以用讽刺的语调活化出"友邦人士"及国民党政府的丑态。

感谢两棵树

凤仙草

一个年轻人,从小就是人见人爱的孩子。上学时是三好学生、班干部,初二那年参加全国奥数比赛,获得一等奖。

17岁不到,他就被保送到某大学深造。命运在他接到大学录取通知书那年的暑假,给他开了一个不大不小的玩笑:一次过马路时,一辆飞驰而来的车辆无情地夺去了他的双腿和左手。面对这飞来横祸,他没有被打倒,而是凭着惊人的意志力自学完全部大学课程,后来又创办了自己的公司,成为一家拥有上千万元固定资产的企业老总,并当选为市里的“十大杰出青年”。那天我去采访他,问他是如何克服难以想象的惨痛折磨,取得今天的成绩的。

完全出乎我的意料,他最想感谢的既不是给他巨大关爱的父母,也不是一直鼓励和支持他的朋友。面对我的提问,他极快地回答:我要感谢两棵树!

遇到车祸之后,对从小就出类拔萃、自尊心极强的他来说,不啻为世界末日的来临。看着自己残缺不全的身体,他痛不欲生,感到一生就这样毁了,人生再没有什么值得追求的目标和意义,一度想要自杀。即使在医院听到远远从街上传来的一两声汽车喇叭声,也能让他烦躁不安,情绪极不稳定。为了让他散心,转移一下注意力,在他出院以后,家人特意把他送到乡下的姑妈家静养。

在那里,他遇到了决定他生命意义的两棵树。

姑妈家住在一个远离城市的小村子,宁静、安逸,甚至有些落后。他就在姑妈的小院子里,每天吃饭、睡觉、睡觉、吃饭,一天天打发着他认为不再宝贵的时光,人也更加灰心丧气和慵懒下来。一晃半年过去了。

一天下午,姑妈家下田的下田,上学的上学,他一人在家。百无聊赖的他,自己摇动轮椅走出了那个小小的院落。

就这样,似有冥冥中的安排,他与那两棵树不期而遇。

那是怎样的两棵树啊!在离姑妈家五六十米的地方,有两棵长得十分怪异的榆树,像藤条一般扭曲着肢体,却顽强地向上挺立着。两树之间,连着一根七八米长的粗粗的铁丝,铁丝的两端深深嵌进树干里。不,简直就是直接缠绕在树里!活像一只长布袋被拦腰紧紧系了一根绳子,呈现两头粗、中间细的奇怪形状。

见他好奇的样子,一旁的邻居主动告诉他,七八年前,为了晾晒衣服方便,有人在两棵小榆树之间拉了一根铁丝。时间一长,树干越长越粗,被铁丝缠绕的部分始终冲不出束缚,被勒出了一圈深深的伤痕,两棵小树奄奄一息。就在大家都以为这两棵榆树难以成活的时候,没想到第二年一场冬雨过后,它们又发出了新芽,而且随着树干逐渐变粗,年复一年,竟生生将紧箍在自己身上的铁丝“吃”了进去!

莫名地,他的心被强烈地震撼了。面对外界施加的暴力和厄运,小树尚知抗争,而作为一个人,又有什么理由放弃对生活的努力呢?面对这两棵榆树,他感到羞愧,同时也激起了深藏于内心的那份不甘——只见他用自己仅存的右手,艰难地从坐了半年多的轮椅上撑起整个身体,恭恭敬敬地给那两棵再普通不过,却又再坚强不过的榆树,深深鞠了个躬!

很快,他便主动要求回到城里,拾起了久违的课本还有信心,开始了属于自己的新的生活。

训练提示:当一个人生命受到重大挫折后应该如何面对?是一蹶不振还是坚强自信地继续生活?本文给了我们一个答案。虽然故事很简单,是两棵榆树旺盛的生命力打动了主人公,但播读时不能平铺直叙,而要用恰当的提示性内在语、回味性内在语将故事娓娓道来。如果不能很好地体会内在语,就容易将文章播得平淡无味。

二、消息类稿件

学生在进行内在语训练时,往往特别重视用文学性强的作品或评论性文章做训练材料,这固然是正确的。但与此同时,不要忽略了新闻播读同样需要运用内在语。关联性内在语能帮助我们在播读新闻时体现句子间的逻辑关系,使句子“穿串儿”“抱团儿”,避免单摆浮搁;提示性内在语则使播读语气富于灵动的活力;回味性内在语提示播读语气或回味、或思考、或想象、或憧憬,给人语已尽、情尚存的印象;寓意性内在语、反语性内在语在新闻中运用的机会不多,但仍然有练习的必要。

新疆加快培育新兴产业

新疆深入实施创新驱动发展战略,着力培育新能源、新材料等战略性新兴产业集群,加快形成新质生产力,不断增强高质量发展新动能。

在乌鲁木齐甘泉堡经济技术开发区,这家硅基新材料企业所有生产线开足马力,正加紧生产一个超过10亿元光伏组件的大订单。通过不断技术攻关,这家企业实现了从原材料石英石到工业硅,再到下游产品太阳能光伏板的研发生产。

聚焦新能源、新材料等战略性新兴产业,新疆设立100亿元产业发展投资引导基金和100亿元人才发展基金,列出产业发展图谱,出台相关政策培育重点企业,推动产业集聚发展。同时,鼓励龙头企业牵头和高校、科研机构、上下游企业组成创新联合体,打通科技成果转化通道。目前,在乌鲁木齐甘泉堡经济技术开发区,新材料上下游企业已经有近百家。

以科技创新为引领,今年,新疆将加快建设准东、喀什等一批千万千瓦级新能源基地和乌鲁木齐、伊犁等4个氢能产业示范区,推动铝基、铜基等新材料产业链延伸,进一步发展新能源装备、高端输变电、新型农牧机械等先进制造业。

(2024年3月24日《新闻联播》)

第三届“民主:全人类共同价值”国际论坛成功举办

第三届“民主:全人类共同价值”国际论坛3月20日在京举办,来自多个国家、地区和国际组织的200余名嘉宾围绕“民主与治理现代化”“数字时代的民主与法治”“人工智能与民主的未来”等议题展开讨论,共商民主真谛和互鉴之道。

与会嘉宾认为,民主是全人类共同价值,目的是保障和增进全人类福祉。要充分尊重广大发展中国家追求民主、发展民主、实现民主的探索,尊重各国人民自主选择发展道路的权利,反对以民主之名在国际社会制造分裂、传播偏见、破坏和平。要推动构建相互尊重、公平正义、合作共赢的新型国际关系,建设关乎人类美好未来的人类命运共同体。

论坛由中共中央宣传部、国务院新闻办公室主办,中国社科院、中央广播电视总台、中国外文局承办。

(2024年3月20日《新闻联播》)

技术改造助推老字号焕发新生机

越来越多的国货潮品成为新的消费增长点,而作为国货代表的老字号不断加大创新力度,成功升级为高新技术企业,新技术正在改造提升传统产业。

在这家北京的百年老字号鞋店,新材料、新工艺让老布鞋销量翻红,光是今年春节,企业销售额同比增长就超过20%。

新材料、新工艺背后是企业潜心研发的新技术。今年初,这家老字号又多了一个新身份——高新技术企业。这样的认证对于一家手工业老字号来说并非易事。

光是去年，内联升的研发费用就达到 200 万元。从纯手工生产到开发使用新模具，从传统布料拓展到新材料升级产品，企业研发的“自动面浆机”等技术创新取得了 7 项实用新型专利证书。

今年，内联升把研发投入增加到 300 万元。刚一开年，新技术的研发工作已经启动。

老字号成为高新技术企业，还享受到了国家相关的政策支持。

不仅如此，去年 9 月，北京市多个部门联合行动，布局 2023 年到 2025 年北京老字号创新发展，明确提出要“提升老字号产品技术含量”，这让内联升对未来充满期待。

（2024 年 3 月 14 日《新闻联播》）

【新闻特写】通道内外的高频词

作为直通民心、开放透明的窗口，两会通道一直备受关注。在今年的通道内外，许多代表委员普遍聊到一个热词，就是“新质生产力”。

第二场代表通道开启前，记者看到，全国人大代表范先群和黄立正在火热讨论着什么。

原来，一位有着 30 多年临床经验的眼科医生，一位脑机接口领域的前沿科技工作者，正打算“跨界合作”，让新技术用于帮助盲人等群体感知周围环境。两位代表告诉我们，之所以能碰撞出创新的火花，完全是因为今年“新质生产力”是大家讨论最热烈的一个词汇。

记者发现，其实代表委员们对“新质生产力”的关注各有侧重。在企业家眼中，它是产业布局的“新战场”；在学者眼中，它是理论研究的新课题；在地方主管部门的着力点上，更有对传统产业如何因地制宜、精彩转身的细致考虑。

在与记者的交流过程中，代表委员们还特别关注发展“新质生产力”目前存在的一些堵点、卡点问题。

完善行业顶层设计破除藩篱，让科技成果加速转化落地，推动产业链、供应链系统优化升级，代表委员们对于培育形成“新质生产力”的紧迫心情可见一斑。

方向明确，脚步就更加扎实。通道内外，代表委员们的亲身体会和观点跃动着奋进的时代脉搏，向新而行、向新而进的“新质生产力”正汇聚起高质量发展的澎湃动能。

（2024 年 3 月 10 日《新闻联播》）

低温冰冻预警持续 湖南贵州等地有冻雨

气象监测显示,受寒潮天气影响,2 月 21 日至 23 日,我国西南地区东部、江南、华南等地出现明显降温,气温下降幅度普遍有 8℃—16℃。中央气象台预计,未来一周我国大部气温将持续偏低。北方地区冷空气活动频繁,气温多起伏。南方地区 28 日前后气温有所回升,29 日后受冷空气活动影响再次下降。中央气象台今天继续发布低温黄色预警。

另外,今明两天,北方降水明显减少,南方仍有较大范围阴雨雪天气,湖南、贵州等地仍需防范冻雨。其中,今天夜间到明天早晨,冻雨主要集中在贵州中东部、湖南大部、江西西北部,冻雨量 0.5 毫米—2 毫米,局地 3 毫米以上。公众需持续做好防寒保暖措施,外出警惕雨雪冰冻天气造成的路面湿滑,注意交通安全。

(2024 年 2 月 24 日《新闻联播》)

三、评论类稿件

别用“不可能完成的任务”压垮孩子(节选)

汪金友

我问一个五年级的小学生:“你感到快乐吗?”她说:“不快乐。”“为什么不快乐?”“作业太多。”我又问这个女孩的母亲:“你感到快乐吗?”她说:“快乐。”“为什么快乐?”“因为孩子的学习成绩不错。”

由此我发现一个问题,父母的快乐,不等于孩子的快乐;孩子的快乐,也不等于父母的快乐。孩子快乐的时候,父母不一定快乐;父母快乐的时候,孩子不一定快乐。

著名作家李燕子根据自己当教师的亲身经历,写了一部儿童题材的小说,书名叫《差等生》。其中最感人肺腑的一句话,就是小说中贪玩的孩子冬冬得出的一个结论:“做一个小孩子一点都不快乐!”

既然是“差等生”,那就肯定不会快乐。几乎每个家长都把学习成绩不好的原因追究到“贪玩儿”上,并不惜以各种手段强制孩子不得随便玩乐。而“贪玩儿”又正是孩子们的乐趣和天性。于是,一个要寻找乐趣,一个要限制乐趣;一个要释放天性,一个要压抑天性。而在这场较量中,失败的又往往是儿童。放学了想玩一会儿,不让;星期天想跑一会儿,不让;晚上想看一会儿电视,更不让。就这样天天都面对着父母严厉的目光,他们怎么能够快乐?

不仅是“差等生”不快乐，很多“优等生”也不快乐。这次考了前几名，父母就高兴。但谁敢保证，下次考试还在前几名？而且父母的“胃口”也往往越来越大。这次考了第三名，还希望你考第一名；考了全班第一名，还希望你考全校第一名。以至于很多孩子不得不为了父母的快乐，而长期处于紧张和疲惫之中。

父母们也有自己的话说。这一切，还不都是为了你好吗？不好好学习，就考不上好大学；考不上好大学，就找不到好工作；找不到好工作，就一辈子没有体面和幸福的生活。但这些父母忘了一个现实：天底下，并不是只有“好大学”一条路。而且有一些学生，无论怎么努力，学习成绩也到不了前几名。让孩子去完成“不可能完成的任务”，只会损害他们的身心健康。再说，父母的愿望不等于孩子的愿望，父母的理想不等于孩子的理想。为了自己的荣耀，而把压力转嫁到孩子身上，结果往往是得不偿失。

萧伯纳有一句名言：“我们希望看到的是儿童追求知识，而不是知识追求儿童。”求知欲是每个儿童的本能，对于有兴趣的东西，你不让他学，他也要学；对于没兴趣的东西，你强迫他学，他也不学。所以父母的责任，就是培养孩子的兴趣，鼓励孩子的好奇，开发孩子的智慧。我儿子在上小学四年级的时候，特别喜欢兵器知识，为此我给他买了很多相关书籍。中考以后，他又想做生意。几个同学，利用暑假到大街上卖羊肉串。这一切，不但没有影响他的学习成绩，而且成为他生命中有趣的体验。让孩子有一个美好的童年，是孩子的快乐，也是父母的快乐。

训练提示：本文第一段段尾“因为孩子的学习成绩不错”，第二段段尾“父母快乐的时候，孩子不一定快乐”的后面可设计寓意性内在语；第三段段尾“做一个小孩子一点都不快乐”的前面可设计一个提醒关注式的提示性内在语；第四段段尾“就这样天天都面对着父母严厉的目光，他们怎么能够快乐？”可设计一个反问型反语性内在语；第五段段尾“以至于很多孩子不得不为了父母的快乐，而长期处于紧张和疲惫之中”可设计一个感叹强调式提示性内在语；注意第六段关联性内在语、感叹强调式提示性内在语的设计；注意第七段寓意性内在语、关联性内在语的设计，段尾可设计一个回味性内在语。

以上仅是一个大体提示，同学们可以在深刻理解的基础上细细体味。

汪鑫非常说（节选）

非常好听、非常耐听、非常想听，各位听众朋友，大家好，欢迎收听济南交通广播的新闻评论脱口秀节目《汪鑫非常说》，我是汪鑫。以下时间，我们一起来刷新热点。

血吊坠

影视剧中经常有这样的桥段:某人病重,另一个人使用自己的血做药引,期盼对方能够早日康复。鲁迅先生还写过人血馒头的桥段,让人印象深刻。有媒体报道,一款名为“血吊坠”的饰品近日在网络上流行开来。这类产品在某宝仅售20余元,从表面看,这种吊坠是一个普通的绳子和一个磨砂玻璃瓶子。然而瓶中需要买家用针扎破自己的手指来取血,把血滴入小玻璃瓶当中,“血吊坠”的名号便由此而来。之所以这么做,竟是因为商品上标注着:“女孩子的血可以为心爱的男孩子挡灾”。

血滴子,我听说过,怎么又来个啥血坠儿呢!这个东西,不仅看着非常惊悚,而且还很土。

年轻人喜欢猎奇,用独特、另类的方式或商品来表达个性,可以理解。但这个“血吊坠”的流行,却实在让人看不懂。

这东西最直接影响就是健康风险。采血,对只有十几岁、毫无医学理论和经验的买家来说,谈何容易,更不要说用的是卖家送的劣质的采血针了。哪怕是专业护士,要抽几毫升血,都需要专业工具,而不是直接把手割破了扎破了往里挤就可以。然而很多买家懵然不知,单凭一腔孤勇,把自己扎得是血迹斑斑,硬是想办法把血挤到瓶子里。你以为是用自己身体的一部分,给自己心爱的人去“消灾”,此心至诚,日月可鉴。殊不知,除了增加感染的风险,根本无邪可辟!

更可怕的是,这背后隐藏的是一种畸形的恋爱观。正确的恋爱观是什么样子的?它一定是健康的、阳光的、平等的。舒婷的《致橡树》是这么写的:“我如果爱你,绝不学痴情的鸟儿,为绿荫重复单调的歌曲;我必须是你近旁的一株木棉,作为树的形象和你站在一起。”爱,是不卑不亢的!它绝对不是以伤害自己作为代价的!

对于此事,有媒体评论说:平台应该尽快负起责任,对这种存在卫生风险、误导青少年的商品予以下架,监管部门也应积极介入。同时提醒那些购买的年轻人:给恋人的祝福,从来不需要通过流血来实现,好好地爱惜自己的身体,不要被人打着爱的名义收了“智商税”。

逃票

《汪鑫非常说》,我们继续来刷新。近日,苏州站派出所民警在出站口执勤的时候,发现一名女子尾随其他旅客出站后,立即前往售票处退票。面对民警询问,女子嘴硬称“我没逃票”。经查,该女子陈某今年59岁,自2020年9月起采取提前乘车、到站退票的方式恶意逃票118次,诈骗铁路票款共计2537元。陈某交代,每隔几天她就会从上海去苏州吃汤圆,以“贴烧饼”的方式尾随其他旅客进出站。目前,陈某已被上海铁路警方采取刑事强制措施。

逃票是为了吃汤圆,采取的逃票方式呢,是“贴烧饼”的方式,真是名副其实的“干饭人”了！对于此事，有网友吐槽说：坐火车从上海去苏州吃汤圆，有点梁朝伟坐飞机去伦敦喂鸽子的小资情调了！还有网友吐槽说：苏州汤圆或成最大赢家。

你说有这心理素质和逃票的毅力干点正经事不好吗？

醉酒男子

《汪鑫非常说》，我们继续来刷新。近日在福建福州，凌晨4点，一名满身酒气的黄发男子到便利店借手机充电器，因型号不匹配遭店员拒绝。醉酒男子就拿起酒瓶试图威胁店员，又强行给其他顾客推销商品。聊天过程中，醉酒男子说了一系列无厘头的话，还偷亲了男店员，哎呀。随后，男子打开收银台拿走了1260元，店员求助保安并报警，目前男子已被检察院批准逮捕。

哎呀，丢人不丢人，想当年孙悟空在蟠桃宴上都没那么闹腾过！对于此事，有网友吐槽说：喝多了还不忘推销商品，这是个怎么样的打工人啊！

汪鑫认为：对他最好的惩罚，就是让他回看视频，并做记录，最后还要写出，表达了作者什么样的思想感情啊？

停车费

《汪鑫非常说》，我们继续来刷新。近日在湖南长沙，赵先生在停车场停车的时候，停车费用竟然高达511,345元。据了解，该车当天上午进场，出停车场时，显示停车时长为51,134天3小时26分钟，约合140年。赵先生表示，他只停了三四个小时的车呀，看到巨额的停车费也是惊呆了。最终，经工作人员查询，是计费系统出现了错误，免除了赵先生的停车费用。

看到这个天数、这个巨额停车费，一瞬间还以为自己穿越了呢！到乡翻似烂柯人。对于此事，有网友吐槽说：还好，这停车费，不是免密支付的……

汪鑫以为：遇到这种事情真的不用慌，它只是会在你的朋友圈里，留下浓墨重彩点赞的一笔！

好了，以上就是我们《汪鑫非常说》第一时段的全部内容了，还是那句话，如果您在刷微信、刷微博或者看新闻的时候，有什么想评的、想说的，都可以在新浪微博上@汪小鑫同学。非常好听、非常耐听，非常想听，《汪鑫非常说》邀请您继续收听接下来的《交通雷达网》。

（2021年1月28日济南交通广播）

训练提示：《汪鑫非常说》是济南交通广播早间节目《交通雷达网》当中的一个板块，有早间节目快节奏、信息量大的特点。节目类型是新闻评论脱口秀，节目素材取自新闻热点，特点是时效性、娱乐性、评论性兼顾，不仅能满足人们对即时信息和评论的需求，而且能满足人们开车时心情的放松以及对娱乐的需要。同时，这档节目还体现出很强的主持人的个人风格,容易吸引受众。

本期节目谈到了"血吊坠"背后隐藏的畸形恋爱观、为了吃汤圆恶意逃票118次的陈大妈、醉酒大闹便利店的男子、停车场的计费乌龙等。其中蕴含着的寓意性内在语、回味性内在语、反语性内在语较多,同学们在练习前要多多揣摩,借助内在语把语句的本质搞清楚,将其中的内涵幽默、风趣地表现出来。

四、专稿类稿件

大山女孩的"校长妈妈"——记云南丽江华坪女子高级中学校长张桂梅(节选)

李银、庞明广

"孩子,别哭,有什么困难跟我说。"11月30日中午,记者刚刚踏进云南丽江华坪女子高中的校门,便看到一名女学生依偎在校长张桂梅怀里哭泣。

这位女孩是华坪女高毕业生吕娜的妹妹,目前在当地一所初中读书。张桂梅在家访时认识了她,并一直支持帮助她上学读书。但女孩因为思念去世的父亲,好几天没有上学。

"想爸爸了就到坟上跟他说说话,要好好读书,不能让爸爸失望。"张桂梅话音还未落,便从兜里掏出一个信封,塞到女孩母亲手里。信封里装着的,是教育部给她看病的一万元慰问金。原来,张桂梅知道女孩母亲一个人供两个孩子读书,经济十分困难,家里的芒果林因为缺水收成也不好,便拿钱给她去修水窖。通过张桂梅做思想工作,这名学生当天就回到了课堂。

像关心呵护这位女孩一样,张桂梅带领华坪女高守护着每一位学生的未来。建校12年来,已累计把1804名女孩送入大学,点亮她们的人生梦想。63岁的张桂梅被学生亲切地称作"张妈妈"。

"太天真"的梦想

华坪女高在华坪县城边的一个小山包上,学校的大门并不阔气,教学楼的墙面也已有些斑驳。这所其貌不扬的学校,曾是张桂梅遥不可及的梦想。

张桂梅原本和丈夫一起在大理一所中学教书。1996年,丈夫因胃癌去世不久,39岁的张桂梅便主动申请从热闹的大理调到偏远的丽江市华坪县工作。

到华坪县教书后,张桂梅发现一个现象:"很多女孩读着读着就不见了。"她说,一打听才知道,有的学生去打工了,有的小小年纪就嫁人了。

2001年,华坪县儿童福利院(华坪儿童之家)成立,捐款的慈善机构指定要张桂梅当院长。她担任院长后,逐一了解福利院孩子们的身世发现,不少女孩并非孤儿,而是被父母遗弃的。

一次家访途中的偶遇，更是让她痛心不已。一个十三四岁的女孩，呆坐在路边，满眼惆怅地望着远方。张桂梅上前询问，女孩哇的一声就哭了："我要读书，我不想嫁人。"女孩一直哭喊着。原来，女孩父母为了3万元彩礼，要她辍学嫁人。

张桂梅气冲冲地来到女孩家，对她的母亲说："孩子我带走，上学的费用我来出。"可女孩的母亲以死相逼，张桂梅实在拗不过，只能放弃。

"后来我再也没找到她，这是我一辈子的遗憾。"张桂梅说。自此之后，一个梦想渐渐在她心中萌生：办一所免费高中，让大山里的女孩们都能读书。但这个梦想很快遭到身边人的反对。"我是给她泼冷水最多的人，"华坪县教育局原局长杨文华回忆说，"虽然她让我很感动，但我知道办一所学校有多难。"

2004年，张桂梅和杨文华一起出差。一路上，她反复讲述自己的梦想，想说服这位局长帮忙。

"你知道建一间实验室要多少钱吗？"杨文华问。

"要两三万元吧。"张桂梅回答得有些露怯。

"她太天真了。"杨文华说，张桂梅当时因为带病坚持教书、教学成绩突出，还在华坪县儿童福利院收养了多名孤儿，先后获得了全国先进工作者、全国十佳师德标兵等诸多荣誉，但她只是一名一线老师，没有管理经验，对建一所学校毫无概念。

杨文华不知道，张桂梅当时已连续几年假期到昆明街头募捐。她把自己获得的荣誉证书复印了一大兜，在街头逢人便拿出来请求捐款。可让她没想到的是，自己放下尊严募捐，换回的却是不理解和白眼，还有人说她是骗子。几年下来，张桂梅几乎要放弃了。直到2007年，她当选党的十七大代表，她的梦想才出现转机。

张桂梅平时很少买衣服，每件衣服都穿了好多年，直到磨得发白、破洞才舍得丢。临去北京前，县里特意资助她7000元，让她买一身像样的正装，可她转手就用这笔钱给学生买了台电脑，自己穿着一身旧衣服参会。

一天早晨，她正急匆匆往会场走。忽然，一位女记者把她拉住，悄悄对她说："摸摸你的裤子。"张桂梅一摸，穿了多年的牛仔裤上有两个破洞。

"当时我恨不得找个地缝钻进去。"张桂梅说。那天会后，她和这位记者相约聊了一整晚，把所有办校的苦楚都倒给了她。

不久后，一篇名为《"我有一个梦想"——访云南省丽江市华坪县民族中学教师张桂梅代表》的报道发表出来，张桂梅办学校的梦想马上受到关注。

2008年9月，在各级党委政府关心支持下，全国第一所公办免费女子高中——丽江华坪女子高级中学正式开学，首届共招收100名女生。

开学那天，张桂梅站在唯一的教学楼前，泪流满面。

一所没有"门槛"的学校

对于大山里的女孩们来说,华坪女高没有"门槛"。

从建校第一天起,张桂梅便定下规矩:学费、住宿费等全免,只收少量伙食费。特别是对贫困家庭的学生,即便基础很差,中考分数没过线,也全部招进来。首届学生几乎全都是"线下"生。

学校生源差,教学条件更是十分简陋。校园没有围墙,没有食堂,甚至没有厕所,只有一栋教学楼和一根旗杆,院子里满是杂草。学生在一间教室上课,在另一间教室睡觉,吃饭、上厕所都只能去隔壁学校。

"她心里着急,如果等学校全部建好,晚一年招生,就又有一批女孩被耽误了。"杨文华说。

学生入学了,张桂梅却犯了愁。"有的学生考试只能考几分,这样下去可怎么办?"张桂梅心想,就是把命搭上,也要把学校办出名堂。

在华坪女高,学生雷打不动每天5点30分起床晨读,晚上12点20分自习结束才上床睡觉,连吃饭时间都被限定在15分钟。

张桂梅有一个小喇叭几乎从不离手:"丫头,快点!"在校园里,有学生稍一磨蹭,就会听到她的吼声从小喇叭里传出来。

十几年来,她不仅每天陪学生自习到深夜,还一直住在学生宿舍。"我一刻也不能离开学校,老师、学生我都得盯着。"她说。

2011年夏天,华坪女高首届毕业生一炮打响,高考百分之百上线,还有几名学生考上了一本。"和学生入学成绩相比,华坪女高创造了一个奇迹。"杨文华说。

2016年,华坪女高完成建设工作,各项设施逐步完善,学校有了食堂、宿舍,还有了标准的塑胶运动场。截至目前,学校3个年级共有9个班,在校生达464人。张桂梅常年坚持家访,累计行程11万多公里,覆盖华坪和周边县的1500多名学生。

至今,华坪女高已送走10届毕业生,1804名学生从这里考入大学,学校不仅一本上线率高达40%多,高考成绩综合排名还连续多年位居丽江全市第一。

学校语文老师书堂云说,学生成绩突飞猛进,但张桂梅的身体状况却一落千丈。她的身上贴满了止痛的膏药,平时连爬楼梯都十分艰难。

华坪县融媒体中心记者王秀丽是张桂梅相识多年的闺蜜,也是她为数不多的倾诉对象。

"她全身都是病,骨瘤、血管瘤、肺气肿……以前她经常让别人猜我俩谁更重,可现在她已经从130多斤掉到了只有七八十斤。"王秀丽说。

长大后我就成了你

"张老师,我们要去西藏当兵了。"

今年9月,张桂梅接到两名学生的电话。原来,在大连读书的冉梦茹和在桂林读书的刘敏约好了,要去西藏当兵。

“海拔那么高,你们怎么受得了?”张桂梅问。

“不是您鼓励我们去艰苦的地方吗?”学生笑嘻嘻地回答,“放心吧,我们不会当逃兵,不给您丢脸。”

几个月过去了,两名学生已经正式入伍参加集训,张桂梅还时常念叨着她们。“我一直教育姑娘们要报效祖国,可真去这么艰苦的地方,我又心疼得不得了。”她说。

“张老师真正做到了教书育人,她用自己的一言一行教会了学生坚韧、感恩、奉献。”杨文华说,华坪女高的学生出去后都像张桂梅一样,能吃苦、肯奉献,很多学生毕业后都去了艰苦地区。

周云丽是华坪女高的第一届学生,大学毕业后,她又回到了母校,成为一名数学老师。

“没有女高,就没有现在的我。”周云丽说,母亲在她很小的时候就去世了,家里靠残疾的父亲和年迈的奶奶种地卖粮,供她和姐姐读书。“当我听说有位好心的老师建了一所免费高中时,我就像抓住了救命稻草。”

华坪女高每周有一堂全校的思政课,学生们坐在院子里,由张桂梅统一组织理论学习。“张老师会给我们讲革命先烈的事迹,带着我们读党章,还会讲她创办女高的艰辛经历。”周云丽说。

2015年7月,周云丽大学毕业。当时,她已经考上了相邻县一所中学的教师岗位。但听说华坪女高缺老师,她毫不犹豫就放弃了正式编制,回到母校担任代课老师,直到一年后才考试转正。

“这都是张老师教育我们的,自己强大了,也要记得去帮助别人。”周云丽笑着说。

每年的毕业季,是张桂梅最高兴的时候,经常有学生打电话、发短信给她报喜。“她经常向我炫耀,哪个学生去搞研究了,哪个学生去新疆支教了,然后露出老母亲般的欣慰笑容。”王秀丽说。

每天上午课间,歌剧《江姐》的经典选段《红梅赞》都会在校园里准时响起,这是她最爱的歌曲。学生们齐声高唱,她偶尔也会哼上几句。

红岩上红梅开,千里冰霜脚下踩。三九严寒何所惧,一片丹心向阳开,向阳开……这是她的信仰,也是她的一生!

（2020年12月10日新华社）

训练提示:60多岁,本应该安享退休生活,她却在不停奔波、忙碌;每天清晨5点到夜里12点,人们都可以在校园里见到她匆忙的身影;她身患重疾,多次与死神擦肩而过。她就是云南丽江华坪女子高级中学校长张桂梅。她关心师生、无私奉献,把全部心血都献给了山区的教育事业。

这篇稿件从张桂梅有一个"天真"的梦想写起,描绘了学校几经磨难终于建成,她住在学生宿舍每天陪学生自习到深夜,送走10届毕业生,1804名学生从这里考入大学,学生以张老师为榜样,很多毕业后去了艰苦地区等一幅幅感人的画面。其中一个个令人惊叹的数字,将张桂梅的事迹清晰地展现在受众面前,让我们深切地感受到张桂梅全心全意为山区教育奉献一切的高贵品质。

本文的提示性内在语、回味性内在语运用得较多。同学们在训练时,要根据文章中对张桂梅事迹的描写,找到重点句背后的内在语,把握好句子的本质,让表达更加富于情感,让细节变得更加细腻,让楷模的形象牢牢地印刻在受众心中。

第四单元　对象感

教学目的：学生学会研究分析宣传的对象——受众，时时处处为受众着想，产生感情上的共鸣，使自己一到话筒前播音，立即与受众"交流"起来。

教学要求：使学生对对象感的概念、理论产生的原因及依据、用对象感指导播读实践有深刻的了解；对如何设想、获取对象感有熟练的掌握。

重点难点：对象感概念的理解，获取对象感的方法。

课时安排：大课 2 课时，小课 8 课时。

第一部分　理论概述

一、对象感概述

（一）理论产生的原因

1.工作的实质

播音员主持人是否称职，必须从受众接受的角度来考量。播音员主持人是把有声语言传送出去给人听的，不是对空发言，不是自言自语，更不是自我欣赏。受众就是播音员主持人的宣传对象。

2.工作条件的特殊性

播音员主持人虽然在演播室中看不到受众，但事实上却有千千万万的受众在晨练中、上班路上收听，或者在电视机前收看。播音员主持人必须在得不到反馈的环境里播讲，这就使我们与受众的"交流"产生了障碍。为了解决这一问题，播音学引入了"对象感"这一概念。

(二)理论产生的依据

“没有对象,这些话就不可能说得使自己和听的人都相信有说出的实际必要。”虽然“目中无人”,但要努力做到“心中有人”,这就是这一概念产生的依据。《现代汉语词典》(第7版)中对“对象”的解释是:“行动或思考时作为目标的人或事物。”播音员主持人所有的思考或行动都是为了“作为目标的人”。因此,我们心里应该时刻有受众,想着受众,不要忘记受众。

(三)对象感的概念

对象感就是播音员主持人必须在“目中无人”的条件下做到“心中有人”,必须设想和感觉到对象的存在和对象的反应,必须从感觉上意识到受众的心理、要求、愿望、情绪等,并由此调动自己的思想感情,使之处于运动状态。

(四)缺乏对象感的播音模式

缺乏对象感的播音模式表现在有声语言上为语气平淡呆板,没有起伏,或速度快得似自言自语,或无目的地抻甩拖沓,让人听而生倦;表现在非语言上为在电视播音中不能大胆地、有交流愿望地面对镜头,往往做“看状”,但实际上双眼无神,眼神涣散,或飘忽不定,影响宣传效果。

二、对象感的获取

(一)对象感的作用

(1)能更好地为受众服务,使播讲目的落到实处。

(2)能够激发播讲愿望,使播音员主持人工作时思想感情一直处于积极的运动状态,从中流露出与设想的对象相呼应的态度、语气、眼神、姿态。对象感越强,越有助于获得良好的传播效果。

(二)具体对象的设想

具体对象的设想,必须从量和质两个方面入手,质的方面是根本的。

(1)量的方面,是指性别、年龄、职业、人数等;

(2)质的方面,是指环境、气氛、心理、素养等。

(三)如何获得对象感

(1)对受众进行设想:既要依据主题、目的对受众进行设想,又要依据节目宗旨、形式对受众进行设想。

(2)要时时处处感受到受众的存在和反应,想象与之进行交流。

(3)努力熟悉、了解受众。只有了解受众的具体需要,在设想对象时,才能更切合稿件的内容和形式,更好地达到播讲目的。了解受众的方法是注意观察积累,扩大生活圈子。

(4)对象感在话筒前的把握:对象感要贯穿始终,表达时可以时强时弱,但不能时有时无,就某一篇稿件而言,我们设想的具体对象是稳定的、统一的。在这个过程中要注意:无论什么稿件都设想成一种具体对象是不对的;同一篇稿件,不同的播音员主持人可以设想出不同的具体对象。

训练建议:

(1)学生自己选择训练篇目,组织节目内容,选择自己熟悉、感兴趣的内容编成小节目,有助于较快地了解对象感的概念、分析方式和作用。

(2)训练类别可从生活服务类文稿练起,较易入手。

(3)训练阶段,教师一定要求学生写出详细的对象感分析笔记。

(4)学生在训练初期往往会把所有稿件的具体对象想象为一种人,比如自己的亲朋好友,难以根据稿件进行具体分析,这与学生的社会阅历浅、关注面窄有一定关系,教师应当引导学生逐渐扩大视野,多关注社会热点问题。

参考文献:

(1)张颂主编:《中国播音学》(修订版),第二十五章《传者与受众之间的沟通》,北京广播学院出版社 2003 年版。

(2)付程主编:《实用播音教程》(第二册),第四单元《对象感》,北京广播学院出版社 2002 年版。

(3)张颂著:《播音创作基础》,第五章《思想感情的运动状态》第三节,北京广播学院出版社 1990 年版。

第二部分　示例分析

关注大学生就业(节选)

您好,观众朋友,欢迎收看《焦点访谈》。现在很多大学生见面的时候,都会用这样的开场白来相互问候,今天你投了几份简历?面试了吗?就在这样的问候里,透着一种焦急,也含着一份希望。对于他们当中的很多人来说,今年的就业形势不容乐观,高校毕业生总数为610万,是近年来的最高值。而突如其来的国际金融危机,又使很多企业减少了岗位。就在这一增一减之间,这些刚刚走出校园的大学生们,面临着比往年更为严峻的就业挑战,面对他们迫切的就业需求,我们又该如何解决呢?

现在您看到的呢,是2月21日,广东省人才市场专门为应届大学生举办的一场招聘会。这也是今年新春之后它为应届大学生办的第一场招聘会。为了方便这些大学生找工作,招聘会的地点就定在广州市高校比较集中的广州大学城。我们了解到,在这次招聘会上,大概有125个企业单位来招聘学生,能够为学生提供的职位在2000个左右。我们注意到,这个招聘会是早上9点钟开始的,但是还不到9点的时候就有很多学生早早在自己中意的单位前排队了,甚至过了9点,有一些来招聘的企业的考官还没有到现场,在那个摊位排队等着招聘的大学生已经有十几人之多。

采访时,很多大学生都说,工作太难找了,求职是摆在他们眼前最大的难题。很多人都参加了至少五六次这样的大型招聘会。

我们看到,毕业生对这些企业的热情度和关注度是完全不同的。比如说刚才我在那边就看到,有一些企业的摊位前,一个应聘者都没有,而我们现在看到的这家储蓄银行,来应聘的有三四百人,排了两个长队,并且是在两小时之前就开始排队了。粗略计算一下,这家储蓄银行要新招的大学生是20人左右,那么就意味着是20个人在竞争一个岗位。

采访时记者发现,以往很少出现在大学生招聘会的餐饮服务业,也出现在招聘会的现场。

据了解,为了缓解大学生就业压力,从春节过后,很多高校聚集地基本上每周都会为大学生举办专场招聘会。

这是华中科技大学本学期开学以来举办的第二场企业专场招聘会。据了解,今年该校本科毕业生人数是8197人。截至目前,已签约工作以及保送研究生的学生,占应届本科毕业生的36%，比往年同期下降34%。而在采访中记者了解到，造成目前签约率下降的主要原因除了大的经济环境外，学生的择业观念也是影响就业的重要因素。

“毕业之后拿多少”成为同学们讨论的一个主要话题。那么大学生对于薪水的预期是否与现实存在差距呢？

在这个小调查中，“是否去西部，去基层工作”也成了即将毕业的大学生讨论的一个焦点。

大学生就业难，已经是无法回避的现实。同样无法回避的是，它始终伴随着结构性失衡这个矛盾。一方面，北京、上海等一线城市和沿海城市人满为患；另一方面，广大西部地区出现人才断层，不少单位求贤若渴，但招不到高素质的毕业生。应该说，大学生到艰苦的地方去工作，他们的思想会受到锤炼，品格会得到升华，能力会得到提高。

据了解，从3月1日到6月8日，国家工业和信息化部与教育部将联合举办“全国中小企业网上百日招聘高校毕业生”活动。这一活动既可以促进中小企业改善人才结构，又可以缓解高校毕业生的就业压力。高校毕业生是宝贵的人才资源，为他们提供就业支持，是眼下的当务之急。现在全国各地正在积极通过开展系列就业服务活动，开发就业岗位，努力做好服务。很多地方甚至天天都有为毕业生开设的专场招聘会。相信这些举措，会给正在求职的毕业生们带来更多的好消息。

感谢收看本期节目，再见。

具体收看对象分析：

性别：男、女均可。

年龄：20岁以上的成年人。

职业：即将毕业的大学生、各用人单位的领导干部。

人数：2—3人。

气氛：担忧、严肃。

环境：想象与具体对象面对面在简洁的办公环境中认真交流。

心理：即将毕业的大学生很想了解一下当前的就业形势，并从中为自己的就业找到有用的指导信息；用人单位的领导也可以根据节目反映的大学生就业现状，在政策或能力范围之内为大学生的就业提供更多方便。

综合为：还没有找到工作的、急于了解就业形势和信息，或希望得到就业指导的即将毕业的大学生。

第三部分　训练材料

健康故事:美丽身材“枣”知道(节选)

主持人:观众朋友,您好,欢迎收看这一期的《中华医药》。现在,减肥几乎是人人关心的话题,为了减肥,很多人可以说是付出了不懈的努力。有的人节食,饿得难受,可稍不注意,就开始反弹,于是泄气地认为自己是那种喝凉水都胖的人。有的人吃泻药,结果呢,受罪不少,效果依然不好。其实啊,从中医角度来看,这都是舍本逐末,为什么这么讲呢?看过今天的健康故事,您就明白了。

解　说:这是位于北京方庄地区的一家服装店,70 岁的陈淑长女士隔三岔五就会光顾这里。

服装店店员(以下简称“店员”):偏胖一点的话,可能不是太好,穿我们家衣服穿不出型来,陈教授身材特别好,特像四五十岁人的身材,所以穿衣服挺有型的。

陈淑长(北京中医药大学东方医院周围血管科首席专家、教授,70 岁):我只要一去试衣服,买衣服的人要看,卖衣服的服务员也都在那儿看,觉得我穿上她们的服装特别漂亮,其实是我的身材好。

解　说:这位自称身材好的人,就是著名的中医周围血管病专家陈淑长教授。她说自己身材好,我们不妨仔细来端详一下究竟怎么样?对 70 岁的人来说,的确不错,匀称、挺拔。

店　员:特别合适,穿我们家都是最小码的,我还穿 3 码的,她穿 2 码。

解　说:70 岁的人有这样的身材确实不多见,但是陈教授说这几身衣服都不是太显身材,请我们再去她家里近距离看看。

这件旗袍是陈教授 30 多年前定做的,可是现在穿起来就好像是刚刚量完尺寸做的,那么合体,也就是说,30 多年来陈教授的身材几乎没有什么变化。

主持人:人们常说,上岁数了,开始发福了,要说到 70 岁体重还没有什么变化的人确实不多,陈教授大学时代体重是 94 斤,一直保持了很多年,现在还不到 110 斤,只增加了 10 斤左右,可是时间已经过去了 50 年,可以说基本上没有什么变化,几十年前的衣服现在依然很合身,她到底是怎么做到的呢?朋友说,她的方法太难了,那是什么方法呢?

解　说:说是有一个保持体重的方法,只是有些难,到底是什么方法呢?陈教授倒是说，这也没什么，您看，就是这个！这不就是吃枣吗？难道这就是所谓的方法吗？

陈淑长：我觉得到现在看，吃枣确实有用，真是证实了中医理论说的，是健脾养胃。一日吃仨枣，一辈子不显老。你看我现在不像70岁吧？跟吃枣有一定关系。

解　说：身材保持得好，不像70岁，这都没有错，但是这跟吃枣有什么关系呢？说到这儿，还要从20世纪60年代陈教授的一段经历说起。

陈淑长：在困难时期，大家都有点缺蛋白，有点水肿，我当时也是水肿，主要是腿肿。早上起来还可以，但一到下午，小腿前面一按一个深坑，腿特别沉，活动特别不方便。

解　说：不得已，当时陈淑长找到了一位老中医，根据她的情况，老中医为她开出了药方。

陈淑长：给我开了一个中医的方剂叫十枣汤，十枣汤里面有大戟、芫花、甘遂，然后有十个枣。我呢，吃完以后大便确实泻得特别厉害，一天泻好几次，很快不肿了。

解　说：水肿的问题虽然得到了解决，但是陈淑长又有了新的担忧。

陈淑长：拉肚子是好汉架不住三泡稀，拉完以后很快体重减轻了，对吧。我这个呢就是吃完药以后，大便确实泻了，一天泻好几次，很快就不肿了，但不是说以后永远不肿，不是就完了，后来反倒肿得特别厉害，所以我也挺害怕的。

解　说：那个时候的陈淑长，已经从中医学校毕业，凭借着所学的中医知识，她觉得马上应该想办法调理。

陈淑长：当时我想脾的功能坏了，赶快怎么调理，那就别吃药了，所以我就想起了枣。枣是健脾养胃的，所以我干脆从那时候开始就坚持吃枣。

解　说：于是，陈淑长为了调理自己的脾胃开始吃枣，一段时间之后，果然起了作用。

陈淑长：大便比较正常，没有说要不特别干，要不特别稀，出现这些脾胃的一些不正常的现象。另外，吃枣以后我真的一点没有肿的现象了。

解　说：从那之后，她居然迷上了吃枣，一吃吃了50年。

主持人：我们总记得枣是补血安神的，但是不太知道这个枣还有健脾的功能，而脾在人的五脏六腑之中是非常关键的。脾是后天之本，中医说脾主肌肉，脾不好的人，脸黄，容易虚胖，没有精神，而更重要的一点，脾是主运化的。也就是说，脾不但有把水和食物转化为精微物质，转输到全身的功能，而且它还有把体内的水湿废物输送到排泄系统的作用。如果脾不健康，一方面，人的营养吸收就会出现问题，容易体质虚弱；另一方面，水湿废物排泄不出去，留在体内，就容易造成肥胖。那为什么有些人吃泻药减肥，越减越肥呢？其实就是因为“泻”会伤我们的脾，当时也许会瘦，但是从长远来看，脾伤了，体内的水湿废物代谢不出去,反而会再发胖。如果脾的运化功能强健了,只需要正常饮食,身体就会把该吸收的吸收,该排泄的排泄,这样一来就不容易发胖了,更不需要刻意地节食。陈教授当年因为水肿吃中药泻水,尽管有枣来护脾,但是因为那些泻药药性猛,而且都有毒性,容易伤及脾胃,再加上陈教授当时身体比较虚弱,泻得有些厉害了,伤了她的脾,于是陈教授马上就把药停了,用枣来健脾,之后果然脾的功能就慢慢恢复了。关键是健了脾之后,四肢活动有力,肌肉丰满壮实,身材体形很好,而且还不会肥胖。那我们了解了这个枣的好处,您是不是也想开始吃了?陈教授说了,这个枣不是那么随便吃的,也是有讲究的。

解　说:俗话说,"一日吃仨枣,一辈子不显老",可是陈淑长说,她可不是每天吃3个枣。

陈淑长:一般是6个左右,我觉得3个有点少,所以我就吃6个左右,现在还有特别大的枣,那特别大的枣吃3个也行。因为它一个枣就顶中个儿的两个多了。自己掌握,每个人根据自己的情况掌握。体形瘦小的人可能吃3个就够了,体形高大的人多吃一点也未尝不可。

主持人:每天晚饭前吃6个枣,陈教授就是这样坚持了50年,效果我们都看到了,非常不错,可是为什么要每天吃6个枣呢?陈教授说了,这是图它有一个吉祥的含义,其实吃3个和吃6个都没有关系,关键是别因为什么东西好,就贪多。有资料说,一次吃枣,最好不要超过20个,因为吃得过量会引起胃酸和腹胀,反而有损消化功能,引起便秘。但是为什么一定要在晚饭前吃枣呢?因为晚饭前吃枣,一是可以先健健脾胃,帮助晚饭的吸收和代谢,二是能够减少饥饿感,晚饭的量自然就能够得到控制,帮助我们控制体重。

主持人:怎么样,准备开始吃枣吧?您也可以经常变换着花样来吃,枣的吃法其实非常多,可以像陈教授那样做蜜枣吃,也可以泡水喝、炖汤喝、煮粥喝,但有一点在这里需要提醒您注意,那就是糖尿病患者、尿毒症患者以及肾功能失调的患者就不宜多吃了。

(2009年10月28日《中华医药》)

训练提示:《中华医药》在中央电视台中文国际频道播出,是中国电视媒体中唯一一档向海内外传播中华传统医药文化的大型电视健康节目。节目以"关爱生命健康,服务全球华人"为宗旨,为海内外观众提供权威的健康医药资讯,关注当代中华医学对世界的贡献。它的受众就是所有对中华传统医药感兴趣的人。

就本文而言,因为它是以电视节目形式出现的,所以角色分工非常明确——主持人、解说和采访对象,每个角色都有自己的语言特点,这更有利于训练者把握对象感。

当然，要更好地把握对象感，还要具体分析节目的受众。我们可以将受众具体设想为想减肥、想拥有美丽身材并想保持健康的女性朋友，年龄跨度可以稍大一点，从 20 多岁到较长的年纪均可。主持人要设身处地地感受她们的急切心情，把握她们的心理诉求，画外音的处理要客观到位。训练时，可以分角色轮换练习，通过语气的不同表现不同的人物语言。但总体来说，要把握住舒缓的节奏，态度亲切，娓娓道来。

2024 年春节联欢晚会主持词（节选）

开场白

任鲁豫：亲爱的观众朋友们，大家——

合：过年好！

任鲁豫：这里是中央广播电视总台 2024 年春节联欢晚会的直播现场。我们和全国各族人民、全世界的中华儿女相约守岁，喜迎甲辰龙年的到来。

龙　洋：今夜，我们辞别旧岁，华章谱新。过去的一年，我们守望相助，砥砺前行。无论风霜雨雪，我们同心鼓舞又一个春天。

尼格买提：今夜，我们举国同庆，共度佳节。九州春色，四方欢歌，洋溢着万物复苏的勃勃生机。无论天南海北，神州大地，欢庆又一个新年。

马凡舒：今夜，我们放下一年的忙碌，依偎在家人身边，团聚在幸福门前，无论千里万里，中华儿女共同奔赴一场团圆。

撒贝宁：今夜我们共享春晚这道年夜大餐。我们的奋斗、我们的欢乐、我们的感动，就是我们的春晚。无论荧屏内外，龙的传人共书新春祝福。

任鲁豫：龙行东方，春满中华；龙腾华夏，福到万家。在这迎春纳福、喜庆吉祥的日子里，我们给大家——

合：拜年啦！

（歌曲《嘿　少年》）

尼格买提：亲爱的观众朋友们，此时，春晚正通过中央广播电视总台央视综合频道、综艺频道、中文国际频道、国防军事频道、少儿频道、农业农村频道、奥林匹克频道、4K8K 超高清频道，以及央广中国之声、音乐之声、经典音乐广播、文艺之声、台海之声、大湾区之声、南海之声、华语环球广播和中国交通广播等同步直播。

龙　洋：春晚还将通过“百城千屏”点亮全国百座城市的一千多块户外大屏幕。与此同时，央视频、央视新闻新媒体、央视网、央广网、国际在线、云听等新媒体平台同步播出。中国国际电视台英语、西班牙语、法语、阿拉伯语、俄语频道和68种语言对外新媒体平台,正联动全球200个国家和地区的2100多家媒体为春晚进行直播和报道。

尼格买提:朋友们,接下来是两位大家非常熟悉的老朋友,在后台就说等不及要和您见面了,别着急啊,还没介绍完呢,掌声欢迎岳云鹏、孙悦。

(相声《我要不一样》)

零点倒计时

任鲁豫:此时此刻,一个个赤诚的心愿都变得无比地神圣,新的一年,相信所有美好的愿望都能实现!

龙　洋:新的一年,愿我们每个人的愿望都能实现,愿我们有家人相守,朋友相伴,愿人间烟火,洋溢平凡幸福的每一天!

尼格买提:新的一年,相信我们的祖国会越来越好,愿天佑中华,国泰民安!愿伟大的中华民族不惧风雨,昂首向前!

马凡舒:新的一年,相信世界会越来越好,愿鲜花挂满枝头,和平的阳光洒满大地,愿我们每个人都能收获前行路上的美好。

撒贝宁:新的一年,相信我们自己会越来越好,愿我们穿过风雨有阳光普照,愿我们踏过冬雪看春暖花开。

任鲁豫:亲爱的朋友们,新的春天马上就要来到,让我们祝福伟大的祖国在新的一年里龙腾九霄,蒸蒸日上!朋友们,你们准备好了吗?来,让我们一起迎接这个灿烂的春天!倒计时——

合:十、九、八、七、六、五、四、三、二、一,过年好!

(歌曲《让幸福飞起来》)

结束语

任鲁豫:难忘今宵,到说再见的时候了。

龙　洋:愿今宵的感动和欢乐,陪伴我们拥抱更温暖的生活!

尼格买提:愿今宵的灯火和星光,照亮我们前往更辽阔的远方!

马凡舒:告别今宵,我们站在一个崭新的起点;

撒贝宁:告别今宵,愿我们充满信心,把日子过得更好!

任鲁豫:新的一年,让我们更加紧密地团结在以习近平同志为核心的党中央周围,只争朝夕,顽强奋斗,以中国式现代化全面推进强国建设、民族复兴伟业。四季福暖人常在,九州龙腾——

合：迎春来！

任鲁豫：中央广播电视总台2024年的春节联欢晚会到这里就结束了，再一次祝福大家新春快乐！明年的春晚——

合：再见！

训练提示：2023年即将过去，伟大的祖国和人民始终没有停下发展的脚步，在多个领域取得了傲人的成绩。全国人民见证了祖国在经济、文化、科技、教育、国防、外交等多领域的新成就，它们不仅刷新了纪录，更预示着中国未来的飞跃。回望过去的一年，中国人民在党的领导下阔步向前，未来的我们一定有足够的信心迎接新的挑战。

站在辞旧迎新的春节晚会主持现场，主持人的心中一定有很多感慨与自豪，同时也充满了与全国人民共度春节的喜悦。主持人在语言表达中，要把精彩的节目介绍给大家，要把新春的祝福送给大家，要把团圆的幸福分享给大家，始终向广大观众传递一个共同的声音：我们的国家、我们的人民一定会越来越好，未来一定是充满希望的！

中央广播电视总台2023主持人大赛选手杨旭：《“守”艺人》

各位好，欢迎来到《“守”艺人》，今天我带来了一块手绢，纯棉的。前段时间我去到了它的出生地——河北石家庄赞皇县的原村土布非遗工坊。说实话，第一次进纺织车间，我被震撼到了，织娘们坐在传统织布机前，手法娴熟地操作着机器，尽管手上爬满皱纹，可当她们把手放在织布机上的时候，就像少女的手般灵巧。我也被这样一双手握住，一点一点学习如何将线织成布。感受着布满岁月痕迹的掌纹，那一瞬间好像我年轻的手也没那么灵巧了。织娘们说，从采棉纺线到上机织布，要经过大大小小72道纯手工工艺，才能做成我们看到的这样的作品。原来精致土布的背后是这样一双双布满裂纹、皱褶的手，才赋予了它们灵魂与生机。

我们现在看到的这位是原村土布第四代传承人仇莎，90后，原本在外地工作，一次偶然的机会回到家乡，被一位织娘拦住了路。织娘说：“莎莎，你看我这块布织得怎么样？可惜这么好的手艺传下去难了。”看着这块布和那双苍老的手，她毅然决定辞去工作回到家乡，和同为织娘的母亲一起传承土布技艺。当我问她你为什么这么坚定的时候，她告诉我说，那一刻她明白，土布的传承不是母亲一个人的坚守，而是所有织娘的心愿。

当然，守正还要创新，现在她们带领团队除了做衣服之外，还衍生出几百种产品，今天我佩戴的胸花也是由土布做成的。您看，当传统技艺融入时尚元素，这老土布它一点也不土了。

现在织娘们的作品不仅走出了村子,更走到全国,走向世界。而她们也将这一朵朵棉花织出了河北品牌,织出了自己的幸福生活。她们让我明白,青春不只是用年龄来定义的,织娘们用她们的青春守护着这项技艺,也用双手延续着非遗的青春。

我的家乡河北简称“冀”,“冀”代表着希望,也代表着对美好生活的向往,在这片希望的热土之上,我的足迹遍布了许多村镇,也见证着一幅幅乡村振兴的精彩画卷。

我遇到那些可爱的人,他们是手艺人,更是“守”艺人,而今天站在这方舞台上的我们,何尝不是在用话筒守护着心中这方艺术的舞台。未来,我也想诚邀大家一起,让我们手握话筒,守好初心,一起做一名传递时代心声的“守”艺人。

训练提示:选手杨旭来自石家庄广播电视台。他在节目中向我们展示了用一双双布满裂纹、皱褶的手织出的精致非遗土布。织娘们用双手延续着非遗土布的青春,是手艺人,更是“守”艺人。杨旭在节目中采用讲故事的方式表达,娓娓道来,声音温暖干净。虽然没有华丽的语言和夸张的铺陈,却有一种打动人心的力量。

康辉老师点评杨旭,说他把非遗的坚守和自己职业的坚守、把手艺人的“手”和我们握着话筒的“手”紧密地勾连在一起,而且突出了大赛的主题“奋斗有我,新声绽放”,整体完成度很好。康辉老师称赞杨旭的表达“朴而不拙”,有一种质朴的气质,是很自然的流露。这种“朴而不拙”的气质,会让受众感到舒适自然,更能拉近主持人与受众的距离。

中央广播电视总台2019主持人大赛选手李七月:《中国诗词大会》

“枕上诗书闲处好,门前风景雨来佳。”这里是《中国诗词大会》,大家好。

今天在我们的节目现场出现了三幅图片,其实这也代表了中国人对于三种不同事物描绘的最美的情感。“临别赠柳盼人留”,这是李白送给友人的不舍;“红豆生南国,春来发几枝”,颗颗红豆如同泣血相思泪,亦如王维笔下的“愿君多采撷,此物最相思”,其实这绝不仅仅是描绘爱情,而是很多中国人对于相爱之人的殷殷思念;“秦时明月汉时关,万里长征人未还”“月上柳梢头,人约黄昏后”“露从今夜白,月是故乡明”,头上的这一轮明月呀,被多少代人传诵,又寄托了多少中国人的情感和思念。

假如没有诗词,我们今天似乎很难找到更加优美生动的句子来描绘这三种事物。中国古诗词的力量和情感可以穿越千年而丝毫不减,这到底是为什么呢?我想所谓人生体验无非就是眼前所见和心中所想,眼前为物,心中为我。而诗词恰好就是我们的文化当中连接物我的一个最为独特的纽带。王维先生曾经说过,“一切景语皆为情语”。中国诗词既可以将我们看到的事物转化为情感,壮丽如“会当凌绝顶,一览众山小”，清幽如“采菊东篱下，悠然见南山”。当然它也可以反过来，将我们内心的情感转化为画面，激昂如“驾长车，踏破贺兰山缺”，哀怨如“无言独上西楼，月如钩”。

中国诗词就这样在千年之间记录着时光和感受，而当千年之后，物我两空之时，其实我们依然能够通过这些描绘柳树、红豆和月亮的诗词，去复原情感、产生共鸣，我想这就是中国诗词真正的魅力所在。而其实这样的感受力，早就已经藏在了我们每一个中国人的文化基因当中，《中国诗词大会》就是要让这些遗忘被唤醒、让这些唤醒被使用。今夜，让我们继续诗酒趁年华！

训练提示：在本次主持人大赛上，李七月抽到了有关《中国诗词大会》的题目。这道题既考查选手对节目的理解，还考查选手对诗词的理解，颇有难度，而李七月的表达却赢得了大家的喝彩。在短短的三分钟里，李七月台风稳健、引经据典、娓娓道来、自信满满。她将大家带入了诗歌的意境中，她的讲述生动婉转，交流感强，令观众也产生了共鸣。这些源自她过硬的文学素养和丰富的知识储备。

评委点评李七月的表现时说：“在主持诗词节目的时候，它的确需要把握一个度，既要有储备量，但又不能让人感觉你是为了背而背，不能‘掉书袋’。什么东西都要恰到好处，要自然而然。”这也提醒同学们在把握对象感的时候，要与观众真切地交流，以知识储备为积淀、为底蕴，但是不要卖弄学识。

中央广播电视总台2019主持人大赛选手薛焱丹：《城市微光》

幸福城市，由您点亮，欢迎收看《城市微光》，我是主持人薛焱丹。

今天我要介绍的这座城市，平地进去是八楼，轻轨穿楼而过，立交桥上走错一个匝道，那就是“一日游”，导航看了都发愁。没错，这就是我的家乡“3D魔幻之城”重庆！在这座城市里还有一张名片，我们都亲切地称呼他们“棒棒”。

今天为我们点亮城市微光的这位“棒棒”师傅叫作冉光辉，2010年他牵着当时只有三岁的儿子的一张照片在网络走红，成为网友心目中的硬汉：肩上扛着的是家庭，嘴上叼着的是自己，手上牵着的是未来。

冉师傅来自农村，二十多年前和妻子一起进城，为了在这里扎根，他可算得上是“拼命三郎”。每天早上五点就得出去搬货，不论严寒酷暑，他都得光着膀子干活，否则身体跟编织袋没有摩擦力会打滑，后背常常被磨得通红。搬着半人高的编织袋，每天爬坡上坎走三四千级台阶那都是常有的事，而一趟下来的报酬只有十块钱。但是这位硬汉从来没有抱怨，他说：“力气是拼出来的，我能靠自己为他们撑起一片天！”

今年8月我去探访了冉师傅，为了给孩子更好的生活环境，他用自己全部的积蓄买下了一套二手房。冉师傅一坐下来就开始给我介绍自己的新家。军超现在上初一了,他今后立志成为一名军人,不管再苦再难都要像老爸这样拼尽全力。冉师傅的微信名叫作"心想事成",他也靠自己的奋斗实现了当年的心愿。

曾经,一根简单的棒棒是融入城市的跳板。冉光辉用拼出来的力气撑起了一个家,无数像他这样的劳动者也用他们的双肩挑起了幸福的重担。"棒棒"们爬坡越坎、敢于担当、不负重托的精神已经融入了这座城市的血脉。在生活当中,谁不会遇见一些坎呢?但是压力也意味着责任,负重才能走得踏实。每天都朝着自己的梦想奋力前行,就是最大的幸福。城市微光,照亮回家的路,再会!

训练提示:关于这段主持词,康辉老师的点评是"再微小的光也是光,再平凡的人也有他们人生当中那些高光的时刻""作为媒体人,我们应该更多地让平时微弱到被很多人忽略的这些光,有空间绽放出光芒,这就是我们应该做的事情"。播音员主持人如何把握好主持节目时的对象感?就是要深入生活、深入基层,了解普通人奋斗的故事和追梦历程,以便在节目中唤起积极的交流愿望,和受众真真切切地交流起来。

匠心造国货(节选)

抖音:震哥有料

有一种创业者叫"大佬信徒",这绝非贬义,"最生活"的创始人朱志军就是一个典型。在2013年遇到雷军之前,他学习小米打造爆款产品,却两年血亏1200万,在最危险的时候偶遇雷军,一句话让他醍醐灌顶:中国没有一条卖得像五星级酒店那么好用的毛巾。他彻底理解了小米方法论——极致。对,就做毛巾,只做毛巾。

于是8个人一年卖出毛巾600万条,营收1.6亿,估值超3亿,最生活毛巾仅仅用了一年就成为网红级爆款单品,朱志军也被称为"毛巾哥"。而"毛巾哥"的核心策略只有三件事。

第一,掌握供应链。所谓的极致当然不是最贵了,毛巾的基本需求是什么?吸水、柔软、不掉毛,真材实料,并且性价比高。要做出一条好毛巾,必须找到最好的棉花。什么棉花最好啊?长绒棉。他对市面上的埃及棉、美国棉等进行了多次对比实验,发现纤维长度和马克隆值还是达不到要求,而新疆阿瓦提的长绒棉,无论从长度、强度还是成熟度来说,都是制造毛巾的上乘材料。

为了打消棉花产地对于毛巾销路的担忧,"毛巾哥"最终以预约种植的方式进行合作,一期定点种植3000亩。他对棉花原料、棉纱纺织、毛巾生产、物流运输等进行了全产业链改造，第一次改造了毛巾数十年来的传统生产工艺，使最生活成为第一个坚持只用长绒棉的毛巾品牌。2015 年 5 月最生活获得了雷军投资，2015 年 6 月获得了京东集团和小米的战略投资。

第二，打赢小米众筹第一仗。作为小米商城内唯一的毛巾品牌，最生活完全就是为小米粉丝定制的。在第一次小米众筹上，最生活就收获了惊人的业绩，10 天内售出 15 万条毛巾，众筹人数也是小米众筹产品当中的第一名。这是一个国货新品牌完全不可想象的成绩。

第三，拿下杭州峰会唯一指定毛巾品牌。一个创业一年的品牌是怎么做到的？因为朱志军要求毛巾不能上浆，也不能添加柔顺剂。他在工厂里跟有 30 多年毛巾制作经验的老师傅一起研究工序，经过三个多月的不断调整，终于在 2016 年 5 月研制出这款最生活毛巾，也让世界级大佬感受到中国毛巾有多么舒服。

最生活的成功还有一点：不忘做公益。我们都知道，任何东西都有使用期限，毛巾也一样，两三个月需要更换一次，否则毛巾会变得又脏又硬，危害皮肤健康，成为新的污染源。在很多人家里，尤其是老年人，一条毛巾都是“身兼数职”，洗脸、擦手、擦澡、擦头、擦私处，如此一来，来自身上、脸上、头发以及毛巾自带的细菌，就会布满口腔、鼻、眼睛等敏感部位。有的老年人整天眼睛红红的，对吧？去年朱志军发起了“过年送孝心毛巾”的活动，再一次引爆网络。粉丝不足 5 万的一个公众号短短几个小时的阅读量突破了“10 万+”。除了引起包括雷军在内的各行业大佬的留言声援外，许多蓝 V 也公开打 Call，既公益又暖心的举动，活该“毛巾哥”再当一次网红啊。

国货崛起源于中国品牌与消费者的共情共担，好的产品不是一厢情愿、高高在上的，而是深入人心，努力解决用户的痛点。毫无疑问，中国品牌在这点上是做得越来越好了，中国制造凭借着硬核实力开始改变我们的生活，从北斗到 5G，从高铁到空间站，从新能源到大飞机再到一条普通的毛巾，国货已然崛起，并且正在为这个时代掀起新的浪潮。当具备硬实力的新国货开始重塑我们的自信，当我们的生活变得更加美好的时候，我们应该感谢华为、吉利、最生活这样的中国品牌，感谢对创造的敬畏和坚持，让我们真正成为一线的用户，拥有一线的实力。也许我们欠国货一次喝彩，你说呢？

训练提示：在这条视频的评论区，有将近三十万点赞和过万条评论。有的留言“一个很好的广告创意”，有的留言“好的营销方案”，有的留言“广告做得不错，有想买的冲动”，说明这条视频很好地完成了营销推广的目的。

视频制作者是一位记者、主持人、配音师，这使他的表达很有吸引力，有粉丝评论“声音太好听了”，说明视频的表达质量是非常重要的。他把故事讲得引人入胜，把故事情节讲得有画面感，数字举例让人产生信任感。这种真诚的交流感让视频观看者产生为国货喝彩的冲动。

90%的孩子遇到过“隐形霸凌”,怎么办?

抖音:王小骞

没有从小建立反抗霸凌意识的孩子受到欺负之后呢,他只会默默地忍受,甚至会在心里留下巨大的阴影。为什么很多孩子长大后变得抑郁、胆小、懦弱、内向,学业和事业处处被动,甚至成为讨好型的人。本质呢就是父母没有在孩子2到8岁的时候帮助他建立自我保护和反抗霸凌的意识,所以现在我要推荐给父母和孩子这套亲子共读的绘本,它适合3到8岁的孩子。“儿童反霸凌启蒙绘本”,全新的版本,全彩8大册。

这套书最重要的就是教会孩子首先要识别霸凌并且反对霸凌,比如被乱摸啊、被抢夺啊、被嘲笑啊、被排挤等行为。第一本《我不喜欢被嘲笑》,教会孩子从容应对嘲笑,不再自卑;《我不喜欢被乱摸》,教会孩子机智地应对身体侵犯,保护好自己;《我不喜欢东西被抢夺》,教会孩子保护好自己的财物;《我不喜欢被排挤》,教会孩子不被孤立,和同学和谐相处;《我不喜欢被造谣》,教会孩子如何破除谣言,让造谣者远离自己;《我不喜欢被起绰号》,教会孩子如何对侮辱性的绰号说“不”;《我不喜欢被推搡》,说的是避免被其他孩子推搡、欺负;最后一本《我不喜欢被使唤》,教会孩子独立思考,拒绝成为弱势的那个孩子。

这是心理健康的重要一步,这套绘本精美实用,内容丰富。引导孩子识别霸凌,做到不被别人欺负也不去欺负别人,成为一个内心强大、勇敢、正直的好孩子。

训练提示:王小骞是央视原著名主持人,语言表达对象感极强,交流感非常好,值得同学们作为模板学习。

本期视频王小骞为受众推荐一套“儿童反霸凌启蒙绘本”,从开门见山地提出校园霸凌这个问题,到具体介绍每一册绘本能够解决的问题,再到最后一段结束语,整个表达都找准了交流对象,那就是急需解决这类问题的家长。语气中流露出的真诚与关切,让受众对校园霸凌问题产生重视,也对这套绘本产生进一步了解的愿望。

加拿大鹅到底贵在哪儿(节选)

抖音:铁血缝纫机

北京今天的体感温度啊是零下29度,正好,机哥新买的大鹅到了。咱们测测,1

万块的羽绒服,它到底暖不暖和。

这是收纳式弹性雪裙,高端羽绒服和滑雪服上特有的设计,防止摔倒时雪灌进衣服,平时啊还可以防风。YKK 拉链,顺滑。再看看这帽子,北美郊狼毛,手感丝滑不扎人,就是略微有些掉毛,毛峰 6 到 7 厘米长,成本估算 400 块上下。两条收紧装置,是它独有的设计,牢牢抓住你的头,风再大也不用担心掀翻你的帽子,看,像不像豌豆射手?帽兜还有一个塑形钢圈,可以随意调整开口,不挡眼。整体设计细节很到位,可以给 90 分。机哥在外面啊,溜达了 30 分钟,那是一点也不觉得冷。

咱们来拆开看看,它的用料怎么样。看一件羽绒服暖不暖和啊,先看它填的是鹅绒还是鸭绒,鹅绒好于鸭绒。这件九千九的大鹅啊,用的是含绒量 80% 的鸭绒,再看蓬松度,越高越保暖。普通羽绒服呢是 500 蓬起,顶尖的能达到 1000 蓬,大鹅 625 蓬刚过及格线。北面 3000 块的 1996 还是 700 蓬,大鹅这蓬松度啊,也就是 2000 块羽绒服的水平。填充物啊,本来是该给 60 分,但我这件 L 码的充绒量啊,高达 475 克,顶得上两件重磅羽绒服了,再加 10 分。

这件大鹅的鸭绒啊,是稍显掉价,但敢号称零下 30 度极地防寒,还和这面料有关。大鹅整身用的是 Arctic Tech 面料,表面经过特殊涂层处理,不仅防泼水,还单向透气,寒风进不来,汗气排的出。再看看抗不抗造,摩擦 5 万转,不起毛不起球,可以多穿几年,面料啊,给 90 分。

这件大鹅,在能看见的外侧,剪裁规整,但看不见的地方,比如这口袋内里啊,没有经过包边处理,也存在一些线头,考虑到这件衣服的工艺比较复杂,整体做工给 90 分。

总结一下,大鹅颜值高,设计细节很出色,面料呢也不错,做工中等偏上,但是填充物比较一般,城市通勤是完全够用了,想搞户外呢,还差点意思。如果你不差钱,注重颜值和品牌,那大鹅是很好的选择。如果你热爱户外运动,追求极致性能,那建议去看看更专业的户外品牌。

我是铁血缝纫机,下一期咱们讲讲比大鹅还贵 2000 的始祖鸟买菜款,值不值得买。

训练提示:这是一个主做男装的抖音号,视频内容多是有用、有趣的衣裤鞋包知识。本期视频制作者做了加拿大羽绒服品牌大鹅的评测。对其外观设计、充绒量、面料、做工等方面做了细致的讲解。最后的总结也是比较客观、中肯的。很多人之所以喜欢看这类评测视频,是因为可以了解到很多自己不知道的专业知识,帮助自己“避雷”。这类视频在表达的时候,一定要做到话有所依,遵循“用事实说话”的原则,使受众从中体会到真诚、客观的态度,而不是隐形的推销,引起受众反感。

本期视频的具体收看对象可以设想为一位特别想了解这么贵的大鹅羽绒服到底值不值得买的人。

凯叔讲故事:爸爸,我害怕了怎么办

阿斯特·代斯伯尔德　丘金元　译

朗读:凯叔

宝贝儿,欢迎收听凯叔讲故事,《爸爸,我害怕了怎么办》,作者是法国的阿斯特·代斯伯尔德。翻译:丘金元。

一天,爸爸和阿奇在海滩边上悠闲地散步。阿奇望着天空中的雁群,然后好奇地看着爸爸。爸爸说:“这是大雁要飞到地球的另一端。”阿奇更好奇了:“我长大以后是不是也可以像它们一样去那么远的地方呢?”

“你去的地方,可能比那里还要遥远。”爸爸说。

“嗯,起风了怎么办?”

“起风了就有风停的时候啊。”

“海浪溅到我身上怎么办?”

“海浪溅到你身上,那也只是水而已啊。”

“天黑了怎么办?”

“天黑了,离天亮也就不远了。”

“我害怕了呢,怎么办?”

“你害怕了,那就给自己加油打气。”

“我迷路了怎么办啊?”

“你要是迷路了,前面肯定还有别的路可以走。”

“我无聊了怎么办?”

“你无聊了啊,那就走近一些去观察,你会有不一样的发现。”

“雷声轰隆隆怎么办?”

“雷声轰隆隆也不会把树给连根拔起。”

“我陷入泥地怎么办?”

“要是陷入泥地,那就抬起头,看天上的星星。”

“河水流得太急怎么办?”

“河水要是流得太急,那你就跳过去。”

“我感到孤独怎么办?”

“那就睁大眼睛仔细听,你会找到自己的朋友。”

“人太多怎么办?”

“人太多的话，那你就离开人群，自己待一会儿。”

“我摔倒了怎么办？”

“那就哭出来，但是哭完之后就要变得坚强一些。”

“嗯，我还太小怎么办？”

“那你就让自己的内心再强大一些。”

“你离我太远怎么办啊？”

“如果你觉得离我很远，那是因为你没有用心去看。”

“我难过了怎么办？”

“那就走得慢一些，快乐，还会回来找你的。”

“哦，那我现在是不是就可以开始这样的长途旅行啊？”

“当然可以，但是别太着急，你有一辈子的时间呢。”

天空中的雁群飞得更远了，阿奇好像也不害怕了。你有害怕的时候吗？或许你可以跟阿奇一样，问问你的爸爸，要是害怕了怎么办？可以留言把你的办法告诉我哟。

好啦，今天的故事讲完了，下一个故事里，我们再见！

训练提示：《爸爸，我害怕了怎么办》是一位爸爸面对孩子对于未来人生的不确定所给予的鼓励和勇气。爸爸的回答温暖而有力量，让孩子的内心变得强大。你害怕了，那就给自己加油打气；你摔倒了，那就哭出来，但是要坚强些；你难过了，那就走得慢一些，快乐还会回来的。无论你走到哪里，遇到什么事情，爸爸妈妈永远在你身后，是你永远幸福的港湾和坚强的后盾。

这档少儿故事广播节目的听众是小朋友们，但是我们设想对象的时候不能太笼统，可以具体设想为一位平时有点胆小怯懦的小朋友。我们的语气一定不能呆板、平淡，要用柔和的声音，给他温暖和力量。

园园老师故事屋：了不起的爸爸

张秋生

朗读：园园老师

小朋友们你们好，欢迎来到今天的园园老师故事屋，今天园园老师给小朋友们带来的故事名字叫作《了不起的爸爸》。

小鼹鼠和小灰兔最近交上了朋友，他们常在一起玩。小鼹鼠常去小灰兔家做客。小灰兔的爸爸老灰兔，是个个子很大，脾气却很温和的爸爸，他很欢迎小鼹鼠去做客。

每次吃完饭,喝完茶,老灰兔都会很高兴地看小鼹鼠和小灰兔一起做游戏,有时他们还在一起玩“雕刻家”的游戏。他们一起在胡萝卜上刻各种花样,每次小鼹鼠都刻得最好,他用胡萝卜刻的小松鼠、鱼和各种花,都像真的一样。小灰兔舍不得把这些美丽的作品吃掉,就把它们放在书橱里,放在窗台上,老灰兔每次看见了,都会啧啧称赞说:“小鼹鼠,你的手艺真了不起!”

有一天,小灰兔和爸爸出门。小灰兔在路上看到小鼹鼠和他爸爸走在一起。第二天,当小鼹鼠上门来的时候,小灰兔说:“小鼹鼠,你爸爸的个子真小,不像我爸爸,长得又大又神气。你的爸爸是个不起眼儿的小爸爸……”

“不许这样说小鼹鼠的爸爸!”老灰兔有点生气地说,“小鼹鼠,你的爸爸真是个不起眼儿的爸爸吗?”

“不,”小鼹鼠说,“我爸爸是个了不起的爸爸。有一次,我们家的洞塌了,我爸爸一连挖了两天土,把手都挖出血了,他救了妈妈和我。”

“哦,真了不起!”老灰兔爸爸说。

“而且,”小鼹鼠继续往下说,“我爸爸种的胡萝卜也是最棒的,他每次都能收获许多很甜很嫩的胡萝卜!”

“哦,真了不起!”老灰兔爸爸说。

“而且,”小鼹鼠还往下说,“我雕刻胡萝卜的本领也是我爸爸教的,他的手艺棒极了。每当他拿起胡萝卜,你要他雕什么,他就能雕什么,每样东西都雕得像极了……”

“真的吗?哦,你爸爸真了不起,”这次,小灰兔也惊叹起来,“我真不该说你的爸爸是个不起眼儿的小爸爸,请你原谅。”

“我的爸爸是个伟大的爸爸。”小鼹鼠说。

“还等什么呢,”老灰兔爸爸说,“请你的爸爸到我们家来做客吧,我们欢迎他,还要看他了不起的雕刻手艺呢!”

“我这就去请我爸爸来。”小鼹鼠笑着出了门。

小朋友们,小鼹鼠的爸爸是个非常了不起的爸爸,那你们的爸爸是什么样的爸爸呢?你们的爸爸都会做哪些事情呢?快来告诉园园老师吧。

训练提示:小灰兔的爸爸善待小灰兔的朋友,热情地欢迎小鼹鼠到家里做客,他花时间陪伴孩子,懂得赞赏孩子的表现,小孩犯错了,也及时提醒他改过,尽到了教育孩子的责任,是个好的爸爸。小鼹鼠的爸爸虽然个头小,但身上有很多优点,也是个好爸爸。《了不起的爸爸》以简单有趣的故事情节,传达出温暖的情意。

播读的时候,设想具体对象是一位像小灰兔一样,暂时还不知道要尊重对方父母、尊重对方自尊心的小朋友。要循循善诱、有感情地播读,借故事给孩子一些启发与影响。

第五单元　停　连

教学目的:引导学生了解停连对有声语言表达的重要性;通过对停连概念、种类、处理方式的讲解,使学生能够在播读中得心应手地运用停连。

教学要求:要求学生在理解、感受的基础上确定语句的停连位置,敢于打破标点符号的限制,解决"该停不敢停"和"该连连不上"的问题。

重点难点:停连的十种类型,停连的处理方式。

课时安排:大课 2 课时,小课 4 课时。

第一部分　理论概述

一、停连的概念

在有声语言的表达过程中,声音中断、停止的地方就是停顿;不中断、不停止的地方,特别是文字稿件中有标点符号而不休止、不中断的地方,就是连接。

停顿和连接都是有声语言行进中显示语意、抒发感情的方法。

停连是一种生理需要,而更多的是一种心理需要。思想感情的运动需要在哪里停顿,就要在哪里停顿,需要停顿多长时间,就要停顿多长时间,需要在哪里连接,就要在哪里连接。只有这样,停连才能发挥表达思想感情的作用,达到吸引人、感动人的目的。所以,在有声语言表达的过程中,停连应该服从思想感情运动的需要。在停连的运用上,生理需要必须服从心理需要,不可因停害意、因停断情。

二、停连的运用

(一)标点符号是参考

标点符号只显示文字语言的停连关系,感情的停顿和连接才是有声语言的“标点符号”。我们必须强调,要敢于打破标点符号的限制,掌握有声语言自己的“标点符号”——停连。

(二)语法关系是基础

稿件的语句关系、词或词组的关系,离开语法是不可能存在的。语法是我们进行有声语言创作的基础。我们对文字稿件的理解感受及有声语言的表达,都必须通过符合语法规范的词句才能变成现实。

(三)情感表达是根本

究竟在哪里停顿,在哪里连接,还是要根据稿件内容和情感表达,联系稿件的上下文来决定。按文意、合文气、顺文势,是我们运用停连的原则。

三、停连的分类

(一)区分性停连

区分性停连就是通过停连的安排,区分语言序列的各个成分,表达出清晰的语意。

(二)呼应性停连

呼应性停连是在有呼有应的句子里体现呼应关系的停连。要理清句子成分中哪个是呼,哪个是应,是一呼一应,还是一呼几应。

(三)并列性停连

并列性停连是指在稿件中属于同等位置、同等关系、同等样式的词语之间的停顿及各成分内部的连接。各并列关系之间的停顿,要求位置类似、时间类似,以显示并列关系,而它们各自内部的连接较紧,有时有些小停顿,时间也不可长。

(四)分合性停连

在并列关系之前,往往有领属性词语;在并列关系之后,往往有总括性词语。在领属性词语之后或总括性词语之前，都有停顿，比并列关系之间的停顿要长。这样就形成了合—分—合的分合关系。分合性停连包括先分后合、先合后分两种情况。先合后分再合是这两种情况的结合。

(五)强调性停连

在句子之间、词组或词之间，为了强调某个句子、词组或词，就在前边或后边，甚至前后同时停顿，使要强调的词句凸显出来。在其他不强调的词句中，有停顿也相对缩短一些时间，这就是强调性停连。

(六)判断性停连

既然是判断性停连，就应该有思维过程，在思维过程中的感受就应该明显。因此，当稿件中有判断过程出现的时候，就应在判断、思索的地方使用判断性停连，以表达出判断的思维过程。

(七)转换性停连

有声语言由一个意思变成另一个意思，一种感情变成另一种感情，这中间应该有相应的停顿，显示转换的环节。为了表现语意、文势、感情，就要运用转换性停连。

(八)生理性停连

在某些稿件中，由于人物生理上的异态，产生语流不畅、断断续续的情况，在播讲时就要运用生理性停连，给以必要的象征性的表现。请注意，抓住一两处富有特征的词或词组稍加停顿，给受众造成某种生理变化的感觉就可以了，不必自始至终、字字句句地模拟那种声音状态。

(九)回味性停连

有的词、句、段播完之后要给受众留下想象、回味的时间，使用的停连就是回味性停连。既然是回味，就不能一播而过，而要加深受众印象，一般在稿件中需要展开想象、引人深思的地方运用。运用这种停连时，停的时间要给足。

(十)灵活性停连

灵活性停连是针对生搬硬套地运用停连而言的。因为每个人的文化修养不同、声音条件不同，表达方式不可能完全一样，更何况多种技巧之间又是相互渗透、相互交叉的。因此，只要在内容允许的情况下，又符合思想感情运动的需要，你就可以灵活运用停连,这就是灵活性停连。

四、停连的处理方式

(一)停顿方式

1.落停缓收

落停缓收是在一句话、一个层次或一篇文章结束时使用的。内容到此处需收住,声音也要处于落式放下来,然后缓缓收住,气息正好在落时用完。全篇稿件的结尾,停的时间稍长。如果在稿件当中使用落停,那么落停后接下句时,要重新换气。落停往往用于较平稳、松弛的内容,这种情况下的落停一般是缓缓收住的。

2.扬停强收

扬停强收的停顿方法声音大,气息支撑较有力,唇舌的力度也较强,一般在表达雄壮、自豪、坚定的感情时使用。如果在稿件中运用扬停强收,停顿后接下一句时,一般就要放下来缓起了。

(二)连接方式

1.直连(停后紧连)

直连一般用于有标点符号而内容联系比较紧密的地方,它的特点是顺势连带,不露接点。有时甚至不用换气,只用胸中的余气就可以了。一般是紧连快带,但在紧连的前后用慢来显示,慢中有快。

2.曲连(停而徐连)

曲连给人一种似停非停之感,常用“顿挫”来形容。这种顿挫以连接为主,因为顿挫有时不需要喘气或深呼吸,是声挫气连,一般用于较舒缓的内容,适合一句话或一段当中的连接。这种方式也常用于没有标点符号而内容又需要有所区分的地方,它的特点是声断意连,环环向前。

(三)停连符号

▲挫号,停顿的时间较短,用于没有标点符号的地方。

∧停顿号,停顿的时间稍长,用于句子或小层次之后。

︽间歇号,停顿时间更长,一般用于层次、段落之间。

︶连接号,用于有标点而需要连接的地方。

训练建议：

(1)训练过程要循序渐进，引导学生从不同停连类型的例句、不同停连处理方式的例句练起，以加深对理论知识的理解。

(2)训练内容中准备了不同体裁的稿件，既可以使训练循序展开，又有利于教师根据学生的不同水平因材施教。

(3)特别要强调在正确理解和感受的基础上确定停连的位置、表现方式、时间长短，防止学生出现无目的的停连。

(4)指导学生敢于打破标点符号的限制。

参考文献：

(1)张颂主编：《中国播音学》(修订版)，第二十九章《停连》，北京广播学院出版社 2003 年版。

(2)付程主编：《实用播音教程》(第二册)，第五单元《停连　重音》，北京广播学院出版社 2002 年版。

(3)张颂著：《播音创作基础》，第五章《思想感情的表达方法》第一节《停连》，北京广播学院出版社 1990 年版。

第二部分　示例分析

一、不同停连类型例句

(一)区分性停连

(1)会议经过表决，决定将《关于最高人民法院工作报告的决议(草案)》▲和《关于最高人民检察院工作报告的决议(草案)》▲提请各代表团审议。

(2)参加全国精神文明建设工作表彰▲暨学雷锋志愿服务大会的代表和各界群众认为，总书记关于▲精神文明建设要站在时代前沿，不断改革创新、注重实效的讲话▲意义重大。

(3)除了加大监督、加强审核，想要有效净化网络微短剧行业生态，需要制作方端正创作态度，也亟待更多专业影视机构、媒体和创作者加入，带来优质内容，用品质提升口碑。

(4)在9日于杭州举行的城镇和风景区水环境治理国际研讨会上,建设部副部长在主题报告中对当前存在的破坏风景区和城镇水环境的行为提出严厉批评。

(5)《国际先驱导报》8月17日刊发一篇题为《中国反腐遭遇尴尬:境内腐败频繁事发“西”窗》的文章,援引有关人士对近期披露的跨国公司行贿中国官员事件的评论,分析了“洋贿赂”使中国反腐遭遇尴尬的原因。

(6)《上海市人民代表大会常务委员会关于修改〈上海市非机动车安全管理条例〉的决定》已由上海市第十六届人民代表大会常务委员会第十三次会议于2024年5月10日表决通过,将自2024年6月1日起施行。

(7)世界气象组织说,这是由太阳日冕物质抛射引起的极强磁暴所致。这种太阳活动通常会有规律地发生,11年为一个周期,与太阳磁场极性每11年逆转一次有关。

(8)一艘中国籍渔船昨天上午在韩国马罗岛以南175公里海域与一艘1.6万吨级韩国散装货轮相撞后沉没。

(9)深入学习贯彻习近平总书记关于加强党的纪律教育的重要论述,推动党纪学习教育入脑入心走深走实。

(10)中共中央总书记、国家主席、中央军委主席习近平近日对政法工作作出重要指示指出,党的二十大以来,政法战线深入学习贯彻新时代中国特色社会主义思想,围绕新时代新征程党的中心任务,落实党中央决策部署,各项工作抓得紧、抓得实,取得了新的成效。

(二)呼应性停连

(1)这些受表彰的妇女先进典型在岗位上▲勇于担当、创先争优,在家庭中▲孔扬美德、树立良好家风,为我国亿万妇女树立了楷模和榜样。

(2)她用行动诠释了▲什么叫作“老而弥坚”,什么叫作“战斗到底”,什么叫作“坚持就是胜利”。

(3)在这叫喊声里,乌云听出了愤怒的力量、热情的火焰和胜利的信心。

(4)这本诗集收录了数十首诗歌,分为“哀痛:生死不离”“挺住:有爱相伴”和“感动:有一个强大的祖国”三部分。

(5)新学期,本市初中、小学有望全面实施学生免交杂费、书本费等费用,家庭经济困难的寄宿学生发放生活补助的“两免一补”政策。

(6)教育专家建议在重构我国公共教育财政体制的过程中,基础教育阶段的公立学校实行收支两条线的财务制度。

(7)父母们更是从这次活动中发现了孩子并不是所谓的“小皇帝”“娇娇女”,他们具备肯动脑、积极主动、灵活应变等可贵品质。

(8)昨天下午,习近平总书记亲切接见了全国精神文明建设工作表彰暨学雷锋志愿服务大会的与会代表,并发表重要讲话。与会代表和各界群众反响强烈。

(9)《侵害消费者权益行为处罚办法》还规定,工商部门行政处罚信息要记入经营者的信用档案,并通过企业信用信息公示系统等及时向社会公布。

(10)展览以“我们的时代”为主题,旨在提倡画家要以现代人的眼睛去观察身边五彩缤纷的生活,去反观民族波澜壮阔的历史,去关注当今世界人类共同关心的问题。

(三)并列性停连

(1)北京历史悠久,六朝古都,可说的事多了:香山的红叶,北海的荷花,∧曲折幽深的小胡同,温馨亲切的四合院,∧紫禁城中的暮色,昆明湖上的朝霞,∧六必居的酱咸菜,穆家寨的炒疙瘩,∧是数不胜数,说不胜说。

(2)韩方认为这是对独岛主权的侵害,当即采取了▲外交抗议、∧要求删除相关内容、临时召回驻日大使、∧追加独岛开发与管理经费、在独岛增设中央政府派出机构等措施。

(3)什么叫感天动地,什么叫感人肺腑,什么叫民族精神,面对即将坍塌的废墟,这位战士用他最真挚、最纯朴、最无私的行为完美地诠释了这一切。

(4)在悠远的汽笛声中垂首默立,任五月的雨水和泪水交汇。这是挥别的一刻:向母亲、父亲、儿子、女儿、妻子、丈夫、恋人、老师、学生、朋友、同事、邻居……向5月12日14时28分前的平淡、忙碌、盼望、失望、忧愁、欢喜……那些习焉不察的温馨日子告别。

(5)国铁集团持续开展中欧班列西安、重庆、义乌至格鲁吉亚波季、土耳其伊斯坦布尔南通道运输测试,成功开行新疆维吾尔自治区乌鲁木齐至意大利萨莱诺跨里海、黑海中欧班列,中欧班列南通道运输组织日益成熟。

(6)北京、辽宁、上海、江苏、浙江、江西、湖北、湖南等地结合本地酒后驾驶违法行为的规律特点,集中警力加大对饭店、餐馆、酒吧、娱乐场所等重点路段的管控力度。

(7)亲情是什么?亲情是母亲手中翻飞的针线,是父亲手中驱蚊的芭蕉扇,是亲人的一句平淡的问话……

(8)甲型 H1N1 流感的早期症状与普通流感相似,包括发热、咳嗽、喉痛、头痛、发冷和疲劳等,有时还会出现腹泻、呕吐、肌肉痛、疲倦、眼睛发红等症状。

(9)这是首次由中国、俄罗斯、哈萨克斯坦、吉尔吉斯斯坦、塔吉克斯坦、乌兹别克斯坦等 6 个上海合作组织成员国全体参加的多边联合反恐军演。

(10)中方还将邀请第二次世界大战主要参战国、亚洲国家和其他地区国家领导人、联合国等国际组织负责人、为中国抗战胜利作出贡献的国际友人或其遗属出席纪念活动。

(四)分合性停连

(1)不能▲完成计划与不完成计划▲一个样。

(2)在实现现代化的过程中,∧既要创造新文化,又要保护历史文化,∧二者是相互融合、相互促进的。

(3)让我们为后人多留一些遗产,少留一些遗憾,莫使文明的传承在我们手中断裂。

(4)在同一个生态系统中,任何人、任何地区、任何国家,都不能独善其身。

(5)对我而言,增添快乐还是减少遗憾,我已不知选择哪种更好。

(6)在奋斗的过程中,不管是成功的喜悦,还是失败的苦痛,都是一种历练和收获。

(7)在发展中,既要有宏观的计划,又要有微观的关注,只有二者结合起来,才能起到促进作用。

(8)让我们在生活中多一些宽容,少一些指责,开心快乐地度过每一天。

(9)对巴金,人们认为他是一个正直的理想主义者、一个善良的人道主义者,他具有我们这片土地历来稀缺的"求真意志"与"忏悔意识"。

(10)当翟志刚在太空挥动手中的五星红旗时,神州大地处处都是热烈的掌声和欢呼声,人们在为祖国的科技发展而自豪。

(五)强调性停连

(1)凝聚在爱国主义的旗帜下,∧"00 后"∧是中国充满希望的一代。

(2)胜利∧——不惜一切代价也要赢得胜利!

(3)人们将记住这个名字——华益慰。

(4)她用尽最后一口气,给这个世界留下两个字:"谢谢。"

(5)无论肤色,无论种族,无论国籍,无论语言,微笑就是我们最好的表达。

(6)人生代代无穷已,父亲走了,儿子又跟上了。

(7)据天文专家介绍,金星是距离地球最近、光度最亮的行星,我国古代称它为"太白"。当它早晨出现时,人们称它为"启明星";当它黄昏出现时,人们称它为"长庚星"。

(8)马怡少年时代的梦想是——"考大学",她曾以优异的成绩考入当地重点中学,却又因体弱多病,被迫休学。

(9)昨天上午,随着一艘帆船缓缓漂入日照港,山东人翟墨驾驶"日照号"无动力帆船,靠泊了出发地——山东日照码头,中国人首次完成了无动力帆船的环球航海。

(10)信念,就是一堆干柴所面对的那一星火种,就是一粒种子所仰视的那一滴露珠。

(六)判断性停连

(1)他听到瓦砾下传来微弱的声音,∧"还有人活着!"他急忙奔了过去。

(2)他看到远处的河面上好像有个人影,∧"有人落水了!"他边脱衣服边急速奔向岸边。

(3)屋瓦上响起了"哗哗哗"的声音,击打在人的心上。"是暴雨?"这声音比暴雨更响,更加嘈杂,更加猛烈。

(4)医生打开包扎的围巾一看,深深的伤口中,破碎的颅骨隐约可见。

(5)此时他感觉有人在动他的皮包,但是他没有立即作出反应,他要等人赃俱获的那一刻。

(6)他走着走着,突然听到有人喊"救命",他迅速朝声音传来的方向跑去。

(7)突然,一个弱小的声音从泥石流下面的废墟中传了出来"水……"这个弱小的声音令营救人员兴奋地呼喊起来。

(8)没想到老王竟是这样的人,他若有所思地点点头。

(9)"砰"的一声,班长一脚踢开炊事班的门,炊事班战士看到这个情景,先是一愣,接着上前询问。

(10)突然,他的身子猛地往下一沉:"小鬼,快离开我!"

(七)转换性停连

(1)"三好学生"评选在树立榜样、奖励先进方面发挥过积极作用,∧但是到了今天,评选"三好学生"的弊端逐渐显现。

(2)瓜农们饿了啃干馒头,渴了喝点儿凉开水,非常辛苦。∧但有一些人买瓜时少给钱,更有甚者趁人不备,拿了瓜就走,表现令人不齿。

(3)每个人都会有属于自己生命的最高点,或是事业上功成名就,或是感情上美满幸福,但你想过没有,每个人都注定要从这一点降落。

(4)近年来,河北经济高速增长,百姓生活日益富裕,但与之相伴的是高投入、高能耗、低效益,远远超出了资源、环境的承载能力。

(5)战斗打得多么激烈！敌人是多么疯狂！但我们的水兵又是多么顽强！

(6)省有省界,国有国界,但沙尘不长眼睛,不选地方。

(7)每当我坐车路过那里,都渴望能够再次见到她们,然而我始终未能如愿。

(8)他们面面相觑,对这突如其来的陌生人毫无思想准备,但是,立刻又好像明白了什么,面对来人摆开阵势。

(9)集邮是郑培民唯一的爱好,但就是这个爱好他也绝对保密,生怕有人投其所好。

(10)经过近半个世纪的发展,酒泉卫星发射中心的工作生活条件有了较大改善,但戈壁沙漠的大环境决定了这里始终难以脱离艰苦。

(八)生理性停连

(1)“谢谢……你,∧我……终于……能▲……放心地……走了。”她美丽的眼睛慢慢闭上了。

(2)她支支吾吾地说:“我……▲我……想这是……▲这是……我临产了……”∧于是她开始以一种可怕的方式喊叫起来。

(3)也许是他的话给我带来了勇气,我用颤抖的手接过麦克风,结结巴巴地说:“这……这是我……我应该……做的……”我紧张极了,下面也不知说了些什么,只觉得心情激动得像波浪一样连绵起伏。

(4)奶奶哭了,嘴略略地抖了几下,艰难地说:“亚亚,你要……你要……好好学习……要听……爸爸妈妈的话呀……”我使劲点着头。

(5)卢书记像费了好大力气似的站了起来,他沉重地说:“志兰同志……告诉你个……不幸的消息,永清同志……他为了保卫咱们新中国,他……他在前线光荣牺牲了!”卢书记刚说完,志兰的脸忽然像纸一样惨白。

(6)在处理一起突发案件时,走在最前面的海子受了重伤。在送医院急救的路上,海子拉着同事的手说:“我想回家……看看我娘……我三个多月没回家看我娘……我三个多月没回家看我娘了……”说完,就真的不行了。

(7)“我,我……”她一边抽搭着一边说,“我好险……没见了阎王爷,捡条命回来……见你,可你,你……你……”她放声哭了起来。

(8)一看到救援人员,他用尽最后的气力说道:“快……快点……救我的女儿,我已经……撑了两天,我……撑不下去了……”

(9)我的眼睛睁大了:“你同谁约会?”“同……同……妈妈。”我更惊讶了:“你妈妈让你来的?”“上个星期天,妈妈……说今天……到这儿来给我……送裤子。”他用手抠抠破了的裤子。“爸爸……不知道。他不让妈妈……来……看我。”他的小嘴哆嗦着,眼里流出两滴泪。

(10)娘摇摇头说“我……不想说什么了……”说完这句话,就又合上了眼睛,说:“我……想说……珍儿,我……我……不行了……”她把最后一个字拉得老长,只剩一丝丝凉气,没有声音了,喘了一口气,才说完一句话。说这话,瘦细的脖颈,像是移栽在地上的瓜藤,缺少了水露,一见日头,就蔫下来,慢慢垂在枕头底下。

(九)回味性停连

(1)“等我治好了病,就回家伺候你,医院里有孩子们,你就放心回吧……”∧所有在场的人都为之动容,我早已泣不成声。

(2)母亲喜欢花,可自从我的腿瘫痪后,她侍弄的那些花▲都死了。

(3)“不是老婆子卖瓜自卖自夸,四个孩子都是我的金疙瘩……”原来,她不仅仅只欣赏我一个,我们兄妹四人都是在她赏识的目光里长出了飞翔的翅膀。

(4)那一刻,我才真正地明白有一种疼痛叫失去,没有一种疼痛比这种痛更痛。那个最疼爱我、最欣赏我的人永远地去了。

(5)爸爸,我想努力去适应没有你的日子,可一想起小时候的美好时光,我就更加想念爸爸:你开车带我兜风、让我骑在肩膀上一起往前冲、逢人就炫耀“这是我女儿”……去小岗后,这样的时光再也没有了。

(6)虽然许多年过去了,可是父亲那天送我到站台的一幕却就像发生在昨天。

(7)途中,我由于身体不适掉了队,可就在这个时候,就在这个时候,我听到远处响起了密集的枪声。我绝望地闭上了眼睛……

(8)月光下,她的眼眸如星辰般璀璨,那一刻,我仿佛看到了永恒。

(9)孩子被救出来了,现场却没有欢呼声,有的只是一片沉寂,每个人的脸上涕泪横流……

(10)整个兵站的人都被惊呆了,大家围着这辆汽车,脱帽默默肃立着。贺嫂抱着小茶花坐在驾驶室里一动也不动。

(十)灵活性停连

(1)《红楼梦》▲110 万字,《三国演义》72 万字,《战争与和平》139 万字,《约翰·克利斯朵夫》▲109 万字,都很长。

(2)也许▲我们的心事,总是没有读者;也许路开始已错,结果▲还是错。

(3)预计,今天中午到明天中午,受蒙古气旋和东移冷空气的影响,渤海、黄海、东海北部海域将有 6~8 级、阵风 9 级的西北或西南风;东海南部海域将有 6~7 级的西北或西南风;日本海将有 7~9 级、阵风 10 级的大风;日本以东和以南洋面将有 6~8 级、阵风 9~10 级的偏西或偏南风。

(4)光穿越时间,光驱动时间,光定义时间。

(5)报我以平坦吗?我是一条欢乐奔流的小河;报我以崎岖吗?我是一座大山庄严地思索;报我以幸福吗?我是一只凌空飞翔的燕子;报我以不幸吗?我是一根劲竹经得起千击万磨。

(6)高铁能否带宠物上车,目前网络上支持者有之,反对者有之,持中间态度的亦有之。但不论最终结果如何,这种讨论都是有价值的。

(7)只有心灵充盈着诗情,才能处处感受生活中的诗意;只有具备细腻的感受能力,才能在别人觉得乏味的地方发现诗趣。

(8)世界要是没有光,我们就看不见奔腾不息的江河,看不见连绵千里的雪山,看不见蔚蓝深邃的大海。

(9)在暴风面前,飞鸟可以避开;在洪水面前,走兽可以避开;在强大的邪恶面前,人不可以避开!

(10)让我看看亲人、朋友,看看星星、月亮、太阳,看看旷野、草原、海洋,看看美丽的画、欢快的舞蹈,看看鲜艳的五星红旗在蔚蓝色的空中飘扬……

二、不同停连处理方式例句

(一)停顿方式

1.落停缓收

(1)春天的脚步近了。

(2)一直到很远了,我还可以听见木鱼声从黑夜的空中穿过,温暖着未眠者的心灵。

(3)叶子底下是脉脉的流水,遮住了,不能见一些颜色,而叶子却更见风致了。

(4)那么到下个世纪的时候,我们就可以对这张地图说再见了。

(5)我无法不为这个故事而感动,也无法不为那样鲜为人知的动物的母爱而落泪。

(6)北风起了,天气凉了,秋天来了。

(7)没有人在意那些滚动的树叶,犹如没有人在意一颗流浪的心匆匆而来,又匆匆而去。

(8)他走了,我的眼睛噙满泪水,这世间,没有比这父子情更深的了。

(9)新鲜的微风吹动我的衣袂,像爱人的鼻息吹着我的手一样。我立在一条白矾石的甬道上,经了那细雨,正如涂了一层薄薄的乳油,踏着只觉越发滑腻可爱了。

(10)就这么静静地想你,在这个平淡的夜晚。因为想起了你,这个夜晚变得美丽而忧郁。我想你,想为你点亮一盏橘色的灯,静静守候着你从远方归来,想为你递上一杯温热的香茗,缓缓驱散你脸上的倦容,想用我温柔纤细的手指,轻轻抚平你眼角的皱纹,想用我轻柔温情的呢喃,抚慰你不安的心灵……

2.扬停强收

(1)前进的号角已吹响。青年,让我们的青春为祖国而飞扬!

(2)一代天骄,成吉思汗,只识弯弓射大雕。俱往矣,数风流人物,还看今朝!

(3)我们的信念如同磐石般坚定,我们的意志如同钢铁般坚韧,我们将用勇气和智慧书写属于自己的传奇!

(4)尽管开枪吧,开枪啊!你们唯一的"贡献"是在灭绝动物的名单上又添了一笔,把人类毁灭的日期又提前了一天。

(5)三十年披荆斩棘、突破重围,三十年历经风雨、缔造辉煌。三十年翻天覆地的经济发展和社会进步必将托举起中华民族现代化的百年梦想!

(6)人民大会堂外,阳光普照。凝聚着14亿人勇气和智慧的中华民族,从新的起点,起航!

(7)听啊:珠江在怒吼!扬子江在怒吼!啊!黄河!掀起你的怒涛,发出你的狂叫,向着全中国被压迫的人民,向着全世界被压迫的人民,发出你战斗的警号吧!

(8)他的眼中燃烧着熊熊烈火,紧握的拳头仿佛能捏碎一切阻碍,他发誓要让全世界听到他的声音!

(9)长风破浪会有时,直挂云帆济沧海。

(10)这就是醒过来的中华民族。在先后与22个国家签订745个不平等条约,在被外来势力恣意侵略和奴役之后,这条巨龙终于猛醒,在东方的地平线上昂然奋起!

(二)连接方式

1.直连(停后紧连)

(1)在逃去如飞的日子里,在千门万户的世界里的我能做些什么呢?只有徘徊罢了,只有匆匆罢了;在八千多日的匆匆里,除徘徊外,又剩些什么呢?

(2)看吧,它飞舞着,像个精灵,——高傲的、黑色的暴风雨的精灵!

(3)无知的人类啊,你们究竟还要愚昧到几时啊! 你们毁灭了我们,其实正是在毁灭自己。你们今天践踏在我们的尸体上,可总有一天,你们的尸体将会被自己践踏。

(4)有了这个信念,我们将能一起工作,一起祈祷,一起斗争,一起坐牢,一起维护自由;因为我们知道,终有一天,我们是会自由的。

(5)终于,炸雷般的喊声从麦克风里传出:“我的大炮就要万炮轰鸣,我的装甲车就要隆隆开进! 我的千军万马就要去杀敌! 就要去拼! 就要去流血!”

(6)这是一群同样让人难忘的身影。废墟上、瓦砾间,救援的现场、低矮的帐篷……一批批中国记者冲到了救援第一线,用笔和镜头传递信息、记录历史、呼唤爱心、播撒希望。

(7)然而刹那间,要是你猛抬眼看见前面远远地有一排,——不,或者甚至只是三五株,一两株,傲然地耸立,像哨兵似的树木的话,那你的恹恹欲睡的情绪又将如何?

(8)鼓点更急了,鼓声更响了,青年汉子们双腿蹬地,两臂高扬,呈个“大”字,要腾空跃起,要飞,要冲上云霄。

(9)刚从废墟里带出一个孩子的战士突然跪下来,对拖着他的人放声大哭:“你们让我再去救一个,求求你们让我再去救一个! 我还能再救一个!”

(10)这不同于任何一场文艺晚会,没有了角色,没有了主次,没有了名利,没有了先后,所有参加者只有一个心愿:为灾区人民加油打气,为受难同胞奉献爱心。

2.曲连(停而徐连)

(1)曲曲折折的荷塘上面,弥望的是田田的叶子。叶子出水很高,像亭亭的舞女的裙。层层的叶子中间,零星地点缀着些白花,有袅娜地开着的,有羞涩地打着朵儿的;正如一粒粒的明珠,又如碧天里的星星,又如刚出浴的美人。

(2)他兴致勃勃地同正在田间劳作的几位村民聊起农事,问亩产,问销售价格,问农技推广和粮食直补政策落实的情况。

(3)葡萄沟内栽种的无核白、马奶子、白加干、红玫瑰等近百种葡萄,除了鲜食,还晾晒成许多种葡萄干,俨然是一座天然的葡萄博物馆。

(4)西塘河流纵横,绿波荡漾。早晨,小桥流水,薄雾似纱;黄昏,夕阳斜照,渔舟唱晚,是典型的江南水乡的写照。

(5)他如数家珍地向我们介绍了附近哪个厂生产什么产品,价格多少,哪个企业今年发展最快,支书姓什么,厂长有什么脾气。

(6)这些鸟儿不停地扇动着轻巧的羽翼,一会儿,如一缕青烟,一会儿,又恰似一阵微风,划破空旷的天际,拂过宁静的湖面,构成了一幅和谐、安逸的图景。

(7)在长海边上,导游指着那明净的水面说:“看,透明得多像一面镜子!绿得仿佛平铺着的绿宝石,晃动着天上飘浮的白云,荡漾着山间茂盛的树林,挟着林间悦耳的鸟鸣,倒映着雄鹰飞翔的英姿,这一切都承载着藏民神圣的祝福。”

(8)著名的有木格错、伍须海、人中海、巴旺海等,或在冰川脚下,或为森林环抱,水色清澈透明,保持着原始、秀丽的自然风貌,仿若“瑶池仙境”。

(9)春天所到之处,冰雪融化了,树木抽芽了,鲜花开放了,冬眠的动物睁开惺松睡眼醒过来了。

(10)每一个走近青藏高原的人,都有一种走近神秘的心理。亘古不化的雪山、溪流遍布的草原、荒寂孤独的无人区,让我们这些留恋风景的人看到了自然的神奇,看到了造物者的鬼斧神工。

第三部分　训练材料

一、新闻类稿件

这一部分包括简讯、消息和一期《新闻联播》。训练可以由简讯练起,再进入消息的练习。《新闻联播》内容可视自己的不同情况选择练习,或者在最后的综合训练时使用。

新闻播音在语言上讲究的是朴实、明快、清晰、流畅。处理新闻类稿件时,我们对于停连的总体要求是:多连少停。具体来说,在正确理解新闻内容的前提下,运用停连技巧达到语意清晰、准确的目的;熟练运用停连表达方式,组织好句子,使内容完整连贯。只有这样才能表现出新闻播读节奏明快的特点。当然,“多连少停”只是一个大致要求,具体处理时,还要根据新闻稿件类型和内容加以灵活运用。

新闻稿件朴实的特点,决定了播读时极少出现像文学作品那样大停大连的处理,我们在停连时要注意。

(一)简讯

1.国内联播快讯

《重点生态保护修复治理资金管理办法》修订印发

财政部日前修订印发《重点生态保护修复治理资金管理办法》,资金主要用于开展山水林田湖草沙一体化保护和修复、历史遗留废弃工矿土地整治等生态保护修复工作。财政部会同自然资源部等部门,公开择优确定支持项目,根据项目投资额分档进行奖补。新办法从发布之日起施行,实施期限到2028年底。

214个城市已建立房地产融资协调机制

记者从住房城乡建设部了解到,截至2月20日,全国已有29个省份214个城市建立房地产融资协调机制,涉及可以给予融资支持的房地产项目共5349个。其中,57个城市162个项目已获得银行融资共294.3亿元。

铁路货运95306平台物流金融版块上线运行

今天,铁路货运95306平台物流金融版块上线运行,客户可在线办理"铁路运费贷""信用证结算""铁路单证融资"等业务。

横琴"二线"通道开展全流程综合压力测试

为保障横琴粤澳深度合作区3月1日封关运行,今天,横琴粤澳深度合作区"二线"通道全流程综合压力测试工作正式启动,海关持续测试通道信息化系统,验证部门协同联动等功能。目前,各通道设施设备及系统运行正常。

京津冀联手打造跨省域产教融合共同体

今天,京津冀协同发展人工智能助力人才培养先行先试改革示范园区在河北固安成立。园区面向新一代信息技术等五大新兴产业,创新建设培养高素质技术技能人才体系。目前，园区已与北京理工大学等 7 所高校合作，开设人工智能等 13 个本科专业。

黑龙江 125 个投资项目今天集中签约

今天，黑龙江省投资项目签约仪式在亚布力举行，聚焦数字经济、冰雪经济、新能源、高端装备、航空航天等重点领域，共计签约项目 125 个，总签约额超 940 亿元。

广州 2024 年一季度重大项目正式动工

日前，广州 2024 年一季度重大项目正式动工，包括产业建设、基础设施、社会民生、城市更新等共有 319 项，总投资超 3200 亿元。

义乌国际商贸城龙年开市 客流超 22 万人次

今天，全球最大的小商品集散中心——义乌国际商贸城开市，约 7.5 万家商户开门迎客。开市首日，义乌国际商贸城接待客流 22.8 万人次。

海军第 46 批护航编队起航奔赴亚丁湾

今天，海军第 46 批护航编队从广东湛江某军港解缆起航，奔赴亚丁湾、索马里海域执行护航任务。第 46 批护航编队由导弹驱逐舰焦作舰、导弹护卫舰许昌舰、综合补给舰洪湖舰组成，搭载 2 架舰载直升机和数十名特战队员，任务官兵共 700 余人。

（2024 年 2 月 21 日《新闻联播》）

2.国际联播快讯

世界经济论坛发布《2024 全球风险报告》

世界经济论坛 10 日发布《2024 全球风险报告》，将错误信息和虚假信息列为未来两年最严重的全球风险。报告认为，大规模人工智能模型的不当使用是当前伪造和合成信息激增的主要因素之一。对此，多国政府已开始采取推出新法规等措施予以应对。此外，极端天气被列为未来10年最严重全球风险。

美冬季风暴致6人死亡 超60万户停电

据美国媒体10日报道,美国自9日以来遭遇大范围冬季风暴天气,多地出现雨雪大风以及龙卷风等恶劣天气,已导致至少6人死亡,超过60万用户断电,大量航班延误或取消。康涅狄格州诺威奇10日针对部分沿海地区发布了强制疏散令。美国媒体称,预计美国从12日开始还将遭遇新一轮冬季风暴袭击。

德国火车司机举行罢工

由于劳资谈判破裂,德国火车司机10日举行罢工。德国铁路公司发言人当天称,罢工给德国火车服务造成巨大影响,德国铁路公司只有约20%的长途高速列车在运行,区域列车服务也大幅减少。根据德国火车司机工会的消息,此次罢工将一直持续到当地时间12日晚。

(2024年1月11日《新闻联播》)

(二)消息

《携手构建人类命运共同体:中国的倡议与行动》白皮书发布

国务院新闻办公室今天发布《携手构建人类命运共同体:中国的倡议与行动》白皮书,并举行新闻发布会介绍和解读白皮书。

《携手构建人类命运共同体:中国的倡议与行动》白皮书是一部系统阐述构建人类命运共同体理念思想内涵和生动实践的重要文献,是深入贯彻习近平新时代中国特色社会主义思想和习近平外交思想的重要举措。

白皮书全面介绍了构建人类命运共同体理念的时代背景、丰富内涵、实现路径和世界意义,展现中国积极推动构建人类命运共同体的行动和贡献,呼吁各国弘扬全人类共同价值,携手构建人类命运共同体,建设更加美好的世界。

十年来,在习近平主席的亲自擘画、亲自推动下,构建人类命运共同体从理念到行动,取得举世瞩目的实践成果。从双边到多边,从区域到全球,中国已同数十个国家和地区构建了不同形式的命运共同体,全球发展倡议、全球安全倡议得到100多个国家明确支持,全球文明倡议获得多国积极响应。人类命运共同体连续六年写入联大决议,并多次写入上合组织、金砖国家等多边机制决议或宣言,获得了国际社会特别是广大发展中国家的理解和支持。

（2023 年 9 月 26 日《新闻联播》）

我国入境游热度稳步上升

今年以来，外籍游客来华人数稳步上升，入境游市场加速复苏。

近日，300 多名德国游客抵达北京，成为新免签政策实施以来访问北京的最大规模德语入境旅游团队。得益于免签政策和便捷的高铁交通，游客乘坐高铁体验中国速度，参观天坛、登居庸关长城。

今年 1—2 月，江苏累计接待境外游客超过 22 万人次，同比增长超过 120%，旅游外汇收入 3.5 亿美元，其中不少都是规模超百人的旅行团。

今年 1 月—3 月中旬，张家界接待入境游客 17.85 万人次，其中韩国游客 7.3 万人次，占比超 40%。

随着免签政策、便捷支付手段等各种便利措施的实施吸引了越来越多的外国游客，中国旅游市场的强劲势头也为全球旅游市场的回暖注入新活力。数据显示，2024 年以来，国内入境游整体订单同比增长超 3 倍，亚洲仍是入境游最大客源地区，占比在 55%，其次是欧洲、北美洲和大洋洲，分别占比 30%和 15%。

（2024 年 3 月 24 日《新闻联播》）

九一八事变爆发 92 周年 各地举行活动铭记历史珍爱和平

九一八事变爆发 92 周年之际，全国各地举行多种活动，铭记历史、珍爱和平，继承和弘扬伟大抗战精神，为强国建设、民族复兴凝聚力量。

今天，勿忘九一八撞钟鸣警仪式在辽宁省沈阳市“九·一八”历史博物馆残历碑广场举行。各界人士代表共同撞响“警世钟”，14 响钟声寓意着中国人民 14 年艰苦卓绝的抗战历程。

铭记历史，缅怀先烈。在南昌新四军军部旧址陈列馆纪念广场、山西阳泉百团大战纪念碑、八路军西安办事处纪念馆、济南革命烈士陵园等地，人们敬献鲜花，举行庄严仪式，表达对英雄的无限崇敬。

今天上午，湖北恩施、贵州遵义、安徽黄山等多座城市，拉响防空警报，共同悼念为中华民族独立和人民解放而英勇献身的革命先烈，缅怀罹难同胞。

以史为鉴，珍爱和平。在中国人民抗日战争纪念馆，“走进北京抗战主题片区活动”今天启动。人们通过参观抗战遗址遗迹、纪念场馆，感悟抗战精神。在吉林长春东北沦陷史陈列馆,杨靖宇将军后人向大家讲述抗战故事,追忆抗战英烈。

今天,全军各部队开展多种形式活动,官兵们在抗战纪念地、在驻训场,深切缅怀革命先烈,激励引导广大官兵铭记历史,弘扬伟大的抗战精神,矢志强军兴军。

(2023 年 9 月 18 日《新闻联播》)

【杭州第 4 届亚残运会】诠释体育精神 展现生命之美

杭州第 4 届亚残运会今晚将落下帷幕,所有比赛项目已全部结束,残疾人运动员们以坚毅与勇气生动诠释了体育精神,用拼搏与奋斗展现了生命之美。

在本届亚残运会的舞台上,来自亚洲 44 个国家和地区的 3100 多名残疾人运动员为世界奉献了一届温暖、精彩的赛会,共打破 21 次世界纪录、72 次亚洲纪录、283 次赛会纪录。中国体育代表团的 439 名参赛运动员获得了 214 枚金牌、167 枚银牌、140 枚铜牌,共计 521 枚奖牌。在蝉联金牌榜和奖牌榜首位的同时,也创造了参加亚残运会以来的历史最好成绩。

残健共融、同心筑梦。本届亚残运会,从抵离出行到赛会保障,从饮食住宿到医疗救助,都设置了温馨的无障碍环境和个性化的暖心服务;智能导盲犬、智能仿生腿、AI 手语翻译官等科技元素在赛场内外随处可见;1.2 万名赛会志愿者以及许许多多的城市志愿者、保障人员,在各自岗位上以专业和用心为杭州亚残运会保驾护航。

目前,杭州已经开始部署亚残运会比赛场馆的赛后利用。19 个竞赛场馆中,全民健身场馆将继续面向市民群众开放,市场化运营场馆将以低于当地市场价格的收费标准开放,组织开展体育赛事、培训、会展等活动。杭州市也将更大力度推动残疾人体育设施的建设,让更多残疾人参与到体育锻炼中。

(2023 年 10 月 28 日《新闻联播》)

黑龙江当好“压舱石” 推动农业高质量发展

黑龙江通过藏粮于地、藏粮于技,全方位夯实粮食安全根基,稳定提高粮食综合生产能力。

眼下,黑龙江秋粮收获进入收尾阶段。截至目前,黑龙江全省农作物已收获超 2.3 亿亩。

全方位夯实粮食安全根基。今年黑龙江加大力度做好盐碱地等耕地后备资源综合开发利用,牵头创新培育寒地高产、优质、适应性广的 21 个耐盐碱水稻新品种,构建资源搜集利用、技术配套集成、新品种培育的创新发展模式，实现了寒地高产、优质、适应性广的新突破。

为农业插上科技的翅膀，黑龙江不但向盐碱地要来了粮食，智慧农业发展也是硕果累累，建成了集地理信息、农业遥感、智能叶龄诊断、精准施肥、智慧农机五大系统的智慧农业云平台。

目前，黑龙江主要农作物自主选育品种种植面积占比近九成，水稻、大豆、小麦种源实现完全自主，农作物耕种收综合机械化率在98%以上，规模以上农产品加工企业达2000多家。

（2023年10月29日《新闻联播》）

（三）一期《新闻联播》

各位观众，晚上好。今天是3月16日，星期六，农历二月初七。欢迎收看《新闻联播》节目。首先为您介绍今天节目的主要内容：

《求是》杂志发表习近平总书记重要文章——《时刻保持解决大党独有难题的清醒和坚定，把党的伟大自我革命进行到底》。

一年前，习近平总书记郑重提出全球文明倡议，倡导尊重世界文明多样性。党的十八大以来，习近平总书记积极倡导推动不同文明交流互鉴，中国正携手各国进行全球文明倡议，推动构建人类命运共同体，共绘美美与共的人类文明画卷。

国家今年启动新一轮以旧换新政策以来，各地推动政策落实，激活新的消费潜力。

2月份我国民航运输生产规模同比增长46.8%，创历史新高。

我国加快建立现代化生态环境监测体系。

系列报道【一线调研·加快形成新质生产力】，今天来看浙江通过改革创新，集中力量攻克科技难关，推动科技成果转化。

以色列总理批准以军进入加沙地带南部城市拉法的作战计划，联合国秘书长发言人表示，以军在拉法展开地面行动的后果将是毁灭性的。

以下来看详细报道。

《求是》杂志发表习近平总书记重要文章《时刻保持解决大党独有难题的清醒和坚定，把党的伟大自我革命进行到底》

3月16日出版的第6期《求是》杂志发表中共中央总书记、国家主席、中央军委主席习近平的重要文章《时刻保持解决大党独有难题的清醒和坚定，把党的伟大自我革命进行到底》。

文章强调,治国必先治党,党兴才能国强。党的二十大深刻总结全面从严治党十年磨一剑的历史性成就,进一步要求全党时刻保持解决大党独有难题的清醒和坚定。这是我们党从所处的历史方位、肩负的使命任务、面临的复杂环境出发,深刻把握党的根本性质和党情发展变化,对新时代新征程全面从严治党提出的新的重大命题。

文章指出,我们党是在马克思主义建党学说指导下、按照民主集中制原则建立起来的世界最大政党,在世界上人口最多的国家长期执政,历史久、人数多、规模大,既有办大事、建伟业的巨大优势,也面临治党治国的特殊难题。至少有以下几大难题需要进一步研究解决:如何始终不忘初心、牢记使命,如何始终统一思想、统一意志、统一行动,如何始终具备强大的执政能力和领导水平,如何始终保持干事创业精神状态,如何始终能够及时发现和解决自身存在的问题,如何始终保持风清气正的政治生态。解决好上述难题,是实现新时代新征程党的使命任务必须迈过的一道坎,是全面从严治党适应新形势新要求必须啃下的硬骨头。解决大党独有难题必然是一个长期而艰巨的过程,这就决定了全面从严治党永远在路上,党的自我革命永远在路上。

文章强调,全面从严治党的目的不是要把人管死,让人瞻前顾后、畏首畏尾,搞成暮气沉沉、无所作为的一潭死水,要不断探索完善全面从严治党的有效举措,坚持"三个区分开来",坚持严管和厚爱结合、激励和约束并重,更好激发广大党员、干部的积极性、主动性、创造性,形成奋进新征程、建功新时代的浓厚氛围和生动局面。

推动文明交流互鉴　共绘美美与共的人类文明画卷

习近平总书记指出,文明的繁盛、人类的进步,离不开求同存异、开放包容,离不开文明交流、互学互鉴。

一年前,在中国共产党与世界政党高层对话会上,习近平总书记郑重提出全球文明倡议,倡导尊重世界文明多样性,展现中国"愿同国际社会一道,努力开创世界各国人文交流、文化交融、民心相通新局面",为推动构建人类命运共同体指明了前进方向。

2024 年新年伊始,"埃尔奥拉——阿拉伯半岛的奇迹绿洲""历史之遇——中国与西亚古代文明交流展""璀璨波斯——伊朗文物精华展"三大展览在故宫博物院与观众见面,展览聚焦中国与西亚古代文明间的交流互鉴,揭示了丝绸之路上形成的平等、互鉴、对话、包容的文明观,具有穿越时空的魅力。

文明因交流而多彩,文明因互鉴而丰富。

习近平主席从在俄罗斯莫斯科国际关系学院面向世界提出人类命运共同体理念,

到历史性访问联合国教科文组织总部向世界深刻阐释新时代中国的文明观,从在亚洲文明对话大会开幕式上指出"中华文明是在同其他文明不断交流互鉴中形成的开放体系",到一年前在中国共产党与世界政党高层对话会上郑重提出全球文明倡议,推动构建人类命运共同体理念内涵不断丰富。党的十八大以来,习近平主席积极倡导推动不同文明交流互鉴,为推动人类文明进步、应对全球共同挑战贡献中国智慧,激发精神力量。

2023 年 6 月,在文化传承发展座谈会上,习近平总书记指出,中华文明具有突出的包容性,从根本上决定了中华民族交往交流交融的历史取向,决定了中华文化对世界文明兼收并蓄的开放胸怀。中华文明具有突出的和平性,从根本上决定了中国始终是世界和平的建设者、全球发展的贡献者、国际秩序的维护者。

国之交在于民相亲,民相亲在于心相通。

10 多年来,中国与世界各国一道,大力倡导丝路精神,广泛开展国际人文交流合作,为共建"一带一路"注入深厚的文明力量。精彩纷呈的文化年、艺术节、博览会、展览会,独具特色的鲁班工坊等人文交流项目,不断深化的民间组织、智库、媒体、青年交流,奏响新时代的丝路乐章。去年 9 月,中国与亚洲、非洲、欧洲、美洲的 58 个城市,共同发起成立丝绸之路旅游城市联盟,成为继丝绸之路国际剧院、博物馆、图书馆、美术馆、文学等联盟后,促进民心相通和文明交流互鉴的重要成果。

"全球媒体创新论坛""春晚序曲""全球看春晚"等系列海外媒体活动,通过媒体力量促进不同国家地区间人文交流、民心相通,推动中华文明与全球其他文明相互借鉴。

以文明交流超越文明隔阂,以文明互鉴超越文明冲突,以文明共存超越文明优越。让世界文明百花园姹紫嫣红、生机盎然,共同开创世界现代化更加美好的前景。

消费品以旧换新换出市场新机遇

随着消费升级和生活水平提高,不少人选择家电家具以旧换新,日益完善的政策体系不仅让资源得以循环再利用,也激活了新的消费潜力。

最近,家住上海的周辉想把家里不常用的消毒柜更换成洗碗机。在手机上下单预约好时间没多久,家电销售人员就上门服务了。旧家电拆走的同时安装调试好新家电,这让周辉觉得很是方便。

今年以来,国家加快"换新+回收"物流体系和新模式发展。在北京海淀,居民可以把大件废旧家具投放到社区附近专门设置的中转站,之后由政府集中运送到分拣中心,进行后续处理和循环利用。各大电商平台的数据显示,今年以来,涉及床垫、沙发、智能马桶等家居以旧换新服务热度明显上涨,成为新的消费亮点。

以旧换新政策也给资源循环利用产业带来发展新机遇。在山东青岛这家家电再循环互联工厂,刚刚投产的两条智能冰箱拆解生产线正在满负荷运转。企业负责人告诉记者,工厂通过废旧家电回收拆解,每年可回收的钢铁超过 2 万吨,能用来再制造约 100 万台小型家电压缩机。

截至目前,我国冰箱、洗衣机、空调等家电保有量已超过 30 亿台。每年有 1 亿至 1.2 亿台废旧家电被淘汰。2023 年,全国废旧家电回收总量达 450 万吨,而据研究测算,每回收 1 吨废旧家电,拆解出的再生资源能够减少二氧化碳等温室气体排放约 4.7 吨。随着国家今年新一轮以旧换新政策的启动,推动汽车、家电等产品的更新换代,预计将释放万亿元规模的市场空间。随着家电家具等耐用消费品制造循环利用产供销、上下游协同联动、综合施策,将有更多消费者和全社会从中受益。

2 月我国民航运输生产规模创历史新高

记者从中国民航局了解到,2 月,民航完成运输总周转量 116.4 亿吨公里,同比增长 46.8%,行业运输总体规模创历史新高。

2024 年民航运输生产开局良好。数据显示,2 月,国内市场运输规模同比增长 30.5%;国际市场运输规模同比增长 108.6%,首次超过 2019 年同期水平,增速较 1 月提高 12.1 个百分点。

客运方面,全行业完成旅客运输量 6247.8 万人次,同比增长 44.6%,日均完成 215.4 万人次。其中,国内客运规模同比增长 35.5%,国际客运规模同比增长 593.4%。客运飞机日利用率达到 9.8 小时,正班客座率达 85%,环比提高 5.4 个百分点。

货运方面,2 月,全行业完成货邮运输量 54.6 万吨,同比增长 20.8%。其中,国内、国际货运规模同比分别增长 20.5%、21.3%。1—2 月货邮运输量达到历年开年前两月最高值。

我国加快建立现代化生态环境监测体系

生态环境部 3 月 15 日发布《关于加快建立现代化生态环境监测体系的实施意见》,将加速推进生态环境监测的数智化转型,到 2035 年,基本建成现代化生态环境监测体系。

《意见》明确,我国将加速推进生态环境监测数智化转型,创新监测手段,实施四大监测能力建设工程。

今年，生态环境部计划将2.5万个地方监测站点与国家联网，进一步提升监测网络的代表性和覆盖面。在1000余个国控站点实施监测装备更新与智能化改造，打造一批符合新质生产力要求的新技术应用场景。

“十四五”以来，我国加速推进生态环境监测体系建设。目前，国家直接监测的各类环境监测点位总数已经达到3.3万个，基本实现了天空地海全覆盖，涵盖环境质量、生态质量和污染源监测三大方面，为美丽中国建设提供重要支撑。

【一线调研·加快形成新质生产力】浙江：改革创新 释放科技成果转化活力

浙江通过改革创新，集中力量攻克科技难关，进一步释放科技成果转化活力，催化形成新质生产力。

这里是浙江大学和杭州市钱塘区政府共建的创新药研究中心，智能设计、分析测试、筛选合成等环节都能在这里一站式完成，为尚在雏形的科研成果提供验证服务。

让科研成果更符合市场所需，这是浙江释放科技成果转化活力的突破口。通过梳理出适合产业化的技术、适合技术应用的场景等，浙江为科研工作者量身打造多个公共服务平台，并在政府融资、市场开拓等方面加大政策支持。想法加速落地，成果加快转化，催化其形成新质生产力。

创新平台已成为许多技术成果到浙江转化落地的动力之一。去年6月份，浙江开发了全国首个“成果转移转化”人工智能大模型，大模型收录了全国主要科研院所、高校和杭州所有高新技术企业的信息数据，能让库内的企业和技术自动精准地高效匹配。去年，浙江科技成果转化金额突破了5000亿元，位居全国前列。下一步，浙江还将在科技成果权属、技术要素市场化配置、科技成果转化生态等方面进行改革，让包括概念验证中心、转移转化中心等一批新型专业服务机构发挥更大的作用。

广东外贸开局良好 全球配置能力增强

广东稳外贸政策持续发力、经营主体信心不断增强，头两个月外贸开局良好。

今年前两个月，广东外贸进出口1.35万亿元，同比增长24.9%；跨境电商业务快速发展，深圳前海跨境电商进出口额超过300亿，同比增长2倍以上。针对跨境电商时效快、效率高、包裹量大，深圳海关加强智慧海关建设，提升通关速度。

前两个月，广州南沙汽车口岸累计完成出口汽车超4万辆，同比增长43.5%。惠州原油进口35.2亿元，同比增长23.8%。在重大工程建设带动下，工业类大宗商品进口显著增长，能源产品、金属矿砂分别增加65.3%、12.4%。

河北发展新兴产业 助推高质量发展

河北聚焦发展战略性新兴产业,推动新型储能、风电光伏等重点项目建设,助推高质量发展。

加快建设新能源体系,打造绿电优势,是眼下河北推进高质量发展的重要抓手。

在河北邢台高新区,总投资54亿元的高性能锂离子储能电池项目加紧建设,预计4月份一期生产线试运行,未来可实现年产方形储能电池2600万只、电池组500万个,成为河北最大的高性能储能电池制造基地。

在张家口市张北县,总装机容量50万千瓦的马驹沟光伏电站加速推进,项目投产后,平均每年向当地提供8亿千瓦时的绿色电能,每年减少二氧化碳排放量48万多吨。

与此同时,河北还加大培育数字技术产业园、智能物联产业园等,通过引进上下游企业,逐步打造航空航天、汽车电子、数据中心等产业集群。

今年,河北全省重点建设59个新能源领域项目,较去年增长96.67%;总投资1163.1亿元,较去年增长80.5%。

下面来看一组联播快讯:

我国出台行动计划促进国家级新区高质量建设

记者今天从国家发展改革委了解到,《促进国家级新区高质量建设行动计划》近日发布,从增强新区科技和产业竞争力等方面,明确了今后3年集中推进的重点任务。国家级新区目前全国共19个,包括上海浦东、河北雄安新区和天津滨海、重庆两江、浙江舟山群岛等。

民政部公布《地名管理条例实施办法》

由民政部制定的《地名管理条例实施办法》日前公布,该《办法》规定了地名方案的编制内容、组织实施和变更程序,明确地名命名、更名备案应当通过国家地名信息库提交相关材料并向社会公告,将于2024年5月1日起施行。

2024 年上半年全国新兵运输工作全面启动

今天,2024 年上半年全国新兵运输工作全面启动,各地新兵经航空、铁路、公路等方式,陆续从祖国四面八方汇聚到火热军营,开启军旅生涯。按计划,今年上半年新兵运输工作将于 3 月 31 日全部完成。

《北京城市副中心建设国家绿色发展示范区实施方案》印发

《北京城市副中心建设国家绿色发展示范区实施方案》近日印发,方案提出:到 2025 年,北京城市副中心绿色发展内生动力明显增强,单位地区生产总值能耗和单位地区生产总值二氧化碳排放达到全国领先水平;到 2035 年,以绿色为底色的现代化北京城市副中心基本建成。

甬舟铁路富翅门公铁两用大桥正式开工

甬舟铁路富翅门公铁两用大桥今天正式开工。全长约 76.4 公里的甬舟铁路连接浙江宁波与舟山,预计 2028 年具备通车条件。届时,长三角目前唯一不通铁路的地级市舟山将加入全国铁路网。

甘肃积石山 6.2 级地震灾后恢复重建项目全面开工

3 月 15 日,甘肃积石山 6.2 级地震灾后恢复重建项目全面开工,包括居民住房、基础设施、产业振兴、防灾减灾等方面。灾后重建项目共 374 项,计划总投资 174.8 亿元,2026 年将全面完成恢复重建任务。

呼和浩特与乌兰巴托间国际联运旅客列车恢复开行

3 月 15 日,随着 4652 次列车从呼和浩特站驶出开往蒙古国首都乌兰巴托,两地之间的国际联运旅客列车恢复运行,列车分别于每周一和周五在呼和浩特与乌兰巴托间双向对开。

冷空气影响我国带来大风降温沙尘天气

从昨天开始,冷空气已陆续影响我国西北地区,多地出现6~9级阵风。今天,新疆、内蒙古、甘肃以及京津冀等地出现扬沙或浮尘天气。预计未来三天,我国大部地区气温将普遍下降4~8℃,局地降温达10℃以上,北方大部地区将有4~6级偏北风,中央气象台继续发布沙尘暴蓝色预警和大雾黄色预警。而我国南方大部的阴雨天气还将持续,预计16—18日,西南地区东部、浙江、江西、湖北等地有小到中雨,局地大雨。公众需防范低能见度天气对交通出行的不利影响,外出做好防护措施。

中国专家在日内瓦宣讲中国保障少数民族受教育权研究成果

联合国人权理事会第55届会议期间,由中国人权研究会主办的“现代化发展中的少数民族受教育权——以中国西藏和新疆为例”主题边会日前在瑞士日内瓦举行。多名中国专家学者结合中国西藏和新疆的实践,宣讲了中国在现代化发展中保障少数民族受教育权的研究成果。

会议现场还举办了“中国少数民族的现代化生活”图片展,生动展现了中国少数民族在政治、经济、社会、文化等多个领域推进现代化的丰富实践。

以军称空袭哈马斯基础设施 哈马斯称打击以军坦克和军车

以色列国防军15日称,继续在加沙地带南部城市汗尤尼斯等地展开地面行动,打死多名巴勒斯坦武装人员。以军还对巴勒斯坦伊斯兰抵抗运动哈马斯武装人员和基础设施发动了空袭。

哈马斯下属武装派别卡桑旅15日说,当天,该组织在加沙地带中部和南部使用火箭弹打击以军坦克和军车,打死多名以军士兵。巴勒斯坦伊斯兰圣战组织杰哈德下属武装派别圣城旅同一天表示,向以色列南部城市斯代罗特发射了火箭弹。

以色列总理办公室15日发表声明说,以总理内塔尼亚胡当天批准了以军进入加沙地带南部城市拉法作战的计划。

巴勒斯坦总统府15日发表声明,呼吁国际社会迅速干预并承担起责任,防止以色列对拉法进行侵略,并表示这种侵略使加沙地带人民的痛苦加倍。

联合国秘书长发言人迪雅里克15日表示,以军在拉法展开地面行动的后果将是毁灭性的。

拉法目前是加沙地带唯一一个以军仍未展开地面进攻的城市。

俄称打击乌军人员和武器装备目标 乌称空袭俄人员和装备区

俄罗斯国防部15日称，过去一周，俄军在顿涅茨克、赫尔松和阿夫杰耶夫卡等方向，使用高精度武器、无人机等，打击乌军人员和武器装备目标。俄国防部还称，俄别尔哥罗德州15日和16日继续遭到乌方火箭弹和无人机袭击。该州州长称，袭击造成至少3人死亡、7人受伤。

乌克兰方面同一天称，乌军在库皮扬斯克、阿夫杰耶夫卡等方向击退俄军进攻，乌空军还对俄军人员和装备集中区进行了多次打击。乌克兰敖德萨州官员当天说，俄军当天对敖德萨发动导弹袭击，已造成20人死亡，数十人受伤。另据乌克兰媒体16日报道，当天，乌克兰哈尔科夫州遭俄罗斯无人机袭击，造成一处关键基础设施受损。

意大利外长塔亚尼15日表示，北约派兵进入乌克兰与俄罗斯开战意味着开启第三次世界大战的风险。意大利不会向乌克兰派兵。

中国代表15日在安理会审议乌克兰问题时发言，再次呼吁冲突当事方展现政治意愿，相向而行，凝聚共识，早日停火止战、开启和谈。

下面来看一组国际快讯：

胡塞武装称在印度洋水域打击以美船只

也门胡塞武装发言人15日发表声明称，胡塞武装在印度洋上利用导弹和无人机对三艘以色列和美国军舰实施了三次打击行动，并成功实现目标。此前一天，胡塞武装方面说，把打击“关联以色列”船只的范围扩大到印度洋海域，以阻止这类船只经印度洋驶往目的地。

声明还说，胡塞武装用无人机在红海海域对一艘美国军舰实施了袭击，并使用火箭弹袭击了一艘名为“太平洋一号”的船只，胡塞武装称这艘船与以色列有关。

美国中央司令部称，也门当地时间15日晚，也门胡塞武装向红海发射了三枚反舰弹道导弹，暂无人员伤亡或设备损坏的报告。

胡塞武装多次在红海水域袭击与以色列有关的船只，以示对巴勒斯坦的支持。

两艘移民船在地中海沉没　24人死亡

一艘移民船15日在土耳其西北部附近的爱琴海海域沉没，造成至少22人死亡，包括多名儿童。同一天，突尼斯国民警卫队发布消息称，一艘移民船在突尼斯附近的地中海海域沉没，2人死亡，至少34人失踪。

国际移民组织数据显示,2023年,有3129人在横渡地中海前往欧洲途中死亡或失踪。

局势紧张 海地延长西部省宵禁令

15日,海地首都太子港的紧张局势升级,多个地点发生袭击事件。据当地媒体报道,当晚,警方与黑帮组织在太子港的德尔马地区发生对峙。此前一天,海地政府决定延长太子港所在的西部省的宵禁令。

美总统坚决反对日本公司收购美国钢铁

美国总统拜登14日发表声明,反对日本制铁公司收购美国钢铁公司。声明称,保持美国钢铁公司为美国所有和运营至关重要。据日本共同社报道,日本制铁15日就拜登这一声明回应说,该公司决心完成这一收购。日本制铁与美国钢铁已达成149亿美元的收购协议。

此前,美国前总统特朗普也表示反对这一收购计划。

美联航一客机降落后被发现机身面板缺失

美国联合航空公司15日证实,当天,该公司一架波音737-800客机在抵达目的地后被发现机身上一块外部面板缺失。缺失面板位于机身底部机翼与机身相连接的位置,紧临起落架。这架飞机从加利福尼亚州旧金山飞抵俄勒冈州梅德福市,客机上载有139名乘客和6名机组人员。美国联邦航空管理局15日表示将对此事展开调查。

今天的《新闻联播》播送完了,感谢收看。更多新闻资讯请关注央视新闻客户端,更多移动视频请下载央视频,观众朋友,再见。

(2024年3月16日《新闻联播》)

二、评论类稿件

这16万的罚款在告诉我们什么呢

抖音:我是朱霞

很多人问我,对于现代版樊胜美洛洛那个事儿怎么看的?我用手机看的,从头看到尾。这样的父母、这样的三观,我挺无语的。看着妈妈拍着桌子,跟公司要钱的样子,也没有要求电视台给打马赛克,可见这一家人都觉得自个儿这钱要得理直气壮。

我对这件事情的解决方式其实挺不满意的。最终呢,洛洛的爸爸妈妈拿着16万的赔偿金,回到家里面给儿子去付首付了。说实话,洛洛的死是一个意外,跟公司一毛钱关系都没有,但考虑到洛洛这么年轻,是公司最优秀的员工,同时她的爸爸妈妈还找上门来,所以公司呢,答应了从1万到3万再到6万这样的补偿要求。可是没想到一夜之间,家人把价码提高到了41万。41万啊朋友,有零有整的,这是把姑娘按斤在卖吗?公司老总讲,洛洛爸妈已经不止一次大闹公司,让他们根本没有办法正常上班。据我所知,治安管理处罚法当中已经规定了,影响公司正常运营的,即使没有造成严重后果,也可以给予警告、罚款和行政拘留的处罚,而最终这件事情居然是公司拿出16万,才送走了两位"大神仙",平息此事。

这16万的罚款在告诉我们什么呢?那些善良敦厚者退无可退吗?那些讹诈者可以有案例为依据吗?我们需要法律亮剑的时候,为什么看到的却是一个和事佬?

训练提示:2019年在杭州工作的1996年出生的女孩洛洛在江边意外溺水去世。1月底杭州一档电视节目播出了洛洛父母向其生前所在公司索赔的节目。在节目中,洛洛的父母及亲戚对她的死非常冷漠,并向洛洛公司索要巨额赔偿金。洛洛公司的人员曝光了洛洛生前在社交平台上发布抱怨父母经常索要钱财、对生活和亲情失望的信息,指责洛洛父母只是为了拿赔偿金,给弟弟交房子的首付。专栏作家韩松落说,在这件事中看到的"不是对女儿的痛惜,而是对工具折价和损毁的痛惜"。

主持人朱霞语言犀利,语言的节奏相对较快,连接很多,少有停顿。在短视频的制作中,尤其是批评类视频,少停多连比较符合受众的浏览习惯。即使是气口处,偷气换气的速度也是比较快的。

这部"土掉渣"的电视剧,为何"好看哭"

张凡

睡前聊一会儿,梦中有世界。听众朋友,你好!

最近,一部名为《山海情》的电视剧,让无数网友在笑中带泪、意犹未尽中追完了全集。这部讲述宁夏西海固地区移民搬迁故事的电视剧,没有流量明星参演,也不是什么时兴题材,但自开播以来,观众口碑和网络讨论度均节节攀升,豆瓣评分更是一路升至9.4分,被网友称为"土掉渣"却"好看哭"。今天,我们就来聊聊这部电视剧。

岁月无声,山海有情。《山海情》中的"山"指的是宁夏,"海"指的是"福建",两个原本在中国地图上山水相隔、遥遥相望的省份,因为东西部扶贫协作对口支援的政策,而成就了一段跨越山海的深厚情谊。电视剧中,在国家扶贫政策的号召下,在福建的对口帮扶下,从"苦瘠甲天下"的西海固搬迁到茫茫戈壁滩上的村民,勤勤恳恳地劳作,开荒戈壁、迎战黄沙,让山川换颜、水土重生,让"塞上处处是江南"的愿景不断实现,更让"村里的女子为了一头驴就能嫁人""兄弟仨只有一条裤子,谁出门谁穿"的穷日子彻底成为过去。

从黄沙弥漫走向绿色金滩,从穷乡僻壤走向美好家园,《山海情》中的故事,从20世纪90年代开篇,跨越二十几个年头,经历一茬茬人接力。如何为这样宏阔的命题找到创作的落脚点?如何让这段从历史中走来的故事,与今天的观众产生情感的联结点?电视剧选择将目光聚焦在一群朴素、坚韧的人身上,以个体的成长和经历展现"闽宁模式"的发展,以动人的人物群像展现那段波澜壮阔的史诗。在荒凉的戈壁滩上开荒拓土,从无到有建设新家园的西海固人民;整天操心着村民们的搬迁、用电、灌溉等事情的基层干部;为了让孩子们能接受更多教育,数十年坚守贫困村小的老师;为了帮村民们掌握一技之长,钻菇棚、掏腰包、挨拳头的技术专家……正是一个个这样的"人",书写了"志合者,不以山海为远"的伟大情感,成就了"干沙滩"变"金沙滩"的壮丽传奇,更让人一次次感叹"那些在荒芜土地里种出梦想的人,谱写了真正的英雄长歌"。

《山海情》铺展开的扶贫画卷,荡漾着理想主义的浪漫,更深蕴着现实主义的真切。剧中的西海固人民,带着黄土地的粗粝,他们善良、淳朴,有韧性、有干劲,但也有着安土重迁的传统基因,有着历史、环境造成的观念局限;剧中的扶贫干部、技术专家,也没有顶着"角色光环",而是真正将双脚扎进黄沙里,在"关关难过关关过"中带领村民们在更广阔的地方落地生根。也正因此,在《山海情》中,我们不仅能看到改天换地的豪情,更能看到创业的举步维艰;不仅能看到乡土生活的浓浓烟火,也能看到变革中的"鸡飞狗跳"。而传统与现代的龃龉、精神文明与物质文明的碰撞、寻根与断根的思考也都交融其中……不过,正是这些切入生活肌理的真实故事、鲜活人物、现实问题,让电视剧产生了强大共情,让无数观众代入其中,和剧中的人物一起哭、一起笑,为辛辛苦苦种出的双孢菇卖不出去而着急,为村民们扶老携幼送别帮扶专家的画面而泪目……今天,我们看闽宁镇的故事,心中可能更会升腾起一种特殊的情感。

就在刚刚过去的2020年,我国现行标准下农村贫困人口全部脱贫,贫困县全部摘帽。四川大凉山"悬崖村"的村民们走下2556级钢梯,走向新的生活;位于吕梁山集中连片特困地区的岢岚县,终于摆脱了"可怜县"的称号;贵州毕节最穷的"纳威赫",从让人感叹"去不得"到现在被赞"了不得"……一个个山川换颜、百姓致富的故事,也正在我们身边上演。这些改变的背后,同样记录着一段段跨越山海的情谊,同样闪动着一个个俯身一线、不计回报的身影,同样离不开一群群有韧劲、敢拼搏、肯奋斗的人民。

一滴水流入戈壁荒滩,可能瞬间就会消失;但千万滴水涌入沙漠,却能再造一个绿洲。是无数滴水、无数个人的齐心协力、前赴后继,书写了闽宁镇的发展故事,成就了今日中国的脱贫奇迹,而那种从土地里生长出来的韧劲和力量,也必将激荡更多的梦想,激励更多的奋斗。

这正是:不以山海为远,心连千里共好。

好的,以上就是今天的人民日报评论"睡前聊一会儿",我们在北京祝您晚安。

（2021 年 1 月 26 日微信公众号:人民日报评论）

训练提示:热播电视剧《山海情》是一部"接地气"的剧,讲述了 20 世纪 90 年代以来在国家扶贫政策的引导下,在福建的对口帮扶下,宁夏西海固地区的人民搬迁至近水、沿路、靠城的宁夏平原的故事。他们克服种种困难,一步一步探索脱贫发展的办法,将飞沙走石的"干沙滩"建设成寸土寸金的"金沙滩"。人们喜欢这部电视剧,不仅是喜欢演员的演技,更是被其中真实生动的扶贫故事所震撼。

这是一条来自"人民日报评论"微信公众号的音频,在 6 分钟的时间里,主持人有温度地娓娓道来。文中有多处并列关系的句子,注意句子的"抱团儿"处理,标点符号只显示了文字语言的停连关系,播读时要敢于打破标点符号的限制,根据稿件内容和情感发展运用停连。

三、专稿类稿件

"英雄信使"其美多吉　雪线邮路一生情(节选)

陈文毅　贾清钦

凛冽的山风裹挟着雪花,虽已初春,川西高原还是白茫茫一片。这里万物仍未复苏,除了风声,山路上静得可怕。远处驶来一辆绿邮车,听那高亢粗犷的歌声便知是这条邮路上的常客。

"开车走这条路,就像走在回家的路上。"中国邮政集团公司四川省甘孜藏族自治州甘孜县分公司邮运驾驶组组长其美多吉笑言。

从四川省成都市出发,途经雅安、甘孜,到达西藏昌都、拉萨,这是延续了 64 年的川藏邮路。其中,康定—德格段邮路被称为雪线邮路,全程往返 1208 公里,平均海拔在 3500 米雪线以上,且地貌复杂,气候多变。其美多吉带领一群康巴汉子,常年驻扎在这里,为中国邮政"普遍服务"接力,源源不断地向藏区百姓运送信件、包裹。2018 年 3 月 21 日,其美多吉先进事迹报告会在北京全国政协礼堂举行,"其美多吉雪线邮路"获交通运输部授牌。

邮车上装的是乡亲们的期盼

"29 年来走过的雪线邮路是寂寞的,也是孤独的,但这是我的选择,我从来没有后悔过。"其美多吉说。

自 1989 年就从事康定—德格长途邮运驾驶工作的其美多吉,已在这条路上跑了近 30 年。康定—德格邮路采取接力邮运方式,邮车往返一趟至少需要 5 天。作为邮运驾驶组组长,其美多吉将最艰巨也是最危险的任务留给了自己,承担甘孜—德格邮运任务,途经"川藏第一险"——雀儿山垭口,这考验的不仅是驾驶员的胆量,更是技术。

雀儿山最高峰绒麦俄扎是四川第四高峰,终年积雪不化。垭口海拔 5050 米,是四川最高的公路垭口,川藏线 317 国道由此穿行而过。317 国道在雀儿山,山下是沥青路,但上山是土路。山顶就在眼前,道路却曲折险峻,几乎是在绝壁上开凿的,一面是碎石悬挂,一面是万丈深渊。

其美多吉说:"对道路不熟悉或技术不过硬的司机,根本应付不了这里的路况。雀儿山上,路面最窄处不足 4 米,仅容一辆大车慢行通过。"重达 12 吨的邮车经过这里,每一次加速、换挡、转向,都如同与死神博弈。

随着电商的快速发展,越来越多的藏族同胞热衷网购,其美多吉及其组员的任务更重了,常常放弃休息时间"连轴转"。"曾经有个跑运输的朋友劝我,不要开邮车了,和他们一起去赚大钱,但我拒绝了。我的邮车上,装的是孩子们的高考通知书,装的是党报党刊和机要文件,装的是乡亲们的期盼和希望。"谈及自己的工作,其美多吉眼神坚定。

29 年的邮运生涯,其美多吉 6000 多次往返于甘孜与德格之间,行程 140 多万公里。长期以来,与他相伴的只有蓝天白云。饿了,就掏出随身携带的干粮;闷了,就随心所欲地哼唱一曲。

用鲜血捍卫坚守

危难之际挺身而出,是这条邮路上康巴汉子们的选择。

在人烟稀少的川藏线上,邮运员不仅要面对高寒、灾害性天气等危险,忍受饥饿与寂寞,还要做好应对歹徒袭击、抢劫等突发事件的准备。自 1997 年至今,该段邮路上的邮车被抢事件已有10多起，多名邮运员都曾经历过命悬一线的危险。

2012年的一天，其美多吉跟往常一样途经318国道雅安市天全县境内。远远望去，前方有个陡坡，他熟练地将车速减慢。就在这时，突然出现了一群持有砍刀、铁棒、电警棍的人。很多机密文件都是通过邮政寄送，“大件不离人，小件不离身”是对机要邮件管理的特别规定。“要打就打我，不准砸邮车。”其美多吉拦在了邮车前，歹徒抡起凶器刺向他的头部、手臂、后背、脸上……大儿子病逝的伤痛还未消散，他竟也倒在了血泊中，光刀口就有17处，经过三天三夜的抢救，才脱离生命危险。

由于大腿受伤无法站立，其美多吉坐了3个多月的轮椅。

漫长的康复路上，家人的陪伴与鼓励给了他重新登上邮车的勇气与力量。一年后，其美多吉终又翱翔在那片属于他的蓝天。

“这么多年来，我负责的邮运任务从未发生一次责任事故。”这是其美多吉的骄傲与自豪。至今他的右脸颊上还有一道长长的刀疤，那是他用鲜血捍卫邮车安全的见证，是他永远的勋章。

雪山雄鹰 高原“路标”

川藏线甘孜段经常遭遇暴风雪和泥石流，塌方滑坡也是常事，很多路段只能单边放行，通常是邮车打头阵。邮车过了，其他客车、社会车辆才敢小心翼翼地通行。正因如此，其美多吉被乡亲们称为“雪山上的雄鹰”。

“在雀儿山，只要看到我们邮车过来了，就说明今天天气没问题，车子可以通过。如果邮车没过来，可以说任何车辆都不敢过去。”其美多吉的语气中透露出隐隐的自豪。

高原上的邮车正如流动的路标。在“普遍服务”的路上，像其美多吉这样的邮运人竖起了一面旗帜。

多年的邮运路上，其美多吉也结识了很多“亲人”。曾双全是甘孜州德格县公路分局员工，雀儿山五道班第17任，也是最后一任班长，他和其美多吉已认识整整18年了。“工友们讲得最多的，就是其美多吉和邮车驾驶员。”曾双全说。邮车是道班工人们能见到的为数不多的绿色。每天下午三四点，邮车驾驶员经过的时候，都会按喇叭向道班工人打招呼。这些年来他们像兄弟一样，相互关心、彼此依靠。

除了“亲人”，其美多吉也慷慨地向陌生人施以善意，他的邮运路也因此而更精彩。其美多吉的老站长生龙降措说过一句话：“别人有困难，我们一定要帮，不要把邮路的优良传统丢掉了。”

多年来，其美多吉一直记着这句话，他随身携带的氧气瓶、红景天等物品，在危难关头挽救过上百人的生命。

一路运邮，一路行善。像其美多吉一样的“英雄信使”，让雪线邮路成为有温度、有温情的路,成为英雄辈出的路。

2017 年 9 月 26 日雀儿山隧道通车,其美多吉驾驶着邮车,作为社会运输车辆头车驶进。曾经两个小时的危险山路如今只需十分钟,“英雄信使”们或悲壮或动人的故事成为雪线邮路上最珍贵的记忆。

训练提示:这篇新闻专稿描述了“雪山上的雄鹰”其美多吉 29 年如一日,用青春和生命传递邮件、用热血和汗水忠诚履职,保障藏区通信通畅,架起民族团结桥梁的事迹。正是一代又一代像其美多吉这样的邮政人,默默践行着“人民邮政为人民”的誓言,让中国邮政“普遍服务”的旗帜高高飘扬。

我们在表达的时候,要把握文章句与句之间、层与层之间的逻辑关系,通过区分性停连使语意清晰、准确。对于人物语言的刻画,尤其是不同人物的语言,可使用强调性停连、回味性停连来传情达意。

随着内容发展的需要,进行适当的停顿,不仅可使文章整体节奏有变化,还可起到强调、转换的作用。但也要注意整体连接的紧凑感,不要太拖沓。

四、文学作品

和时间赛跑

林清玄

读小学的时候,我的外祖母去世了。外祖母生前最疼爱我。我无法排除自己的忧伤,每天在学校的操场上一圈一圈地跑着,跑得累倒在地上,扑在草坪上痛哭。

那哀痛的日子持续了很久,爸爸妈妈也不知道如何安慰我。他们知道与其欺骗我说外祖母睡着了,还不如对我说实话:外祖母永远不会回来了。

“什么是永远不会回来了呢?”我问。

“所有时间里的事物,都永远不会回来了。你的昨天过去了,它就永远变成昨天,你再也不能回到昨天了。爸爸以前和你一样小,现在再也不能回到你这么小的童年了。有一天你会长大,你也会像外祖母一样老,有一天你度过了你的所有时间,也会像外祖母一样永远不能回来了。”爸爸说。

爸爸等于给我说了一个谜,这个谜比“一寸光阴一寸金,寸金难买寸光阴”还让我感到可怕,比“光阴似箭,日月如梭”更让我有一种说不出的滋味。

以后,我每天放学回家,在庭院里看着太阳一寸一寸地沉进了山头,就知道一天真的过完了。虽然明天还会有新的太阳,但永远不会有今天的太阳了。

我看到鸟儿飞到天空,它们飞得多快呀。明天它们再飞过同样的路线,也永远不是今天了。或许明天再飞过这条路线,不是老鸟,而是小鸟了。

时间过得飞快,使我的小心眼里不只是着急,还有悲伤。有一天我放学回家,看到太阳快落山了,就下决心说:“我要比太阳更快回家。”我狂奔回去,站在庭院里喘气的时候,看到太阳还露着半边脸,我高兴得跳起来。那一天我跑赢了太阳。以后我常做这样的游戏,有时和太阳赛跑,有时和西北风比赛,有时一个暑假的作业,我十天就做完了。那时我三年级,常把哥哥五年级的作业拿来做。每一次比赛胜过时间,我就快乐得不知道怎么形容。

后来的二十年里,我因此受益无穷。虽然我知道人永远跑不过时间,但是可以比原来跑快一步,如果加把劲,有时可以快好几步。那几步虽然很小很小,用途却很大很大。

如果将来我有什么要教给我的孩子,我会告诉他:假若你一直和时间赛跑,你就可以成功。

训练提示:这篇文章通过描述“我”对外祖母去世的悲伤,引出了“我”对时间流逝的感悟。

文章引用了很多人物语言以及一些有关珍惜时间的警语,因此处理的时候,要注意语句之间的逻辑关系,以此作为停连的依据。稿件中“爸爸”的语言,可以用曲连的方式表达,既能使句子抱团,又能表达“爸爸”对“我”的耐心与关爱。

文章后半部分通过描述如何与时间赛跑,表达了作者真诚的内心感悟。这是文章的重点,注意其中分合性停连、并列性停连的运用。

文章的最后,采用回味性停连,不仅可以表达出作者对时间的理解,还可以引起受众的共鸣。

月牙儿

月牙儿:(铁栅内,一个女犯神经质地高声喊叫着)我不出去,我不出去!……哼哼,哈哈哈……我不出去!我知道我快死了,既然没有比这里更好的地方,那么死在哪儿还不是一样?

(抬起头来,从那个小洞口看见了一线月光)

啊……月牙儿,又看见你了,我的好朋友!……你们问我为什么总爱看着月牙儿?是的,看着它,我想起一切……当我发现自己有了病,我非常痛苦,我觉得已经不必活下去了。我穿好了衣裳,擦上粉,躺在床上等死。忽然听到门外有很轻的脚步声,我看见一双眼睛从门上那块小玻璃往屋里看。我起来轻轻开门一看,是妈!……啊……我们母女怎么进的屋,哭了多久,我都说不清了,只见妈已经老得不像样了。原来是她的掌柜的偷偷回老家了,没给她留下一个钱,她没有办法就到处找我,已经找了半个月了……哼哼,她找到了女儿,可女儿已经和她过去一样,是个暗娼了!哈哈……哦,天哪!这会儿才明白,我从七岁死了爸爸,小学没毕业后爸又走了,那时候妈为了养活我,她只得那样!可我当时恨妈,我自觉着念过书,想靠自己做事来养活自己。我也曾相信一个人,他的甜言蜜语使我走入梦里,醒过来,不过是一个梦!我得到的是两顿饭,几件衣服……哼哼,我早就知道,我没有希望,一点云彩就能把月牙儿遮住,我的将来是黑暗的。果然,没有多久,我的梦做到了头。……(惨笑)……我不后悔,我只觉得空虚,无依无靠……我不想再这样挣饭吃,却又实在是挣不上饭吃,就连当年妈给人家洗臭袜子的活儿都找不到!哼!女人,就得承认自己是个女人!现在轮到我养活我妈了,我也得像她那样,原来女儿的职业是世袭的,是专门的!(惨笑)我的妈就是我的影子,我最多不过和她一样,卖了一辈子肉,剩下的只是满头的白发和抽皱的黑皮。这就是生命……(抽泣地)我并不是怕死的痛苦,我的痛苦早就胜过了死。我爱活着,可不应当这样活着啊!……我并不愿意死,我还不到二十岁呀!(凄凉地哀哭起来)

(根据老舍先生小说《月牙儿》改编)

训练提示:老舍先生的小说《月牙儿》记叙了一对旧社会的母女为生活所迫沦为暗娼的悲剧故事。本篇根据小说《月牙儿》改编,以个人独白的形式,将月牙儿的一生经历展现出来。表达过程中,注意结合月牙儿一生的变化:对母亲从怨恨到理解,被迫走上母亲当年出卖肉体的道路,被爱人抛弃,最后被调戏过她的康先生以"扫暗娼"的名义抓进牢里。当我们对月牙儿的生存背景了解得更全面之后,可以将月牙儿这一人物形象表现得更加形象、贴切。

通过文章第一句的提示以及对全文的阅读,我们可以看出,这篇文章需要我们运用大停紧连的方法,表现主人公月牙儿内心强烈的情感。我们还要运用一些生理性停连、灵活性停连表现月牙儿时而神经质的想象,时而又对自己的生活感到无助,继而产生挣扎反抗,然后又无奈的心理变化。

造　心(节选)

毕淑敏

蜜蜂会造蜂巢,蚂蚁会造蚁穴。人会造房屋、机器,造美丽的艺术品和动听的歌。

但是，对于我们最重要、最宝贵的东西——自己的心，谁是它的建造者？

孔雀绚丽的羽毛，是大自然物竞天择造出。白杨笔直刺向碧宇，是密集的群体和高远的阳光造出。清香的花草和缤纷的落英，是植物吸引异性繁衍后代的本能造出。卓尔不群坚韧顽强的性格，是禀赋的优异和生活的历练造出。

我们的心，是长久地不知不觉地以自己的双手，塑造而成的。

造心先得有材料。有的心是用钢铁造的，沉黑无比。有的心是用冰雪造的，高洁酷寒。有的心是用丝绸造的，柔滑飘逸。有的心是用玻璃造的，晶莹脆薄。有的心是用竹子造的，锋利多刺。有的心是用木头造的，安稳麻木。有的心是用红土造的，粗糙朴素。有的心是用黄连造的，苦楚不堪。有的心是用垃圾造的，面目可憎。有的心是用谎言造的，百孔千疮。有的心是用眼镜蛇唾液造的，剧毒凶残。

造心要有手艺。一只灵巧的心，缝制得如同金丝荷包。一罐古朴的心，淳厚得好似百年老酒。一枚机敏的心，感应快捷如电光石火。一颗潦草的心，门可罗雀疏可走马。一摊胡乱堆就的心，乏善可陈杂乱无章。一片编织荆棘的心，暗设机关处处陷阱。一道半是细腻半是马虎的心，好似白蚁蛀咬的断堤。一朵绣花枕头内里虚空的心，是假冒伪劣心界的水货。

心的边疆，可以造得很大很大。像延展性最好的金箔，铺设整个宇宙，把日月包含。没有一片乌云，可以覆盖心灵辽阔的疆域。没有哪次地震火山，可以彻底颠覆心灵的宏伟建筑。没有任何风暴，可以冻结心灵深处喷涌的温泉。没有某种天灾人祸，可以在秋天，让心的田野颗粒无收。

心的规模，也可能缩得很小很小，只能容纳一个家，一个人，一粒芝麻，一滴病毒。一丝雨，就把它淹没了。一缕风，就把它粉碎了。一句流言，就让它痛不欲生。一个阴谋，就置它于万劫不复。

心可以很硬，超过人世间已知的任何一款金属。心可以很软，如泣如诉，如绢如帛。心可以很韧，千百次的折损委屈，依旧平整如初。心可以很脆，一个不小心，顿时香消玉碎。

心为血之海，那里汇聚着每个人的品格、智慧、精力、情操，心的质量就是人的质量。有一颗仁慈之心，会爱世界、爱人、爱生活，爱自身也爱大家。有一颗自强之心，会勤学苦练百折不挠，宠辱不惊大智若愚。有一颗尊严之心，会珍惜自然善待万物。有一颗流量充沛羽翼丰满的心，会乘上幻想的航天飞机，抚摸月亮的肩膀。

造心是一项艰难漫长的工程，工期也许耗时一生。通常是母亲的手，在最初心灵的模型上，留下永不消退的指纹。所以普天下为人父母者，要珍视这一份特别庄重的义务与责任。

当以我手塑我心的时候，一定要找好样板，郑重设计，万不可草率行事。造心当然免不了失败,也很可能会推倒重来。不必气馁,但也不可过于大意。因为心灵的本质,是一种缓慢而精细的物体,太多的揉搓,会破坏它的灵性与感动。

造好的心,如同造好的船。当它下水远航时,蓝天在头上飘荡,海鸥在前面飞翔,那是一个神圣的时刻。会有台风,会有巨涛。但一颗美好的心,即使巨轮沉没,它的颗粒也会在海浪中,无畏而快乐地燃烧。

训练提示:这篇文章说理性很强,比喻手法用得极多。

文章一开始,通过列举蜜蜂、蚂蚁以及人类可以制造的一些东西,引出了一个问题:自己的心,谁是它的建造者?这一部分可以采用并列性停连进行处理。

接下来作者通过列举孔雀的羽毛、白杨、花草、落英、坚韧顽强的性格引出我们的心是由自己的双手塑造而成的。这一部分可以采用呼应性停连进行处理。

然后作者对于如何“造心”,讲述了自己的观点。对于造心的材料、造心的手艺、心的边疆、心的规模等进行了一系列的比喻性描述。通过这些具体的比喻性描述,作者将每一个环节都设想得全面而细致,这也是文章的一大特点。当然,为了使文章更具表现力,我们不可自始至终只采用一两种停连方式,而要运用多种停连技巧,如区分性停连、呼应性停连、并列性停连、分合性停连等,根据内容进行不同的选择,把每一段的特点表现出来。

朗读本文时,要特别注意打破标点符号的限制,大胆连接,因为本文短句较多,如果不注意连接的处理,很容易读散。

第六单元　重　音

教学目的:通过训练使学生明确重音在播音中的重要性,并掌握这一技巧的类型及运用方法。

教学要求:明确重音的定义、作用,了解重音与词的轻重格式之间的关系、重音与重读的关系,熟练掌握重音的十种类型及运用方法。

重点难点:重音的十种类型,重音的运用方法。

课时安排:大课 2 课时,小课 4 课时。

第一部分　理论概述

一、重音的概念

(一)什么是重音

在播音中,那些根据语句目的、思想感情需要而给以强调的词或短语就叫重音。

(二)重音的作用

正确使用重音,能使语意更加清楚准确,语句目的更突出,逻辑关系更严密,感情色彩更鲜明。

(三)理解重音概念时要注意的问题

(1)重音不同于词的轻重格式:词的轻重格式是一种比较稳定的语音现象,是指音节之间的音强比较。多数情况下,词的轻重格式在语流中是不变的,相对稳定,受语音规律的制约。

(2)重音不等于重读:“重读”就是加重声音朗读。每个人的感受能力、概括能力不同,重音的表达也不可能只有重读这一种方法。同时,如果重音都用加重声音来强调,只会显得单调呆板,而且也不符合思想感情运动的需要。

(3)习惯性重音不符合内容的需要。

二、重音的十种类型

(一)并列性重音

并列性重音是指在段落、语句中有并列关系的某些词或短语。我们要通过有声语言显示它们之间的并列关系,不光是运用并列性停连,而且要在那些具有并列性关系的词或短语上确定重音,这就是并列性重音。

(二)对比性重音

作者常常把一些对立的事物放在创作中,通过比较、对照,使事物的特征表现得更加突出,事物的形象更加鲜明。这样的构思用语言表达出来,就是对比结构,在这种对比结构明显的句子中,我们要用对比性重音。

(三)呼应性重音

停连中有呼应性停连,有一呼一应、一呼几应等类型。呼应性重音也是揭示上下文呼应关系的一种常用方法。

(四)递进性重音

稿件中描写的对象、叙述的道理,往往不是恒定不变的,而要一步步向前发展,一步步深入。在表达这种递进结构的文字时,我们用的是递进性重音。

(五)转折性重音

递进性重音揭示了同一方向发展的内容,而转折性重音正和它相反,转折性重音通过对相反方向的内容变化的揭示,表现说话者的意图。

(六)强调性重音

对句子中表达感情色彩的词或词组加以强调,以突出某种感情的重音叫作强调性重音。

(七)比喻性重音

比喻可以化抽象为具体,变深奥为浅显,使语言顿生情趣,令受众难以忘怀。有声语言表达中,把比喻性词语作为重音,就叫比喻性重音。

(八)拟声性重音

所谓拟声性重音就是句子中的象声词。应注意,不是所有的象声词都可以做重音,而要看它在句子中的位置是否重要。

(九)肯定性重音

稿件在表达对事物的肯定态度时,一般都用"是""不是""无""有""没有"等词。但表达时不能单纯地看这些肯定性词语,而要看整句话的意图是什么。一般有两种情况:一种是要肯定"是什么",另一种是要肯定"是"还是"不是"。

(十)反义性重音

在有声语言表达中,为了揭露事物的本质,有时使用正话反说或反话正说的修辞手法,目的在于把要否定的事物的不合理性表达得更充分,将作者的愤怒和憎恨之情表达得更强烈;把要肯定、赞美的事物的特点表现得更鲜明,从而渲染作者的喜爱、欢乐之情。我们在表达这样的语句时就需要抓住反义性重音,把赞成或反对的态度表达出来。

三、重音的表达方法

(一)高低强弱法

要想通过加强语气来强调某个重音,必须同时把次重音和非重音相对放低或减弱。因此,在强调重音时需要"欲高先低,欲强先弱"或"低后渐高,弱中渐强"。这就是高低强弱法。

(二)快慢停连法

把次重音或非重音快速带过去,就是"快";强调重音时,用延长音节甚至停顿来处理,就是"慢"。这就是快慢停连法。

(三)虚实法

虚实法是通过声音的虚实变化来强调重音。为了表达某种情感,可以适当采用虚声来强调这个重音,使情感得以充分展现。

(四)利用笑音、颤音、泣音表现特殊的情感

在某些稿件尤其是文学性比较强的稿件中,需要用特别的声音处理来强调重音、表现情感,比如笑音、颤音、泣音等。

训练建议:

(1)训练要循序渐进,建议教师引导学生从不同类型、不同表达方式的例句练起,以加深对重音理论知识的理解。

(2)训练内容中准备了消息、评论、专稿、散文等,方便教师循序展开训练,并根据学生的不同水平因材施教。

(3)特别要强调在正确理解和感受的基础上确定重音的位置、表现方式。

(4)重音的运用要少而精,防止"习惯性重音"的出现,也不要出现"无意隐含性对比"现象。

(5)对于重音的训练要大胆,教师引导学生突破之前的单一表现方式。

参考文献:

(1)张颂主编:《中国播音学》(修订版),第三十章《重音》,北京广播学院出版社2003年版。

(2)付程主编:《实用播音教程》(第二册),第五单元《停连 重音》,北京广播学院出版社2002年版。

(3)张颂著:《播音创作基础》,第五章《思想感情的表达方法》之第二节《重音》,北京广播学院出版社1990年版。

(4)吴郁主编:《播音学简明教程》(修订版),第五章《停连与重音》,北京广播学院出版社2004年版。

第二部分　示例分析

一、不同重音类型的例句

(一)并列性重音

(1)新的语言现象的传播速度、传播方向、传播范围和传播方式都在发生着重要变化。

(2)改革开放离不开稳定,发展离不开稳定,人民安居乐业也离不开稳定。

(3)我们高兴地看到,爱国、进步、民主、科学的光荣传统在北京大学生生不息,勤奋、严谨、求实、创新的优良学风在北京大学代代相传。

(4)广大团干部要按照“让党放心、让青年满意”的要求,做到政治上过硬,作风上扎实,自律上严格,努力在岗位上作出实实在在的业绩。

(5)神舟七号载人航天飞行技术跨度大、任务风险大、航天员操作强度大、实施难度大、参试系统庞大。

(6)不懂做企业,产研院就派出以殷红军为首的懂科技、懂政策、懂经营管理的技术经济人团队,为企业提供“伴随式”孵化服务。

(7)中国科研部门采用隔热保温、以桥代路等自主创新技术,解决了高寒缺氧、多年冻土等世界性工程难题,建成了这条世界海拔最高、线路最长的高原铁路。

(8)目前已初步确认的议题包括:“亚洲的汽车产业”“新的亚洲世纪”“迎接新的中国:文化变迁、挑战和机遇”等。

(9)国家体育馆坐落在北京奥林匹克公园中心区的南部,东临中轴线广场,南临国家游泳中心。建设用地南北长约335米,东西宽约207.5米,总占地6.78公顷,建筑物总高度为42.47米,总建筑面积为80,890平方米,馆内设1.8万个座椅。

(10)70年前,有一个神话般的故事就在中国发生。那一张张面黄肌瘦的脸庞,那一个个衣衫褴褛的背影,把理想挥作引路的旗帜,让信念闪成前进的明灯。高挺着民族坚强的脊梁,肩负着祖国神圣的使命。在硝烟弥漫的炮火里,在子弹呼啸的枪声中,他们脚穿露趾的草鞋,踏遍茫茫草地,头戴掉絮的灰帽,越过重重雪山。他们咀嚼草根,咀嚼野菜,咀嚼树皮,咀嚼腰带,咀嚼旧社会的苦难和黑暗,为我们换来新中国的幸福、欢笑和光明……

(二)对比性重音

(1)谦受益,满招损。

(2)有的人活着,他已经死了;有的人死了,他还活着。

(3)有了的东西不知道欣赏,没有的东西又一味追求。

(4)一个徐本禹的力量微不足道,但千千万万个徐本禹,就给山区的孩子带来了希望。

(5)有的人喜欢热闹喧嚣的城市生活,有的人偏爱宁静祥和的乡村环境。

(6)这一路如此漫长,又如此短暂;多希望能早点到达,又多希望永远没有这样的终点。

(7)"标"在明处而"本"在暗处,所以治"标"容易治"本"难,我们既可以通过治"标"来警示"本",也可以通过"本"的好转来促进"标"的转变。

(8)没有文化,民心就不齐,城市就没有生机;有了文化,民心就安定,城市发展也更有活力。

(9)忘了"我是党员",为人民服务的意识就会淡化,党员的先进性就难以体现;时刻铭记"我是党员",就会心存高尚,乐于奉献。

(10)昨日的失败是今日成功的垫脚石,而昨日的成功也可能是今日失败的伏笔。

(三)呼应性重音

(1)人才被埋没有两种情况:一种是社会埋没,另一种是自我埋没。

(2)考古工作有哪些要求? 一要守住寂寞,二要沉得下心,三要肯动脑子。

(3)谁是我们最可爱的人呢? 我们的战士,我感到他们是最可爱的人。

(4)在发测站官兵看来什么是快乐呢? 他们的回答是,以国防科技和航天事业发展为荣,以民族的进步和祖国的强大为乐。

(5)是什么样的力量,使他不间断地向社会、向他人奉献一片赤诚? 是爱。

(6)什么是幸福? 爱尔兰著名学者威廉·巴克莱在《花满香径》中这样写道:"幸福的生活有三个不可或缺的要素:一是有希望,二是有事做,三是有人爱。"

(7)网民对社交媒体的态度为何出现了转变? 报告称,越来越多的网民意识到,社交媒体剥夺了读书的时间、侵犯了个人隐私、导致睡眠不足。

(8)倾听民意要做到三条:一是要广听。只有广纳百家之言,才能集思广益,作出能够反映广大群众意志和利益的正确决策。二是要兼听。就是既听正面的意见,又听反面的意见;既听赞扬的意见,又听批评的意见;既听顺耳的意见,又听逆耳的意见。三是要善听。要能够从一片颂扬之声中,听出不满意和反对的声音,从人们婉曲的话语、幽默的玩笑当中，听出言外之意、弦外之音，理解群众善意的批评和提醒。

(9)自勉诗

什么东西能缩短时间？

实践。

什么东西使时间变得难受漫长？

懒散。

什么东西会造成过失？

容忍和等待。

什么东西能使你成功？

行动。

什么东西令人肃然起敬？

奋起反抗。

(10)我们不免要问：这种技术含量不高的骗局，为什么能骗到那么多人？这其中起关键作用的，就是那些“念台词”的医生。

(四)递进性重音

(1)为他倾倒的不只是美国人，也不只是“水立方”，而是整个奥林匹克世界。

(2)他们决心上阵不利则守城，守城不利则巷战，巷战不利则短兵相接，短兵相接不利则自尽以殉国。

(3)无法可依不行，有法不依更不行。

(4)中国房市的这种超代际消费，不仅膨化了房市泡沫，抬升了房价，酝酿了中国房市的潜在危机，还使中国的“房二代”们有可能成为缺乏奋斗精神的寄生者。

(5)为了得到好评价，获得项目和资金，某些地方不得不搞层层陪同，想方设法留人吃饭，有的还会赠送纪念品、土特产，甚至有价证券。

(6)季羡林说：国家领导人不好当。治乱世易，治盛世难，治理我们这样一个大国，更难。

(7)要解决增长与节约的矛盾，仅靠市场自我调节还不够，宏观调控之手也十分重要。

(8)“山寨”产品之所以便宜，很多时候不在于工艺流程，而在于缺乏品牌的附加值和研发成本的投入。

(9)社会分红不仅可以增加消费，而且有利于提高百姓的幸福指数，是人权观念的巨大进步。

(10)从这个意义上讲，造假者不仅是黑心，而且是在蓄意犯罪。所以，发现竹签预制块后只责令施工单位返工是不够的,还必须对其施以严惩。

(五)转折性重音

(1)中国在奥运会上的金牌和奖牌数届届都有新突破,但绝不等于中国已经成为世界体育强国。

(2)徐本禹的事迹是平凡的,但他奉献爱心的精神是许多人想做、能做而没能做到的。

(3)河北钢铁产量连续五年位居全国第一,但能耗高、污染重的中小企业占了七成。

(4)如果仅仅依靠价值链低端的附加值产品的生产,中国只能是一个生产大国,而不是一个经济强国。

(5)虽然这些材料在地面也进行了真空实验,但太空中的一些环境在地面上还无法完全模拟。

(6)因此,今天的节约,并不是不消费,而是要培养科学合理的消费观念和生活习惯。对于普通人来说,节约不是吝啬,并不是该花的钱不花,而是花尽可能少的钱,获取更大的效益,以达到节约资源能源的目的。

(7)揭露丑闻,报道真相,并不是要制造愤怒、埋下怨恨,而是希望能激浊扬清,既保护弱者利益、守卫价值底线,又激励社会进步。

(8)虽然拜登政府呼吁以色列在军事行动中减少巴方平民伤亡、反对以色列对加沙地带南部城市拉法发动大规模地面进攻,但美方仍向以方提供巨额援助。

(9)也许,这套足球操对营造校园足球运动的氛围有着一定的积极意义,但是对于学校来说,首先应该是让孩子们有球踢、有场地踢、有时间踢、有人教着踢,而不是那种“欢迎欢迎,热烈欢迎”的仪式感。

(10)他曾是一个雄心勃勃的少年,可是随着岁月的流逝,他逐渐明白了平凡生活中的珍贵与美好。

(六)强调性重音

(1)美国应当尊重中国的主权和法律,不要对中国指手画脚。

(2)灾情还在延续,湖南人民还在经受痛苦的考验,但他们不会倒下。

(3)国务院调查组认定:这是一起重大责任事故。

(4)中国绝不搞军备竞赛,也不会威胁任何国家。

(5)中国改革开放的总设计师邓小平曾告诫我们:稳定,压倒一切。

(6)事情往往就是这样,只有失去的东西,人们才会留恋它,只有得了病,才能体会到健康的幸福。

(7)今年1月,使用专车软件在济南西客站送客的陈超,被执法人员认定为非法运营,罚款两万。陈超对开出罚单的济南市城市公共客运管理服务中心提起诉讼,目前正在等待受理。这起诉讼成为全国“专车第一案”。

(8)自从担任了采场公路管理员,郭明义每天早上5点钟从家里出发,走上40多分钟,提前两小时来到工作岗位。一双脚板,一走就是15年。

(9)王坤友在新安村的几年里,村里修通了20多公里道路,加固了6公里圩堤,整理了7.5公里排灌渠道,村民人均收入每年增加400多元。

(10)我,这场大屠杀中唯一的幸存者,便成了可可西里最后的一只藏羚羊。

(七)比喻性重音

(1)水仙花很漂亮,像一位站在小河边,穿着白衣服的仙女。

(2)雪有如白色的细粉飘扬下来,把窗户蒙上了一层薄霜。

(3)震耳欲聋的鼓声,是一颗颗欢蹦的心声。

(4)邻家的炊烟,袅袅地拂过花梢,玻璃走廊外徐徐飞来了暮色,如一只美丽的灰鸽。

(5)宋词是袅袅轻烟,是细语碎花荫,是一段闲愁,剪不断,理还乱。

(6)特罗莎有两只蓝得出奇、蓝得像阳春的天空似的眼睛。

(7)一出城市,到处是这样的景象:向阳的山坡上,林色鲜翠;背阳的山坡上,森森然像一片埋伏在那里披甲戴盔的兵阵。

(8)明亮的阳光洒在水面上,粼粼的波纹金光闪闪,此时涟漪的水面,立刻又幻化成流金溢彩的锦绣。

(9)日子一页一页地撕去,散乱地布满房间,像秋天里的落叶。

(10)皎洁的明月高挂在淡蓝色的天空中,月光像流水一样泻下来,大地一片银白。

(八)拟声性重音

(1)轰隆一声巨响,敌人的碉堡飞上了天。

(2)轰隆一声巨响,敌人的一发炮弹打中了他的右大腿。[注意:例句(1)与例句(2)的“轰隆”虽然都是拟声性重音,但其内心感受是不一样的,用以表现的声音色彩也不同]

(3)“嘭”的一声,母亲关上门,上了保险。

(4)“扑棱棱、扑棱棱”的声音不觉于耳。一只只从遥远的南国飞来的灰鹤们,轻轻地在苇秆上一点,向上一耸,就跃到了半空中,开始了自由自在地飞翔。

(5)其他的泉水看见这一幕,也仿佛被逗乐了,发出“哗哗哗”的笑声。

(6)突然,“呜——”的一声怪叫,树梢上刮来一阵狂风。

(7)那天乌云密布,天将下雨,他突然眼前一亮,从窗外滚进一个火球,直窜床前,在床头滚动,接着飞出门去,不一会儿听到“轰”的一声炸响。

(8)他口中传来“咯咯”的响声,眼里闪着一股无法遏制的怒火,好似一头被激怒的狮子。

(9)就在这千钧一发之际,只听得“叭叭”两声枪响,刽子手的刀应声落地,场面顿时一片混乱。

(10)“咚咚咚”,外面传来一阵急促的敲门声,似乎不开门就要闯进来似的。

(九)肯定性重音

(1)不要开枪,是我。

(2)是他,他没有死。

(3)我是中国人,我是莫高窟壁画的传人,让翩翩欲飞的壁画与我们同往。我们就是飞天,飞天就是我们。我骄傲,我是中国人!

(4)是的,我们哭了,哭得食不下咽、夜不能寐,因为遭灾的是我们的兄弟姐妹;是的,我们笑了,因为一个个生命奇迹,因为一个个大写的“人”,因为我们的生死不离。

(5)这是十万火急的生命大驰援,这是一场惊心动魄的生命接力,这是一个个令人动容的身影,这是史无前例的伤员大转移!

(6)中央气象台今天发布最新气象信息,预计未来十天,中国北方地区冷暖变化较大,南方地区雨水较多,气温变化较平稳。

(7)我是青年——我的血管永远不会被泥沙堵塞;我是青年——我的瞳仁永远不会拉上雾幔。

(8)人类无法孤独地行走于天地之间,世界去向何方,取决于我们如何与生命相处。

(9)我是一个人,有血,有肉;我有一颗心,会喜,会愁。

(10)两个相邻的大国之间,必须始终弘扬和平共处五项原则,相互尊重、平等互信、照顾彼此关切,真正为双方的发展振兴相互提供助力。

(十)反义性重音

(1)狼吃了羊以后,还要表示自己是善良的。

(2)你们把困难全都要走了,一点都没给我们剩,可真够“自私”的。

(3)达赖集团声称,此次行动的目的是争取“自由”和“人权”,但伪善的谎言掩盖不了铁的事实。

(4)然而,总有那么一些挂着“人民公仆”招牌的官员,干着与所挂招牌完全背道而驰的事情。

(5)在葫芦岛市有一个特别的小粮油店,叫“傻子粮油店”,店主人曹伟被人们亲切地称为“傻子”。

(6)李一道长能够从一个街头卖艺的杂技团团长、欠债商人,跃居而成宗教“领袖”,其间有颇多“贵人”相助。不仅有地方官的“庇佑”,还有某些导演的“倾力奉献”。

(7)我翻开历史一查,这历史没有年代,歪歪斜斜的每页上都写着“仁义道德”四个字。

(8)“神医”者,包治百病也。平日里,何其多啊。街头矮墙上、电线杆子上,总能看到他们的“告白”。什么病都敢治,什么病都能治,越是疑难杂症,越能“妙手回春”。

(9)他们打着各种“善良”的旗号,却摆出事不关己居高临下的姿态;他们借助于“道德”的附加意义,却连明辨是非的能力都没有。

(10)听证会变成了“听涨会”,原因就是垄断企业和行业的强势,除了垄断本身的原因外,政府部门、监管机构、政策制定者跟垄断企业和行业间的“良好合作关系”,也是一个决定性因素。社会上的说法是,垄断行业一哭穷,有关部门便忙不迭地研究、讨论、同意、通过,相互间的配合,那叫一个“默契”。

二、重音处理方式例句

(一)高低强弱法

(1)一个珍视文明的民族,才能筑牢根脉;一个敬畏历史的国家,才能走向未来。

(2)只要有一线希望,就要尽百倍努力。

(3)人类文明的长河奔涌向前,我们既是历史的继承者,又是历史的创造者。

(4)有了文化繁荣的小康,才是全面的小康。

(5)劳动者离去了,但他的劳动成果留了下来。

(6)我不是挺立在高山峻岭中的巨松,也不是屈身于斗室的盆景,而是辽阔草原上的一株小草,为壮丽的河山添上一抹新绿。

(7)人与大自然的搏斗一直是相当残酷的:开始是大自然残酷,现在是人残酷。

(8)已经发生的一些事件表明,某些领导干部在对待群众的态度上,丧失了共产党员的品格,更谈不上执政意识、忧患意识和公仆意识。

(9)李先生的血不会白流的！李先生赔上了这条性命,我们要换来一个代价。“一二·一”四名烈士倒下了,年轻的战士们的血换来了政治协商会议的召开。现在李先生倒下了,他的血要换取政协会议的重开！我们有这个信心！

(10)你们问:我们的政策是什么？我要说,我们的政策就是用我们的全部能力,用上帝给予我们的全部力量,在海上、在陆地、在空中进行战争,同一个在人类历史上所从未有过的穷凶极恶的暴政进行战争。这就是我们的政策。

(二)快慢停连法

(1)胜利,不惜一切代价也要赢得胜利！

(2)你聪明的,告诉我,我们的日子为什么一去不复返呢？

(3)漓江的水真静啊,静得让你感觉不到它在流动。

(4)三月的烟雨扬州,令人宛如置身于画中。

(5)昔日,我曾爱慕过她,钦佩过她,崇敬过她。而今,在死神带来的庄严肃穆之中,我出神地凝视着她。

(6)我潜心默祷,祝愿雨声长久响下去,响下去,永远也不停。

(7)我发现我的那颗心啊,一直跳跃在绿宝石似的草原上。

(8)大堰河,我是吃了你的奶而长大了的。你的儿子,我敬你,爱你！

(9)向水中看,你能看见天空变幻的云彩和两岸伫立的青山,一幅“云在水中游,鸟在池中飞”的奇观。

(10)一个月过去了,朱玉兰的儿子徐震生已经会笑,在妈妈的怀抱里,在亲人慈爱的目光里……

(三)虚实法

(1)既像婴儿喜爱母亲的怀抱,又像男子依偎着自己的恋人。

(2)曾有人问我,一生中最绝望的一刻是什么时候,我说,是妻子辞世的那一天。

(3)这张照片的主人已经不在人间了,但是当时的情景,却永远留在我和妻子的心里。

(4)随着一阵尖利的刹车声,樱子的一生轻轻地飞了起来,缓缓地,飘落在湿冷的街面,好像一只夜晚的蝴蝶。

(5)在鸟语花香的清晨,我的心空了,净了。

(6)叶子底下是脉脉的流水,遮住了,不能见一些颜色,而叶子却更见风致了。

(7)窗外,月光如水,我的小屋里,早已心事堆积。品一口香茗,让淡淡的夜曲如流苏般弥漫。放飞心绪,今夜,让我静静地想你。

(8)长大以后,你才会知道,在蓦然回首的刹那,没有怨恨的青春才会了无遗憾,如山冈上那轮静静的满月。

(9)静静地,我倾听着你的朗诵,熟悉的是声音,陌生的是面容,靠近的是我们的心。

(10)奶奶的芭蕉扇有一下没一下地扇着,偶尔会传来几声犬吠,空气里浮动的泥土的芳香,连月亮也陶醉了,悄悄地躲进云层里,奶奶的故事在喜悦的蛙声中摇曳着,宛若最动听的催眠曲,不一会儿我便香甜地睡了。

(四)利用笑音、颤音、泣音表现特殊的情感

(1)春天像小姑娘,花枝招展的,笑着,走着。(暖笑音处理)

(2)也许铜的要绿成翡翠,铁罐上锈出几瓣桃花……(冷笑音处理)

(3)我的心疼得像刀绞一样,眼泪不住地往下流。(颤音处理)

(4)妈妈,一路走好,儿子给您磕头了。(泣音处理)

(5)谢谢这一生的照顾,拖累了你这么久,这辈子我欠你的,来生……我……一定还……

(6)妈,你在哪?你快说话啊,你能听到吗?妈妈,你在哪啊!(废墟中,寻找母亲)

(7)在延安,大家是在解放了的自由的土地上,为什么不随时随地集体大声地歌唱呢?每次唱歌,都有唱有和,互相鼓舞着唱,互相竞赛着唱。有时简直形成歌的河流、歌的海洋,歌声一波未平,一波又起,接唱、联唱、轮唱,使你辨不清头尾,摸不到边际。那才叫尽情地歌唱哩!

(8)我开始后悔自己是一只藏羚羊。我们其实长得并不美丽,我们只不过是有一身价值连城的皮毛而已,可就因为这一身皮毛,几年来,不知多少兄弟姐妹惨遭杀戮,而且,所有的尸体都被剥了皮啊。

(9)悲剧发生后,妻子急火攻心,晕倒在地。醒来后,妻子一连几天以泪洗面、不吃不喝,偶尔开口,也是对着他不停地质问"你为啥不救儿子?你说啊,为啥?"

(10)那天夜里,下着淅沥沥的小雨,我站在窗口想你。爸爸,四周湿润润的,有股咸味,不像雨,像是我的眼泪。眼泪要酿多咸,才对得起对你无限的思念,才换得回来你啊,爸爸?

第三部分　训练材料

一、新闻类稿件

这一部分包括简讯、消息和一期《新闻联播》。训练可以先由简讯练起,再进入消息的练习,《新闻联播》内容要可视情况选择练习,或者在最后的综合训练时使用。

新闻播读的速度是比较快的,为了在快速的语流中清晰地传达句意、明确句子目的,运用好重音这一技巧就显得尤为重要。重音运用的原则是“少而精”,对于句中那些重要的、主要的词或词组,播音时要着重强调,以便突出地、明晰地表达出具体的语言目的和思想感情。

(一)简讯

1.国内联播快讯

第四批智能光伏试点示范企业和项目公布

工业和信息化部等五部门日前联合公布第四批智能光伏试点示范企业和示范项目名单,共包括45家企业和81个项目。按照《智能光伏产业创新发展行动计划(2021—2025年)》,到2025年,我国光伏行业智能化水平显著提升,生态体系建设基本完成。

沪苏浙《促进长三角生态绿色一体化发展示范区高质量发展条例》通过

近日,沪苏浙一市两省人大常委会分别表决通过《促进长三角生态绿色一体化发展示范区高质量发展条例》,5月1日起三地同步施行。《条例》对示范区内规划建设、生态环境、创新发展、江南水乡文化、公共服务等跨区域协同制度作出全方位、多维度的规定。

中央网信办部署开展整治涉企侵权信息乱象专项行动

近日,中央网信办部署开展“清朗 · 优化营商网络环境——整治涉企侵权信息乱象”专项行动，聚焦侵犯企业和企业家合法权益的网络信息内容乱象，重点整治无事实依据凭空抹黑诋毁企业和企业家形象声誉、炮制传播虚假不实信息和恶意炒作涉企公开信息等问题。

2024 年西部计划报名通道开启

今天，2024 年大学生志愿服务西部计划报名通道正式开启。从即日起至 5 月中下旬，2024 年普通高等学校应届毕业生或在读研究生，可通过微信公众号“西部志愿汇”或登录西部计划官网注册报名。服务内容分乡村教育、基层青年工作等 8 个专项，服务期 1—3 年。期满后，志愿者在考研、报考公务员等方面享受一系列保障政策。

海南自贸港船舶通航管理新规明起施行

《海南自由贸易港船舶通航管理办法》将于明天正式施行。《办法》旨在规范海南自由贸易港海上船舶航行、停泊、作业的秩序，促进海上交通安全与预防船舶走私协同管控，便利船舶进出自由贸易港，服务海南自由贸易港建设。

国际标准化组织文化遗产保护技术委员会秘书处落户中国

国际标准化组织近期批准成立文化遗产保护技术委员会，秘书处设在中国，委员会目前共有 28 个参与成员国、13 个观察成员国，将通过文化遗产监测、评估、保护修复过程中术语、技术等国际标准化工作，共享文化遗产保护先进技术和实践经验。

中东部气温回升　南方持续阴雨

从昨天到今天，我国中东部多地气温继续回升，部分地区最高气温升至 25℃ 以上。4 月 1 日起，新一轮冷空气将影响北方各地，气温有所下降。南方地区降雨今天起再次增多，提醒公众出行需及时关注最新预报、预警信息。

2024 年京津冀骨灰撒海启航活动今天举行

2024 年京津冀骨灰撒海启航活动今天在天津渤海湾举行。我国骨灰撒海活动已有 30 多年的历史，共有 20 多万份逝者骨灰撒向大海，节地生态葬得到越来越多家庭认可。

(2024年3月31日《新闻联播》)

2.国际联播快讯

中企承建柬埔寨跨河大桥项目开工

中国企业承建的柬埔寨百达隆巴萨河大桥项目19日在柬埔寨首都金边举行开工仪式。柬埔寨首相洪玛奈感谢中国一直以来为柬埔寨经济社会发展提供的支持,表示愿继续推进双边合作,扩大各领域友好交往。

百达隆巴萨河大桥项目全长1650米,项目设计采用双向四车道,项目建成后将为柬埔寨首都经济圈的一体化发展提供有力支撑。

德国央行称德国经济可能陷入技术性衰退

德国央行德意志联邦银行19日发布报告指出,德国经济目前面临外部需求疲软、消费支出低迷等诸多挑战。报告称,继去年第四季度萎缩0.3%之后,德国经济今年第一季度可能再次小幅下滑,从而使德国经济陷入技术性衰退。

阿富汗东部降雨引发山体滑坡致25人死亡

阿富汗东部努里斯坦省山区18日因强降雨引发山体滑坡。据当地政府官员19日称,山体滑坡已造成至少25人死亡,多人受伤,另有20多人失踪。灾难还导致数十栋房屋受损,目前救援行动仍在进行中。

(2024年2月20日《新闻联播》)

(二)消息

神舟十七号航天员乘组圆满完成第二次出舱活动

今天13时32分,经过约8小时的出舱活动,神舟十七号航天员汤洪波、唐胜杰、江新林密切协同,圆满完成第二次出舱活动。这是我国航天员首次完成在轨航天器舱外设施的维修任务。

5时40分,航天员江新林打开问天气闸舱出舱舱门,这是航天员江新林首次执行出舱活动任务。随后,江新林登上机械臂,航天员汤洪波在舱壁自主转移，配合江新林舱外作业，航天员唐胜杰在核心舱内操控机械臂进行支持。

8时02分，江新林乘机械臂转移至相关作业点，展开核心舱太阳翼修复工作。此次出舱活动重点完成了天和核心舱太阳翼维修工作，消除了前期因太空微小颗粒撞击产生的影响，经评估分析，太阳翼发电性能状态正常。

出舱活动期间，航天员还对空间站舱体状态进行了巡检。

13时32分，航天员汤洪波、航天员江新林安全返回问天实验舱。按计划，神舟十七号载人飞行任务期间还将开展大量空间科学实验与技术试验。

（2024年3月2日《新闻联播》）

【文化+赋能】激发旅游消费新活力

清明假期，踏青、赏花、传统文化主题活动等都成为了旅游消费的新热点。

清明假期，各地迎来红色旅游热潮，近程游、自驾游是主要趋势，拥有支线机场的小城市成为新兴旅游目的地，各种新场景、新玩法带动了酒店、餐饮等综合消费增长。

清明假期，在湖南，鸳鸯走马楼的戏台轮番上演常德丝弦、常德汉剧等一批传统非遗戏曲文化节目，吸引了很多市民游客前来游玩。

在江西，游客们走进茶园里学习茶叶采摘的手法和过程，开启寻茶研学之旅。在河南，水下牡丹美人鱼秀等夜游项目吸引了众多游客。在青海，以高原独特的杏花景观为基础，举办了民族歌舞演出等一系列活动。在江苏，“长江传奇”邮轮首次创新推出，游客们沿江而行，领略两岸的美丽景色。据统计，清明假期首日，江苏全省纳入监测的634家A级旅游景区和195个省级以上乡村旅游重点村共接待游客514.55万人次，游客消费总额达20.14亿元。在湖北，纳入重点监测的600多家A级旅游景区共接待游客179.28万人次，比去年同期增长18.16%。

（2024年4月5日《新闻联播》）

【新春走基层】青春在海拔5318米的查果拉哨所绽放

今天的《新春走基层》，我们把视线转向守卫祖国边防的一线官兵。在喜马拉雅山脚下的西藏亚东县驻扎着海拔5318米的哨所——查果拉。春节期间，记者来到这里，记录下戍边官兵保家卫国的忠诚和担当。

从拉萨一路向西,颠簸了近7个小时,采访小分队终于抵达了此行的目的地——查果拉哨所。一下车,高原的大风就给记者来了个“下马威”。

查果拉在藏语里的意思是“鲜花盛开的地方”,但现实中的这里荒无人烟,四季雪山连绵,是名副其实的“生命禁区”。官兵们常年担负着哨所周边的巡逻执勤任务,与雪山为伍,与孤独作伴。

李存冬2018年主动申请来到了查果拉哨所,至今已经6年,今年他刚刚晋升为陆军一级上士,当被记者问到如果有一天要离开这里时,李存冬突然变得不能自已。

高原条件的艰苦让人刻骨铭心,但李存冬心甘情愿留下来,用他自己的话说,这里就像自己的家,是他战斗的地方,有着太多的不舍和怀念。

这就是边防军人最真挚又朴素的情感。查果拉的空气含氧量只有内地的35%,年平均气温都在零下10多摄氏度。哨所自1962年组建至今,一茬茬官兵凭借着“人定胜天”的信念,修工事、挖战壕,搞生产、建营房,克服了高寒缺氧、没水没电的诸多困难,在这个“生命禁区”扎下了根。

(2024年2月14日《新闻联播》)

多款国产机型开启新年试飞工作

记者从航空工业集团获悉,春节前后,我国多款国产飞机积极展开试验飞行,为投入应用做准备。

世界在研最大的水陆两栖飞机AG600M在海拉尔圆满顺利完成了三大系统的低温试验和4次飞行试验。

今年是我国AG600M飞机适航取证的关键之年。为此,试飞团队提前半个多月就赶到海拉尔,力求抓住这一取证前的最后一次试飞机会。试飞中,面对当地连续出现寒潮等恶劣天气,试飞团队加班加点,仅用10天就完成了所有试验。

不只是AG600M,在漠河,国产13吨级大型民用直升机也开启了首次高寒试飞。在遂宁,“新舟”60灭火机超低空投水试飞圆满完成,距离投入使用又近一步。而在佳木斯,两型国产直升机也相聚东北,共同展开低温试飞。

航空工业集团表示,今年同时有这么多机型开启试飞,意味着我国航空工业能力的整体提升,同时也为今年多种机型的顺利交付打下了坚实基础。根据计划,今年将向全球用户交付超过600架民用飞机。

(2024年2月15日《新闻联播》)

【杭州第19届亚运会】中国队包揽男女百米冠军

杭州亚运会今天进入开幕后的第八个比赛日，共产生35枚金牌。射击比赛今天全部结束，在女子多向飞碟团体赛中，中国队以总分357夺得冠军，并打破世界纪录。随后，张鑫秋、武翠翠包揽了女子多向飞碟个人赛的冠亚军。举重赛场，在男子61公斤级比赛中，中国选手李发彬以抓举143公斤、挺举167公斤、310公斤的总成绩获得该项目冠军。

昨晚在田径赛场上，男子100米决赛中，中国选手谢震业最终以9秒97的成绩夺得金牌。女子100米决赛，中国选手葛曼棋以11秒23的成绩夺得冠军，这是中国队第一次在亚运会赛场上同时包揽男女百米冠军。此外，在男子链球的比赛中，中国选手王琦以72米97的成绩夺冠，这是中国男子链球时隔29年再夺亚运会金牌。

（2023年10月1日《新闻联播》）

（三）一期新闻联播

各位观众，晚上好。今天是1月13号，星期六，农历十二月初三。欢迎收看《新闻联播》节目，今天节目的主要内容有：

习近平总书记指出，流通体系在国民经济中发挥着基础性作用，构建新发展格局必须把建设现代流通体系作为一项重要战略任务来抓。

系列报道【新思想引领新征程】今天播出构建现代物流体系，建设全国统一大市场。

全国政法机关坚持以人民为中心，奋力推进政法工作现代化，为建设更高水平的平安中国、法治中国筑牢坚实基础。

广东深圳全面践行“四下基层”优良作风，不断推动第二批主题教育走深走实。

2023年我国完成水利建设投资11,996亿元，创历史新高。

系列报道【新时代新征程新伟业——实干笃行】，今天来看江苏通过产业链协同创新，不断推动制造业提质升级。

美国军方称再次打击也门胡塞武装设施，胡塞武装称美英两国的“所有利益”都是其打击目标。

以下来看详细报道。

【新思想引领新征程】构建现代物流体系　建设全国统一大市场

习近平总书记指出，流通体系在国民经济中发挥着基础性作用，构建新发展格局必须把建设现代流通体系作为一项重要战略任务来抓。当前,我国正加快构建内外联通、高效便捷的物流网络,着力夯实现代流通体系的基础,为加快建设全国统一大市场、推动高质量发展提供有力支撑。

新年伊始,流动的中国一派生机勃勃。广西阳朔青鸟村果园边新建的分拣车间格外繁忙,沃柑刚下枝头就被分类包装,直接发往东北、内蒙古等地。两千公里外的宁夏盐池,牧场边的冷链车间刚刚扩建完成,新鲜羊肉最快 24 小时就能送到深圳、云南等地的餐桌。而在河南平舆县,刚刚下线的外贸货物搭乘附近的海铁联运专列可以直接出口到欧美 60 多个国家。

越织越密的物流网络让商贸流通迸发出蓬勃活力。2023 年,全社会物流总额预计将达到 350 万亿元,现代物流一头连着生产,一头连着消费。党的十八大以来,以习近平同志为核心的党中央以更大力度推动高质量现代流通体系的建设与完善,着力打通"大动脉"、畅通"微循环"。

2023 年,习近平总书记在地方考察期间,前往琼州海峡、九江港等物流枢纽,就打造区域性物流枢纽和商贸中心、提高江铁海多式联运能力和自动化水平等方面作出重要指示。年底的中央经济工作会议进一步提出,要有效降低全社会物流成本。

2023 年,现代物流领域的第一份国家级五年规划全面开启,从构建国内国际物流大通道到补齐农村物流、冷链物流的短板,再到科技数字化赋能、培育枢纽经济等新形态,一系列事关长远的顶层设计为高水平建设现代物流体系、推动高质量发展锚定方向。

目前,我国已基本形成"通道+枢纽+网络"的现代物流运行体系,持续激发中国大市场的源源活力,沿边沿海物流走廊、西部陆海新通道等战略骨干通道建设加快推进,66 个国家骨干冷链物流基地覆盖全国,7.5 万个产地冷藏保鲜设施新增库容 1800 万吨以上,1400 多个县建成了电子商务服务中心,近 20 万个村庄拥有了快递网点。与此同时,国家物流枢纽持续扩围提质,2023 年,全国新增 30 个,总数已经达到了 125 个。不仅空间布局持续向中西部地区扩展,功能上也和现代服务业、先进制造业深度融合。

为推进中国式现代化提供有力法治保障

2023 年,全国政法机关深入贯彻党的二十大精神,坚持以人民为中心,奋力推进政法工作现代化,为建设更高水平的平安中国、法治中国筑牢了坚实基础。

建设更高水平的平安中国就要有效预防化解各种矛盾风险。2023 年全国各地坚持和发展新时代"枫桥经验",以信息化、智能化为支撑,全面提升矛盾纠纷预防化解能力，40.29%诉至法院的民事行政纠纷通过调解方式在诉前得到解决。

人民安居乐业是平安中国的最暖“底色”。2023年，针对电信网络诈骗这一社会痛点，公安机关重拳出击，全年共破获电信网络诈骗案件43.7万起。针对缅北涉我国电信网络诈骗犯罪，连续开展多轮打击行动，4.1万名犯罪嫌疑人被移交我方，电信网络诈骗发案数自2023年8月以来连续下降。

2023年，常态化扫黑除恶工作持续推进，公安机关共打掉涉黑恶犯罪组织1900余个，增量问题得到有效控制。2023年全国刑事案件立案数比2022年下降4.8%，平安中国成色更足。

过去一年，政法机关持续深化改革，强化对司法活动的制约监督，努力让人民群众在每一个司法案件中感受到公平正义。

最高人民法院出台措施，对确有错误的上诉、申诉案件，确定依法可由上级法院直接改判就不发回下级法院重审的原则，防止程序空转。最高人民检察院与最高人民法院联合印发《关于规范办理民事再审检察建议案件若干问题的意见》，统一法律适用，提升司法质效。

为促进司法公正，司法行政机关严格落实法律援助法的规定，扩大法律援助范围和形式，保证案件当事人无论经济条件好坏、社会地位高低，在审判阶段都可以得到及时有效的法律援助。

群众所需，改革所向。公安政务服务深入推进“一窗通办”“全程网办”，实施驾驶证、护照证件“全国通办”，29个省区市已实现所有类型户口迁移“跨省通办”。目前，全国已有295家公证机构与驻外使领馆共同开展海外远程视频公证，满足旅居海外的我国公民的公证服务需求。新时代新征程上，各级政法机关奋力推进政法工作现代化，为中国式现代化建设提供更加有力的法治保障。

【学思想 强党性 重实践 建新功】深圳全面践行“四下基层”优良作风 推动主题教育走深走实

第二批学习贯彻习近平新时代中国特色社会主义思想主题教育开展以来，广东深圳全面践行“四下基层”工作方法和工作制度，深入调查研究，发现问题、解决问题，推动主题教育取得实效。

在第二批学习贯彻习近平新时代中国特色社会主义思想主题教育中，广东深圳通过多种形式，分级分类组织学习，遴选千名讲师在78个街道党校和715个社区开展理论宣讲，弘扬“四下基层”作风，以学促干，组织广大党员干部沉到一线、深入现场，解决基层实际问题。

围绕“四下基层”,深圳深入开展“助企行”工作。在调研中,不少企业反映产业空间不足的难题。挂点服务的党员干部经过考察分析,提出“工业上楼”的破题之法,将传统单层的扁平式厂房汇聚到高层建筑。截至目前,已启动工业上楼项目72个,可提供产业空间2000万平方米。

第二批主题教育开展以来,深圳在深入调查研究基础上形成加快推动人工智能发展行动方案等有分量的政策文件、工作举措5000多项,开展市级重点课题97个。贴心办好民生实事,实施老旧小区加装电梯、整治城中村水电气网违规加价等惠民项目7000多个,推动主题教育取得实际成效。

我国制造业增长潜力加速释放

新年伊始,许多制造企业都在赶订单、忙创新,我国制造业增长潜力不断释放。

在江苏淮安,这家制造用于大型机械的液压系统的企业为了提高生产效率,生产交期由原来的45天缩短到25天,今年的第一批产品刚刚生产出来,即将发货。

企业干劲十足,对未来发展的信心在不断提升。数据显示,2023年12月份,制造业生产经营活动预期指数为55.9%,连续3个月上升,表明制造业企业对市场发展信心不断增强。2023年12月份,高技术制造业和装备制造业采购经理指数分别为50.3%和50.2%,继续保持扩张。

不只是高技术制造和装备制造,前瞻布局的未来产业的发展势头也十分强劲。在浙江杭州,一场技术研讨会正在这家机器人公司进行,研发人员正围绕如何给机器人增加新功能进行讨论。经过持续的研发创新,企业的机器人产品已从之前初步实现行走,到如今具备自平衡、负重等能力。

工业和信息化部表示,2024年将全面实施制造业重点产业链高质量发展行动,加快培育新兴产业,壮大新能源、新材料、高端装备等新兴产业,出台未来产业发展行动计划,推动我国制造业不断释放新的增长潜力。

2023年末全国普惠型小微企业贷款余额增长超23%

国家金融监督管理总局最新数据显示,2023年末全国普惠型小微企业贷款余额较年初增长超过23%,有力有效支持了小微企业发展。

在北京,利用不久前拿到的80万元纯信用贷款,这家从事物联网技术应用的小企业新年新项目正抓紧落地。

由于规模小又缺乏抵押物,过去,企业在贷款中遇到不少困难,改变来自去年政府部门的一次推荐。国家金融监督管理总局北京监管局将来自15个政府部门的数据进行分析，梳理出经营活跃，但没有得到贷款支持的小微企业，形成“白名单”向银行推荐，推动了银行和企业信息不对称难题的解决。

去年以来，两次降准释放流动性超过1万亿元，支农支小再贷款以及多项政策，持续推动小微企业贷款量增、价降。截至2023年末，全国普惠型小微企业贷款余额29.06万亿元，较年初增长23.27%，2023年新发放的普惠型小微企业贷款平均利率4.78%，较2022年下降0.47个百分点，有力有效支持了小微企业发展。

2023年我国完成水利建设投资11,996亿元

水利部最新发布，2023年，国家水网主骨架和大动脉加快构建，省级水网先导区建设持续推进，市县级水网先导区接续启动，全国完成水利建设投资11,996亿元，创历史新高。其中，吉林水网骨干工程等44项重大水利工程开工建设，西江大藤峡水利枢纽等一批重大水利工程建设实现关键节点目标，长江流域姚家平水库等流域防洪工程体系不断完善。5处大型灌区开工建设，598处大中型灌区建设与现代化改造加快推进。农村自来水普及率达到90%，规模化供水工程覆盖农村人口比例达到60%。

【新时代新征程新伟业——实干笃行】产业链创新 推动江苏制造业提质升级

江苏大力推动产业链协同创新，不断推动制造业向高端化、智能化、绿色化发展。

近日，世界上最大的2.4万标箱级集装箱船顺利离开长江南通段水域出海试航。与此同时，在江苏南通的这家大型造船企业，两艘同级别的集装箱船正在加紧建造。企业高效运转的背后离不开数字化转型的帮助。记者看到，在这里，造船就像是做衣服，一块块钢板好比是一卷卷布料，电脑会依据需求在不同钢板上打印裁切出零部件进行自动焊接。

通过数字化转型，江苏造船产业生产效率得到极大提升。以南通市为例，2023年1到11月，全市造船完工量288.4万载重吨，同比增长11.6%，手持订单量1113.4万载重吨，同比增长20.6%，一些企业的在手订单已经排到了2028年。但是江苏并不满足于订单的火热，他们将发展方向瞄向了更高端的核心技术。

江苏省造船份额约占全国的47%，如何推动造船业从大到强，让高订单有更高价值？去年年底，江苏成立船舶与海洋工程装备技术创新中心，与船舶制造龙头企业一起，摸排出80多项急需解决的核心技术难题。

眼下，创新中心正与上下游企业一道，展开装载处理液化天然气关键设备的攻关。

攻关成功后,LNG运输船的国产化率可以提高到70%。目前,江苏已在全省范围内梳理出包括高技术船舶与海工装备在内的16个重点产业集群、50条产业链,并围绕产业链协同创新等方向实施重点培育计划。

我国新一代气象超算系统建成

中国气象局昨天公布,我国气象信息化建设已全面提速,新一代气象超算系统建成,运算能力提升6.5倍,大幅提高天气及气候预测等方面的精准率。同时,多项气象核心技术实现突破,在全球同化预报系统中,北半球可用预报天数首次稳定突破8天,达到了气象数值预报模式发展的阶段性目标,成为重要的里程碑。台风预报方面,24小时的平均路径预报误差缩小到62公里,达到历史最佳,台风预报能力已居世界先进水平。在强对流天气预警方面,预警信号的发布可提前43分钟。2023年,我国已发射风云三号G星和F星。两颗风云气象卫星使我国成为全球唯一同时运行黎明、上午、下午、倾斜四条近地轨道气象卫星的国家。

我国全面建立医疗服务价格动态调整机制

记者今天从国家医保局获悉,在总体不增加群众看病负担的情况下,我国持续加大医疗服务价格优化调整力度,各地动态调高门急诊诊查、手术、护理、中医等技术劳务类项目价格,扩大药学类服务价格范围,检查检验等物耗为主的价格有所下降。同时,完善互联网诊疗价格政策,制定互联网复诊、远程会诊、远程监测等项目,规范项目收费,促进互联网诊疗向基层延伸,满足群众远程看病需求。

目前,我国已全面建立医疗服务价格动态调整机制。2023年,共有28个省份开展了调价工作,全年审核新增医疗服务价格项目1900余项。

下面来看一组联播快讯:

2023年前11个月地方国企营业收入同比增长近6%

国务院国资委最新数据显示,2023年前11个月,地方国企营业收入突破35万亿元,同比增长近6%,研发经费投入超过4800亿元,同比增长16.7%。2024年底前,各地国有企业力争完成新一轮改革70%以上的主体任务。

地级及以上城市将建立房地产融资协调机制

住房城乡建设部和金融监管总局近日联合印发通知，明确要求在地级及以上城市建立城市房地产融资协调机制，研判房地产市场形势和房地产融资需求，协调解决房地产融资中存在的困难和问题，提出可以给予融资支持的房地产项目名单，推送金融机构，做好融资支持。

各地加快推进适老化无障碍出行服务

交通运输部、国家铁路局等六部门近日发布通知，要求各地进一步加强适老化无障碍出行服务，包括加快推广应用低地板及低入口城市公交车，保留使用现金、刷卡、纸质票证等方式，优先给老年人安排下铺等。

今年春运全社会跨区域人员流动量将创历史新高

记者从交通运输部获悉，今年春运期间，全社会跨区域人员流动量将创历史新高，能源物资、民生物资、春耕备耕物资等运输需求旺盛。交通部门将全力确保平安便捷出行，物流畅通高效。

80 余万支青年突击队奋斗在国家需要主战场

今天是我国第一支青年突击队成立 70 周年。共青团中央部署各级团组织发动各行各业青年突击队，在国家重大工程建设、核心技术攻关、应急处置等任务中，勇挑重担、冲锋在前。自 2020 年以来，有 80 余万支青年突击队奋斗在国家需要的各个主战场。

2024 年“CR450”动车组将完成样车制造

记者从国铁集团获悉，2024 年，国家“十四五”规划重点项目——“CR450”动车组将完成样车制造并开展一系列试验。2023 年，“CR450”动车组新技术部件已完成单列时速 453 公里、相对交会时速 891 公里运行条件下的性能验证试验。

我国第五座南极科考站主楼主体结构封顶

今天,正在建设中的我国第五座南极科考站——罗斯海新站完成主楼最后一根钢梁吊装,新站主楼主体结构实现封顶。罗斯海新站主体设计为南十字星造型,建成后预计可容纳 80 名考察人员。新站计划在 2 月初完成建设。

2023 年福建对共建“一带一路”国家进出口首破万亿

据厦门海关统计,福建对共建“一带一路”国家贸易连续 8 年保持增长,2023 年进出口总额达 10,089.2 亿元人民币,同比增长 2.6%,创历史新高。

第十四届全国冬季运动会群众比赛开赛

第十四届全国冬季运动会群众比赛今天在内蒙古呼和浩特举行。比赛为期两天,设置速度滑冰、越野滑雪两个大项,来自全国各地的 300 余名群众选手参赛。这也是我国冬运会首次设置群众比赛。

总台 CMG 第二届中国电视剧年度盛典举行

中央广播电视总台 CMG 第二届中国电视剧年度盛典昨天举行,多部电视剧和个人分获“年度大剧”“年度融合传播大剧”以及年度编剧、导演、男女演员和终身成就艺术家等荣誉。中国电视剧精品制播联盟还启动人才培养等多项助力行业高质量发展计划。盛典实况将于春节期间在总台上线播出。

2024“新春祝福”系列主题音乐会亮相国家大剧院

“新春祝福之龙腾虎跃”系列主题音乐会昨晚在国家大剧院开启。从 1 月 12 日—2 月 3 日,11 场精彩纷呈的主题音乐会将陆续上演,涵盖交响乐、民族管弦乐、合唱等多种艺术形式,为观众奉上迎新春文化大餐。

超 70 万只候鸟飞抵鄱阳湖越冬

鄱阳湖是亚洲最大的候鸟越冬栖息地。截至目前,鄱阳湖越冬候鸟数量已超 70

万只，种类50多种。近年来，鄱阳湖实行全面禁捕退捕、候鸟保护专项整治行动等，生态环境逐渐改善，越冬候鸟逐年增加。

美军方称再次打击也门胡塞武装设施 胡塞武装称美英“所有利益”都是打击目标

美国中央司令部今天称，美军军舰当天凌晨发射多枚“战斧”导弹，打击了也门境内的胡塞武装雷达设施。美国媒体报道说，此次打击行动比前一天规模小得多。此前美国国防部发言人赖德称，目前美国没有向红海地区派遣更多美军的计划。

据胡塞武装运营的媒体今天报道，位于萨那北部的戴拉米空军基地当天遭袭。此前一天，胡塞武装称，美英两国“所有利益”都已成为其“合法打击目标”。据美国军方人士消息，胡塞武装12日发射了至少一枚导弹，但未击中任何船只。当天，大量也门民众在首都萨那和荷台达等地集会，抗议美英的打击行动。

路透社报道称，西班牙、意大利、法国没有参与美英军事行动，显示西方在胡塞武装问题上存在分歧。

联合国安理会12日就红海局势举行紧急会议。中国代表表示，有关国家对也门采取的军事行动加剧了红海水域的安全风险，无助于保护商船安全和航行自由，敦促有关各方通过对话协商，为维护红海和中东地区和平稳定作出切实努力。

伊拉克、土耳其、约旦、叙利亚等国表示，美英行为将导致地区紧张局势升级。

以色列称打死数十名哈马斯武装人员 哈马斯称在多地与以军持续激战

以色列军方12日称，以军11日在加沙地带打死包括巴勒斯坦伊斯兰抵抗运动哈马斯高级指挥官在内的数十名武装人员。据巴勒斯坦媒体报道，哈马斯下属武装组织成员继续在南部汗尤尼斯、中部代尔拜拉赫等地与以军激战。

巴勒斯坦电信公司同一天表示，受持续袭击影响，加沙地带的通信和互联网服务再次完全中断。此外，由于燃料完全耗尽导致停电，加沙地带中部的一所医院已停止运转，院内仍有数十名伤病员。

联合国负责人道主义事务的副秘书长格里菲思12日在联合国安理会公开会上说，当前的加沙地带没有安全的地方，生存条件恶劣，流离失所者数量仍在增加，加沙地带民众无法返回北部，人道主义援助难以实现。他呼吁安理会采取紧急措施结束冲突。

俄称过去一周完成对乌既定目标打击 乌称打击俄防空系统等

俄罗斯国防部12日称,过去一周俄军使用“匕首”高超音速导弹等高精度武器及无人机,对乌克兰军工企业实施了23次打击,并打击了乌方武装力量、外国雇佣兵驻地等,完成了全部既定打击目标。

乌克兰军方12日称,过去24小时,乌空军对俄军多个人员武器装备集中区、防空系统和指挥所等实施了打击。

对于美国媒体称美国政府支持没收被冻结的俄罗斯海外资产,俄罗斯外交部发言人扎哈罗娃12日回应说,美方如果没收俄方资产,不仅违反国际法,还将破坏全球金融体系,属于强盗行为,俄罗斯将进行严厉回应。

下面来看一组国际快讯:

美洲国家组织发表宣言支持厄瓜多尔政府

美洲国家组织12日召开会议发表宣言,认可厄瓜多尔政府为恢复社会秩序、维护法治所做努力。美洲国家组织成员表示,继续关注厄瓜多尔局势,并为厄瓜多尔政府提供支持。

近日,厄瓜多尔相继发生毒枭越狱、监狱骚乱等恶性事件。厄瓜多尔总统府12日发布报告说,自该国9日进入“国内武装冲突”状态以来,安全部队已逮捕859人。

世界气象组织称去年为有记录以来最热年

世界气象组织12日发布新闻公报,正式确认2023年为有记录以来最热一年。该组织数据显示,2023年全球平均气温比工业化前水平高约1.45摄氏度。世界气象组织秘书长绍洛表示,气候变化是人类面临的最大挑战,正在加剧不平等危机,国际社会必须加快行动大幅减少温室气体排放,并加快向可再生能源过渡。

美航管局将审计波音737 MAX 9生产线

据美国联邦航空管理局12日发布的消息,继续停飞波音737 MAX 9飞机,以进行更多安全审查,包括对波音737 MAX 9飞机的生产线和供应商进行审计、考虑由独立机构审核波音新型号飞机的安全适航等。

阿拉斯加航空公司一架波音737 MAX 9客机5日在空中发生应急舱门脱落事故。

美国联邦航空管理局之后下令暂时停飞该型飞机。事故发生后，波音公司股价累计已下跌约 12%。

美国多州遭遇冬季风暴 大量航班取消

冬季风暴等恶劣天气持续侵袭美国大片区域。据美国媒体 13 日报道，全美 50 个州中，至少 45 个处在恶劣天气警报之下，艾奥瓦州、伊利诺伊州、内布拉斯加州等地遭遇强降雪和大风。在密歇根州和威斯康星州，恶劣天气导致超过 27 万用户断电。全美 12 日有超过 2000 架次航班取消，7600 架次航班延误。

今天的《新闻联播》播送完了，感谢收看。更多新闻资讯请关注央视新闻客户端，更多移动视频请下载央视频，观众朋友，再见。

（2024 年 1 月 13 日《新闻联播》）

二、评论类稿件

焦点访谈：修身守正立心铸魂（节选）

最近一段时间，娱乐行业出现了“饭圈”互撕、流量至上、行为不端、行帮陋习等乱象，个别明星甚至突破道德底线和法律红线，出现违法失德行为，造成恶劣的社会影响。8 月 24 日，“修身守正 立心铸魂——中国文联文艺工作者职业道德和行风建设工作座谈会”在北京举行。中国文联所属各全国文艺家协会也分别召开行风建设座谈会，对违法违规、失德失范事件进行评议。这些座谈会谈了什么？对于社会各界所关注的“饭圈”畸形文化、顶流现象、艺人失德违法问题又有着怎样的反思和讨论？

自 8 月 24 日起，中国文联及所属各全国文艺家协会就“饭圈文化”、顶流现象以及近期文艺领域出现的一系列违法失德现象，先后进行了 13 场座谈交流，表达了对坚决抵制违法失德问题、治理不良粉丝文化乱象等问题的共识，并以修身守正、立心铸魂为题，发出倡议，倡导广大文艺工作者牢固树立知法、懂法、守法的法治思想，在名利场中保持清醒，心存敬畏、行有所止；创作有筋骨、有道德、有温度的好作品，对人民负责、对历史负责、对时代负责。

一段时间以来，以文艺从业者为重要构成的娱乐行业出现了一些乱象，娱乐资本无序发展，媒体平台主体责任缺失，行业和市场监管乏力，极少数演艺明星不断突破社会道德底线和国家法律红线，天价片酬、偷税漏税、涉黄涉毒、虚假代言、行为不端、行帮陋习等劣迹行为,引发社会和公众的高度关注和强烈批评,给文艺界带来极为负面的影响,也让很多与会文艺界人士感到痛心和不安。

文艺是铸造灵魂的工程,文艺工作者是人类灵魂的工程师。文艺界、娱乐圈从业人员的一言一行对社会,特别是对青少年影响极大。与会人士普遍认为,作为公众人物,其示范效应巨大,应当尤其注意自己的言行。

除了艺人失德事件,一些不理智追星现象也引发社会热议,如何才能成为合格的榜样,引导广大青少年健康追星,也成为这次文艺界系列座谈会上关注的一个焦点。

所谓"饭圈"就是粉丝圈的简称,具体来说是指喜欢某个明星或者组合的粉丝群体。原本单纯的追星行为,近年来在一些社交媒体、虚拟社群的推动下,开始日益规模化和组织化,呈现出越来越不理性的一面。粉丝们投入大量时间和金钱给自己喜爱的明星打榜,通过投票或者购买偶像相关产品募集资金。对于一些演艺明星来说,在大数据时代,红不红甚至已经跟作品无关,完全依靠粉丝在各种平台为自己投票甚至极端刷票。而这些"饭圈"群体中,很多都还是未成年人。

畸形的"饭圈"文化背后,是一些演艺行业以及资本对于流量至上的一味追逐。这种方式获利高、见效快,但催生的是泡沫,制造的是虚假繁荣,带来的是扭曲的审美。在中国文联及所属各全国文艺家协会系列座谈会上,来自多个艺术门类的工作者对于唯流量至上现象,以及如何看待流量明星的问题展开了充分探讨和反思。

文艺是时代前进的号角,最能代表一个时代的风貌,最能引领一个时代的风气。文艺不能在市场经济大潮中迷失方向,不能在为什么人的问题上发生偏差。为此,致广大文艺工作者倡议书强调,文艺工作者应该勤于学习,提高认知水平。自觉主动向人民学习、向书本学习、向生活学习、向前辈学习、向经典学习。

习近平总书记在文艺工作座谈会上的讲话中强调,一部好的作品,应该是把社会效益放在首位,文艺不能当市场的奴隶。优秀的文艺作品,最好是既能在思想上、艺术上取得成功,又能在市场上受到欢迎。今年恰逢建党百年,一批优秀的文艺工作者正是用实际行动,践行着初心使命,推出了一部部堪称经典的文艺作品。庆祝中国共产党成立100周年文艺演出《伟大征程》,史诗般地展现出中国人民在中国共产党带领下创造历史奇迹的百年之路。电视剧《山海情》《觉醒年代》成为主旋律电视剧中的爆款剧,引发了持久热度和持续讨论。这些充满时代感和正能量的优秀文艺作品获得了市场认可同时,也收获了大量口碑,更令广大文艺界工作者们看到了时代所赋予的巨大机遇。

中央网信办近日也发布通知,重拳出击解决"饭圈"乱象问题,提出取消明星艺人榜单、严管明星经纪公司、严禁呈现互撕信息等十项措施。所谓"立业先立德,为艺先为人",明星艺人作为公众人物,无论人气多高、流量多大,首先得做一名合格的公民。

光环和名气不是护身符，肆意挑战道德底线、触碰法律红线，最后只能是光环破碎、自食其果。同时，作为公众人物，明星艺人又比普通公民更多了一份社会责任，更需要自律自重、崇德尚艺，身体力行做好粉丝的表率，用更多优秀的作品去回报社会的关注。

（2021 年 8 月 27 日央视网）

训练提示：评论文章的任务就是议论说理，所以重音的使用在这类文章中尤为重要。评论时，特别要注意重音的位置，位置正确与否，直接关系到作者的意图能否准确传达，以及受众对内容的理解是否准确。

在本篇稿件的很多抨击现象、表达观点的句子中，出现了大量的并列性重音。比如“娱乐行业出现了‘饭圈互撕’、流量至上、行为不端、行帮陋习等乱象”“倡导广大文艺工作者牢固树立知法、懂法、守法的法治思想，在名利场中保持清醒、心存敬畏、行有所止；创作有筋骨、有道德、有温度的好作品，对人民负责、对历史负责、对时代负责”等句子。当然，其他类型的重音也存在。同学们要结合文章的时代背景，在深度理解稿件宣传目的的基础上，细致体会稿件的深层含义，把稿件的主题思想鲜明地表达出来。

“读万卷书”与“行万里路”（节选）

汪金友

“读万卷书”，是知识学问的博览。书是人类进步的阶梯，是智慧之门的钥匙，是先贤经验的结晶，是冷静可靠的朋友。所以从小学、中学、大学到参加工作，我们一直都在读书。既读课内书，又读课外书；既读专业书，又读修身书。越读越明白，知识就是力量。越读越清楚，“工欲善其事，必先利其器；士欲宣其义，必先读其书”。

“行万里路”，是实践经验的积累。物有甘苦，尝之者识；道有夷险，履之者知。世上有很多的路，而只有自己亲身走过的路，心里最清楚。种过地，才知道种地的艰辛；做过工，才知道做工的劳苦；求过人，才知道求人的难堪；跌过跤，才知道摔打的痛楚。正是因为有了丰富的人生经历之后，人们才学会分析和判断，并从中找出一条最适合自己的路。

“读万卷书”和“行万里路”，是人生不可或缺的两个重要组成部分。光“读万卷书”，不“行万里路”，那就只能是纸上谈兵。想得很高，策划得很好，但一到实际工作和生活中，往往处处碰壁。只“行万里路”，不“读万卷书”，那就更难成大事。尤其在现代社会，处处讲知识，样样要科技，一个“大老粗”，怎么干得下去？所以，“读万卷书”是我们所需要的,“行万里路”也是我们所需要的。只有把“读万卷书”和“行万里路”紧密结合起来,知识才能化为力量,书本才能变成财富。

相对于父辈,现在的青年人大都生长在一个比较优越的环境里。没有缺过吃,没有缺过穿,没有吃过苦,没有发过愁。从小到大,一直被关心和照顾。书是读了不少,但路却走得不多。所以当他们即将走出校门的时候,最重要的任务之一,就是补上“走路”这一课,勇敢地到基层去,到艰苦的地方去,到广阔的天地去,把“万卷书”融入“万里路”,加深对社会的认识,增进同人民群众的感情,提高解决实际问题的能力。

比起“读万卷书”,“行万里路”是一个更加艰难的奋斗历程。多彩的世界,给我们每个人都设计了一条独特的人生之路。但眼前的路有千条万条,自己的路究竟在哪里?这就需要迈开双腿,一条一条去试,一条一条去找。这一条走不通,再走下一条。寻找是一种磨炼,也是一种积累。等找到最适合自己走的那一条路的时候,经验就丰富了,信心就提高了,成功就不远了。

现在很多大学毕业生都在为找工作奔波。有的投了几十份简历,都石沉大海;有的参加了几次面试,都名落孙山。但这只是万里征程的第一步。此处不行,就到彼处;高处不行,就到低处;闹处不行,就到静处。说不定,越是偏僻和陌生的地方,越有好风景。越是在基层,越能够磨炼意志、施展才华、增长本领。“夫建大功于天下者,必先修于闺门之内;垂大名于万世者,必先行于纤微之事。”做任何大事,都要从小事起步。既然读了万卷书,就不怕再走万里路!

训练提示:这篇文章从多方面分析了“读万卷书”和“行万里路”两者之间的辩证关系。读书和实践是相互促进、相辅相成的,都很重要。

这篇文章的播读具有一定的现实指导意义,既要讲清楚“读万卷书”和“行万里路”的重要性,又要鼓励大家勇于吃苦,勇于实践,从基础做起,从小事做起,锻炼自己的能力。重音的选择要有助于突出观点,使论证更加有力,以利于宣传目的的落实。

三、专稿类稿件

此生属于祖国,此生无怨无悔——隐身30年的中国核潜艇先驱黄旭华(节选)

陈芳、温竞华、董瑞丰

国家的分量,在一个人心中能有多重?

重到可以为之远离家乡、荒岛求索,深藏功名三十载;重到从一穷二白中“头拱地、脚朝天，也要把核潜艇搞出来”；重到年过九旬仍不甘退休，誓要再干好多年……

10日，黄旭华，这位共和国的第一代核潜艇总设计师，从习近平总书记手中接过了2019年度国家最高科学技术奖奖章。

“共和国勋章”“全国道德模范”……功勋卓著的光环之下，黄旭华百感交集：我国第一艘核潜艇下水，这是我们自己干出来的。

黄旭华的人生，就像深海中的核潜艇，“深潜”一辈子，无声，却有无穷的力量。

“深潜”三十载，做隐姓埋名人

一头银发向后梳拢，整饬的西装上搭着一条已经磨起球的素色围巾，脸上挂着温和的微笑。原中国船舶重工集团公司第七一九研究所名誉所长黄旭华院士，用云淡风轻的语气，谈起那些惊天动地的过往……

1926年，黄旭华出生于广东省海丰县的一个小镇，小学毕业时，全面抗战拉开了序幕。黄旭华在炮火和动荡中走过了他的少年和青年。

“想轰炸就轰炸，因为我们国家太弱了！我要学航空、学造船，我要科学救国！”海边出生的黄旭华，以造船系第一名的成绩进入国立交通大学(今上海交通大学)，学术成长由此起步。

1958年，中国启动核潜艇研制工程。一批人挑起开拓我国核潜艇的重任，黄旭华是其中之一。

彼时，面对苏联的技术封锁，毛泽东誓言：“核潜艇，一万年也要搞出来！”

“听了这句话，更坚定了我献身核潜艇事业的人生走向。”黄旭华说。

1965年，核潜艇研制工作全面启动，核潜艇总体研究设计所在辽宁葫芦岛成立，黄旭华开始了“荒岛求索”的人生。

荒岛之艰难困苦，没有削减同志们的干劲。所有人心里都装着使命，尽快研制出中国的核潜艇。做一辈子的“无名英雄”，黄旭华心甘情愿。

十年磨一剑。黄旭华及其同事们荒岛求索，在世界核潜艇史上写下光辉篇章——上马三年后开工、开工两年后下水、下水四年后正式编入海军进入战斗序列。

中国成为继美、苏、英、法之后世界上第五个拥有核潜艇的国家，辽阔海疆从此有了护卫国土的“水下移动长城”。

白手起家，干惊天动地事

“那时候严格地说是不具备研制核潜艇的条件的。我们没有人见过核潜艇，大部分人没出过国。”黄旭华说。

一没有核潜艇的相关知识和参考资料，二没有足够的科研水平，三没有硬件条件，摆在黄旭华和同事们面前的情况十分棘手。

没有条件也要干！怎么办？骑驴找马，决不等待。

——用"土"办法解决尖端技术问题：

没有现成的图纸和模型，就一边设计、一边施工，白天黑夜加班加点；没有计算机，就用算盘和计算尺，日日夜夜、月月年年，算出了首艘核潜艇几万个数据；为了控制核潜艇的总重和稳性，边角余料都要过磅称重……

——清醒的头脑就是法宝，深入调研，搜寻核潜艇的材料：

为从零零碎碎、真假难辨的资料中拼凑有用信息，他们时刻携带"三面镜子"：用"放大镜"搜索相关资料，用"显微镜"审视相关内容，用"照妖镜"分辨真假虚实。

就这样，黄旭华和同事们突破了核潜艇中最为关键的核动力装置、水滴线型艇体、艇体结构、发射装置等技术。

时针转动，我国迎来核潜艇首次深潜试验。潜到水下数百米深，危险程度可想而知。

核潜艇上一块扑克牌大小的钢板，深潜后承受的外压是一吨多。艇体但凡有一块钢板不合格、一条焊缝有问题、一个阀门封不严，都可能面临艇毁人亡的结局。

设备全面检修、准备了28套500多条应急处置的预案……尽管已为深潜做了周密准备，参试人员仍面临着巨大的心理考验。

这位总设计师把这一切看在眼里，他当即决定，亲自随艇下潜！

10米、100米、200米……核潜艇不断向极限深度下潜。海水挤压着艇体，舱内不时发出"咔嗒、咔嗒"的巨大声响，每一秒都惊心动魄。只见黄旭华，全程沉着冷静、全神贯注地记录和测量着各种数据。

成功了！核潜艇稳稳地潜到了极限深度。当核潜艇浮出水面时，现场的人群沸腾了。此时黄旭华终于藏不住激动的心情，欣然题诗："花甲痴翁，志探龙宫。惊涛骇浪，乐在其中！"

无怨无悔，用一生诠释对国家的忠，就是对家的孝

为了工作上的保密，黄旭华像核潜艇一样，整整"深潜"了30年没有回家。离家研制核潜艇时，刚三十出头，等到回家见到亲人时，他已是六十多岁的白发老人了。

在夫人李世英看来，黄旭华好像永远没有歇一歇的时候，有时甚至有些"痴傻"。有一回，黄旭华思考技术问题太入迷，出门时竟没发现左右脚的鞋穿反了，一路走到办公室。

平日在家，黄旭华只顾趴在书桌前埋头科研，饭也不吃，头发长了也不管。"他说去理发店要排队很久，浪费时间。"无奈之下，李世英只得买了理发工具，在家为黄旭华剪头发。这一剪，就是大半辈子。

黄旭华爱好音乐，口琴吹得漂亮，但他又是那么忙，一架扬琴摆在角落落了灰，等到想起来弹，弦已经坏了。

自称是"一个不称职的儿子、不称职的丈夫、不称职的父亲",黄旭华对家人满是愧疚。

1987年,上海一家杂志刊登了报告文学《赫赫而无名的人生》,讲述中国核潜艇总设计师的人生经历。黄旭华把杂志寄给了远方的母亲。母亲含着泪一遍遍地读,还把兄弟姐妹叫到跟前说,"三哥的事,你们要理解,要谅解他"。

自古忠孝难两全,黄旭华正是用一生诠释了对国家的忠,就是对父母最大的孝。

黄旭华的视力一度因严重白内障受到影响,七八年里,甚至看不清女儿的脸。痴翁的眼神黯淡了下去,自觉科研生涯走到了尽头。

2018年,黄旭华做完白内障手术,摘下纱布的那一刻,他连手机上的小字都能看清了,乐得像个孩子一般。

九旬高龄的黄旭华眼睛依然炯炯有神,他身上那股热情和干劲,亦如六十年前一样。

（2020年1月10日新华网）

训练提示:黄旭华,中国第一代核潜艇总设计师,一生都在为我国核潜艇事业呕心沥血。他与惊涛骇浪做伴,30年没有回过老家。他被誉为"中国核潜艇之父",为我国国防事业、核潜艇事业的发展作出了巨大贡献。

本文的重音类型多样,例如"国家的分量,在一个人心中能有多重?重到可以为之远离家乡、荒岛求索,深藏功名三十载;重到从一穷二白中'头拱地、脚朝天,也要把核潜艇搞出来';重到年过九旬仍不甘退休,誓要再干好多年……"当中的呼应性重音;"我要学航空、学造船,我要科学救国!""用'放大镜'搜索相关资料,用'显微镜'审视相关内容,用'照妖镜'分辨真假虚实"当中的并列性重音;"核潜艇,一万年也要搞出来!"当中的强调性重音;"黄旭华的人生,就像深海中的核潜艇""辽阔海疆从此有了护卫国土的'水下移动长城'"当中的比喻性重音;"海水挤压着艇体,舱内不时发出'咔嗒、咔嗒'的巨大声响"当中的拟声性重音;"在夫人李世英看来,黄旭华好像永远没有歇一歇的时候,有时甚至有些'痴傻'"当中的反义性重音;"黄旭华爱好音乐,口琴吹得漂亮,但他又是那么忙,一架扬琴摆在角落落了灰,等到想起来弹,弦已经坏了"当中的转折性重音;"这一剪,就是大半辈子"当中的肯定性重音;"10米、100米、200米……核潜艇不断向极限深度下潜"当中的数字看似是并列关系,实际上语气应表现出递进关系。

四、文学作品

我的心

巴金

近来,不知什么缘故,我的这颗心痛得更厉害了。

我要对我的母亲说,妈妈,请你把这颗心收回去吧,我不要它了!记得当初你把这颗心交给我的时候,你对我说过,你的爸爸一辈子拿了它待人、爱人,他和平安宁地度过了一生。临死,他把这颗心交给你,他说,承受这颗心的人将永远正直幸福,并且和平安宁地度过他的一生。现在你长成了,也就承受了这颗心,带着我的祝福,孩子,到广大的世界中去吧!

这些年来,我怀着这颗心走遍了世界,走遍了人心的沙漠,所得到的只是痛苦和痛苦的创痕。正直在哪里?和平在哪里?幸福在哪里?这一切可怕的声音哪一天才会听不见?这一切可怕的景象哪一天才会看不到?这样的人间悲剧哪一天才不会再演?一切都像箭一般地射到我的心上。我的心已经布满了痛苦的创痕,因此,它痛得更厉害了。

我不要这颗心了。有了它,我不能闭目为盲;有了它,我不能塞耳为聋;有了它,我不能吞炭为哑;有了它,我不能在人群的痛苦中找寻我的幸福;有了它,我不能和平地生活在这个世界上;有了它,我再也不能生活下去了。

妈妈呀,请你饶了我吧,这颗心我实在不要,不能够要了。

我夜夜在哭,因为这颗心实在痛得受不住了,它看不得人间的惨剧,听不得人间的哀嚎,受不得人间的凌辱。我想要放它走,可是,它被你的祝福拴在我的心房内。

我多时以来就下决心放弃一切,让人们去竞争,去残杀;让人们来虐待我,凌辱我。我只愿有一时的安息。可我的心不肯这样,它要使我看、听、说,看我所怕看的,听我所怕听的,说别人所不愿听的。于是我又向它要求到,心啊,你去吧,不要苦苦地恋着我,有了你我无论如何不能生活在这个世界上啊。求你,为了我幸福的缘故,撇开我去吧!它没有回答,因为它如今知道,既然它被你的祝福拴在我的心房上,那么,它也只能由你的诅咒而分开。

妈妈,请你诅咒我吧,请你允许我放走这颗心去吧,让它去毁灭吧,因为它不能生活在这个世界上,而有了它我也不能生活在这个世界上!在这样大的血泪海中,一个人一颗心算得了什么?能做什么?妈妈,请你诅咒我吧,请你收回这颗心吧,我不要它了!

可是，我的母亲，已经死了很多年了。

训练提示：在《我的心》这篇文章里，巴金先生通过反观自己的内心世界，表述了他矛盾和痛苦的感受，表达了对正义、善良、美好的追求，痛斥了社会的黑暗与不公，表现出强烈的社会正义感和责任感。巴金是一位一生都在追求良知的伟大作家，正是由于他刚正的性格，才会看到世间的丑恶，感到内心的纠结与痛苦。

朗诵这篇文章时，首先要深刻理解文章的内涵，明确态度，在表达作者内心的矛盾与痛苦时，全身心投入。重音的运用在这篇文章中尤为重要，并列性重音、递进性重音、比喻性重音、强调性重音等在文中多次出现，表达时应准确到位。有的描写是感情积聚到一定程度，由内心爆发出来的，重音的表达要有一定的力度，以表现出作者内心强烈的情感变化。

信 仰

蒋希

我知道一只猎豹。风抚摸着它带血的皮毛，它知道面前这只疯狂的野牛对已身受重伤的它意味着什么。它最后一次冲上去，野牛尖尖的牛角刺入它雪白的肚皮，顿时，耀眼的鲜血绘出了一幅令人震撼的图画，猎豹倒下去了，满足地闭上了双目——它没有辱没它高贵的血统。

我知道一头老牛。风亲吻着它瘦弱的身躯，它知道面前这块土地对已不能进食的它意味着什么。它最后一次使出全身的力气，霎时间，田间上演了一场令人心碎的剧目，老牛倒下去了，欣慰地合上了双目——它没有辱没它神圣的职责。

我知道一只麻雀。风描绘着它瘦小的身体，它知道面前这只猎狗对已奄奄一息的它意味着什么。它最后一次冲上去，瘦小的身体送入猎狗的嘴里。登时，零散的落叶舞出催人泪下的场面，一窝幼小的麻雀发出丧母的哀号——它没有辱没它伟大的使命。

我知道一只凤凰。风吹拂着它的羽毛，它知道面前这片火海对它意味着什么。它最后一次扑向火海，华美的羽毛连同娇美的身躯在火海中燃烧。一刹那，艳美的霞光映射出感人的场景，凤凰在火中消失了——它没有辱没凤凰的威名。

我知道一种神圣。它可以支撑起整个生命，甚至整个世界。我知道猎豹的兄弟在旷野中哀号，我知道田间老牛坟冢的苍凉，我还知道丧母的小麻雀会慢慢长大，我更知道凤凰终于等到了涅槃的那一天。

我知道那就是信仰。

是信仰支撑猎豹和野牛拼到了最后一刻,是信仰支撑着老牛勤恳耕耘到了最后一刻,是信仰支撑麻雀不惜性命也要保护孩子到最后一息,是信仰支撑凤凰一次又一次奋不顾身地扑入火海,以铸就最后的辉煌。不要小看信仰,它可以让你不吝惜仅有的一次生命去冲破一切阻碍,最终走向生命最美丽光华的顶端。

我知道一粒火种。风轻抚着它微弱的火焰,它知道自己来到人间的使命,崇高的信仰支撑着它燃到了生命的尽头,支撑着它化为阳光一片。

我知道有一种人:风勾勒出他矮小的轮廓,他知道如何走自己的路,崇高的信仰支撑着他化渺小为伟大,化平庸为神奇,支撑着他笑看失败,潇洒生活。

训练提示:这篇文章以猎豹、老牛、麻雀、凤凰作比,层层渲染,阐述了信仰的伟大,以及作者对这种信仰带给人的无限勇气和力量的感叹与赞美。

朗诵时,要调动自己的情感,在理解的基础上细致地感受,以此作为确定重音的依据。文章除了第七段外,每一段的首句都有一个肯定性重音,比如“我知道一只猎豹”中的“猎豹”,“我知道那就是信仰”中的“信仰”,对这些肯定性重音的确定并不困难,困难的是怎样读出意蕴、读出变化,对此我们要在训练中反复上口揣摩。第七段有四个排比句,每一句都有强调性重音,我们要考虑怎样读出区别、读出感情。

第七单元　语　气

教学目的：引导学生在具体语境中准确把握语句思想感情的特点，解决“心里有”但表达不出来或表达不准的问题，克服声音形式单调平直、以不变应万变的固定腔调，使有声语言更富于表现力、感染力，达到思想感情与恰切的声音形式的统一。

教学要求：明确播音语气的概念，学会分析语气的感情色彩和分量，根据语气的不同感情色彩和分量确定语气的声音形式。

重点难点：语气的感情色彩和分量，语气的声音形式。

课时安排：大课 2 课时，小课 8 课时。

第一部分　理论概述

一、语气的概念

语气是思想感情运动状态支配下语句的声音形式。

我们应当从三个方面理解和把握语气：一是具体的思想感情是语气的灵魂，它在语气中处于支配地位；二是具体的声音形式是躯体，思想感情只有通过声音形式才得以体现；三是语气以句子为单位，它存在于一个个句子中。

语气由两个方面构成：一方面是具体的思想感情，另一方面是具体的声音形式。二者相辅相成，前者决定后者，后者对前者有反作用。思想感情不同导致声音形式的变化，而恰当的声音形式能准确体现思想感情的运动状态，不恰当的声音形式将影响思想感情的准确体现。因此，我们在学习、运用语气技巧时，要把握好这两方面的关系，不要顾此失彼。

二、语气的感情色彩和分量

具体的思想感情包含两个方面的内容:一是语气的感情色彩,二是语气的分量。

(一)语气的感情色彩

语气的感情色彩,主要指语句包含的是非和爱憎。

是非是指态度方面的具体性质,比如:是赞扬、支持,还是批评、反对;爱憎是指感情方面的具体性质,比如:是喜悦、热爱、焦急,还是悲伤、憎恨、冷漠等。

对语气色彩的把握要做到准确贴切、丰富细腻。

(二)语气的分量

语气的分量是指在把握语气感情色彩的基础上,区分是非、爱憎的不同分寸的"度"。强调语气的分量,就是要求我们掌握语气感情的分寸、火候,表达时不温不火,恰到好处。

在把握语气的分量时,要注意两个方面:一是语句中,语气感情色彩本身的级差;二是在外部因素影响下,态度分寸方面的级差。为了便于说明,我们把语气的分量分为重度、中度、轻度三个等级。

三、语气的声音形式

语气的声音形式可以说是语气的躯体,语气的感情色彩和分量通过恰当的声音形式体现出来。声音形式的变化主要是由口腔状态、气息状态和声音各要素的变化造成的。表达不同的思想感情,口腔的松紧、开合,吐字力度的强弱,气息的深浅、强弱,声音的高低、强弱、长短和音色等都各有不同。

(一)语气的色彩与声音形式

爱的感情,气徐声柔,口腔松宽,气息深长。

憎的感情,气足声硬,口腔紧窄,气息猛塞。

悲的感情,气沉声缓,口腔如负重,气息如尽竭。

喜的感情,气满声高,口腔似千里轻舟,气息似不绝清流。

惧的感情,气提声凝,口腔似冰封,气息似倒流。

急的感情,气短声促,口腔似弓箭,飞剑流星,气息如穿梭。

冷的感情,气少声平,口腔松懒,气息微弱。

怒的感情，气粗声重，口腔如鼓，气息如椽。

疑的感情，气细声黏，口腔欲松还紧，气息欲连还断。

(二)语势

语势指一个句子在思想感情运动状态下声音的态势，或者说，是有声语言的发展趋向。这中间，包括气息、声音、口腔状态三大部分。

我们将语势归纳为五种基本类型：

(1)波峰类：声音的发展趋向由低到高再向低。

(2)波谷类：声音的发展趋向由高向低再到高。

(3)上山类：声音的发展趋向由低到高。

(4)下山类：声音的发展趋向由高向低。

(5)半起类：声音的发展趋向也是由低到高，但上至一半就止住了。

(三)如何避免语势单一

句头起点不宜相同：如果把语势的变化幅度假设为五度，那么尽量不要使每句话的起点高度一样。

句腰波形不宜相同：尽量不要连续使用同一波形。

句尾落点不宜相同：每句结束的落点最好不在同一高度，停时声音的轻重缓急也不宜相同。

训练建议：

(1)训练内容中准备了不同感情色彩与分量、不同语势的句子，以及文学作品、消息、评论、专稿等，建议教师引导学生从句段练起，循序渐进。

(2)引导学生在具体语境中把握语气的特点。

(3)强调理解与感受的作用，表达时避免语势单一。

(4)为避免语势单一，训练时表现要大胆，某些时候不妨"矫枉过正"，以期有新突破。

(5)注意与前面所学技巧相联系，做到温故知新。

参考文献：

(1)张颂主编：《中国播音学》(修订版)，第三十一章《语气》，北京广播学院出版社2003年版。

(2)付程主编：《实用播音教程》(第二册)，第六单元《语气　节奏》，北京广播学院出版社 2002 年版。

(3)张颂著:《播音创作基础》,第五章《思想感情的表达方法》之第三节《语气》,中国传媒大学出版社 2021 年版。

(4)张颂著:《朗读学》(第四版),第十三章《语气》,中国传媒大学出版社 2021 年版。

第二部分　示例分析

一、波峰类

(1)一个村的变化,折射着国家的变迁。

(2)我们的目标一定要达到,我们的目标一定能够达到!

(3)不怕今天贫,就怕永远贫,不怕一代穷,就怕代代穷。要阻断贫困的代际传递,必须抓住教育和就业这两个关键,让“农二代”和“贫二代”拥有平等的上学和就业机会。

(4)今年春节期间,近 20 万志愿者每天都活跃在唐山城乡各个社区、乡村,展开对空巢老人的全方位、日常化的关心照顾,让他们度过一个和谐幸福的春节。

(5)没想到在部队过春节这么热闹,部队真是一个大家庭,我们一定刻苦训练,早日成为一名合格的武警战士!

(6)中华民族历来有“敬业乐群”“忠于职守”的传统。结合现实要求,发扬优良传统,大力倡导爱岗敬业的职业道德,是公民道德建设的一项十分重要的任务。

(7)近日,由中国记协主办的“普通人讲述精彩中国故事”主题研讨会在京举行。这场研讨会,是专为北京电视台《我是演说家》节目而举办的。

(8)目前,国家已经为城乡居民建立了基本的医疗保险制度,全民医保覆盖面达到 95%以上。但是,这一基本的医疗保险制度只是针对一般的疾病,一旦遇到重特大疾病,高额的医疗费用仍然会对病人及其家庭造成巨大的经济压力,很多家庭出现因病返贫,甚至不得不放弃治疗的情况。

(9)两会过后,“双创”成了热词。近日,有媒体面向百名地方领导干部的调查显示,“创新”和“改革”“开放”一起,被视为经济增长的三大动力源,而 70%的受访者也认为,新常态下中国经济发展的最大挑战,正是“创新能力不足”。

(10)我们用一些空虚清灵的诗歌来赞颂莲叶何田田的美,永远也不及种莲人用他们的岁月和血汗在莲叶上写的诗吧!

二、波谷类

(1)教育是民族振兴的基石。

(2)胜利,不惜一切代价也要赢得胜利!

(3)时间就是金钱,效率就是生命。

(4)掌声代表了人民的心声。

(5)坚持,就是胜利,坚持,就有希望!

(6)文字,是我们追求理想的勇气,诗歌,是我们遥望爱恋的幻想。

(7)美哉我少年中国,与天不老,壮哉我中国少年,与国无疆!

(8)去年此刻,北川中学倒下了;今年此刻,北川中学重新站起。

(9)飞鸟的梦想在天空,江河的梦想在大海,道路的梦想在远方,人类的梦想在家园。

(10)完善住房保障制度是政府的职责,保障性住房建设是解决居民住房困难、遏制房价过快上涨的重要手段。

三、上山类

(1)让我们擦干眼泪,挺起胸膛!让我们众志成城,迎接明天!

(2)我希望有一天,地下的烈火,将我连这活棺材一齐烧掉,我应该在烈火与热血中得到永生!

(3)他活着别人就不能活的人,他的下场可以看到;他活着是为了多数人更好活的人,群众把他举得很高,很高。

(4)这是一个稚嫩生命迎接世界的方式。他似乎在告诉人们:灾难,毁不掉中国人的信念;明天,将由我们用双手去创造!

(5)我是你的十亿分之一,是你九百六十万平方的总和,你以伤痕累累的乳房,喂养了迷惘的我、深思的我、沸腾的我,那就从我的血肉之躯上,去取得你的富饶、你的荣光、你的自由——祖国啊,我亲爱的祖国!

(6)我是中国人,我是莫高窟壁画的传人,让翩翩欲飞的壁画与我们同往。我们就是飞天,飞天就是我们。我骄傲,我是中国人!

(7)朋友,坚定地相信未来吧,相信不屈不挠的努力,相信战胜死亡的年轻,相信未来、热爱生命。

(8)中国人民硬是用小米加步枪打出了一个灿烂的新中国,我们这个东方巨人终于又站起来了!

(9)让那些看不起民众,贱视民众,顽固的倒退的人们去赞美那贵族化的楠木,去鄙视这极常见,极易生长的白杨吧,但是我要高声赞美白杨树!

(10)或许有一天,总有一天,我们这个古老的民族,我们最勇敢的阶级,将接受光的邀请,去叩开那些紧闭的大门,访问我们所有的芳邻,让我们从地球出发,飞向太阳……

四、下山类

(1)感谢您的收看。

(2)任何事情也无法唤起他的记忆了……

(3)雾一样的忧伤弥漫开来……

(4)炸雷一般的声音响起在会场。

(5)砂纸一样的手耷拉下来。

(6)没有人知道他的下落。

(7)刀刻般的伤痕终是抹不去了。

(8)再多的钱也无法挽回了。

(9)再高明的医术也救不了他了……

(10)傻子也看明白了。

五、半起类

(1)快乐的源泉在哪里?如果有人问你,你会给出怎样的答案?

(2)是有人偷了他们吧:那是谁?又藏在何处呢?是他们自己逃走了吧,现在又到了哪里呢?

(3)对于《义务教育法》的贯彻实施,政府应当如何尽"义务"?

(4)世界要是没有光,看不见奔腾不息的江河,看不见连绵千里的森林,看不见容易激动的大海,看不见老人似的雪山。要是我们什么也看不见,我们对世界还有什么留恋?

(5)这隆隆的轰鸣,是风雪中的雷声么?余新江暗自猜想着:在这隆冬季节,不该出现雷鸣啊!难道是敌人在爆破工厂,毁灭山城了么?

(6)人们关心的问题是,这种"暗访秘拍"的方式能否治愈一些地方和部门的"机关病"呢?此举在不同人群之间为何会引起争议呢?

(7)为了继续挣钱养家,他们不得不采取身份证造假或到理发店染发的手段,以躲避劳动监察,这不仅使执法者陷入两难,更反映了高龄农民工的无奈。若非贫困缺钱,谁愿意“老而不休”,出来干重体力活?

(8)在一个为大众提供表达意见的平台上,什么样的东西可以彰显个性,个性的竞争又该如何展开?

(9)有管理部门说:“管理力量跟不上。”要多少力量才够?现有的管理力量做了多少工作?发动群众、依法治理,又做了多少?

(10)我们究竟要一个什么样的中国?五千年了,我们一直在询问,用轩辕的博大和神农的沧桑。

第三部分　训练材料

一、语气的感情色彩与分量的训练

这部分针对不同感情色彩选取了不同分量的段落,通过这一阶段的练习,学生要明确不同的思想感情对声音形式有不同要求,声音形式与思想感情有相辅相成的关系。对此进行分类练习,有助于提高语言表现力。

(一)赞扬

(1)八年前,邓小燕放弃了在沿海地区的稳定工作返乡创业,在田野里挥洒青春汗水,带领乡亲们让家乡的“东宝贡米”走出了大山。就在今年,她获得了“中国青年五四奖章”。

再过4个月,四川广元的稻米就将进入成熟期。行走在田间的邓小燕正在用短视频记录田里秧苗的生长状况。一碗家乡的稻米饭香一直是邓小燕的牵挂。东宝镇是有名的“贡米之乡”,种植稻米的历史可以追溯到唐朝。这里所产的大米糯性强、口感好,可是受制于传统的种植和销售方式,稻米产量不高,销售也不畅,村民们的收益并不好。2015年,在珠海已经有稳定工作的邓小燕决定回乡创业,让“东宝贡米”走出大山,让乡亲们都能从种稻米中获益。创业第一年,邓小燕带头尝试再生稻的种植模式,也就是种一茬能收获两回,以此增加稻米产量,但最终失败了。

从头再来,邓小燕跟着老乡一起下田插秧,请来农业技术专家,选取更适宜的优质稻种,采用先进的覆膜育秧技术。第二年,邓小燕试种的水稻大获丰收。

经过不断探索实践,邓小燕以“东宝贡米”的核心产区双西村为示范成立农业公司,开启规模化种植优质水稻之路。为了让好稻米卖上好价钱,她还通过直播带货等方式不断拓展销路。如今,在小燕带货的直播间,有60多款当地以及四川其他偏远山区的特色农产品,每年销量高达5000余吨。

(2023年5月5日《新闻联播》)

(2)村里修路,他不等资金到位,先用自己的房子做抵押,去信用社贷款,把路修起来验收了,再去找上级结算。路通了,王建平又带着大家相继办起了130余亩经果林基地、15亩苗圃场,年产值达15万余元。乡亲们的口袋一天天鼓起来了。

村里30多块土地抛荒十多年,他去借机器,亲自驾驶,翻土耕种。他说:“要种的跟着我干,不愿意种的,村里安排人帮你种。”

“没有他,我们村至少落后十年。”村长刘助新说。

不光三湾村,周围几个村的村民只要有事找他,他都尽心尽力帮忙解决。

庙边村的瓦匠袁锡义2006年做工时被炸药炸伤,王建平将他送到长沙治疗,还垫付了5万多元的医疗费。另一村的周龙富做心脏手术,又是他帮着四处联络,包接包送。

王建平葬礼的那天,只有400多人的三湾村一下来了1000多人。

(周勉《他用生命坚守责任》)

(3)其实每一种生活技能的掌握,对于没有手的黄阳光来说,都要付出令人难以想象的艰辛,而掌握技能的过程,就连他的家人也很少知道。他说,为了不让父母担心,他的这些技巧都是偷偷学来的。成功都需要努力,可黄阳光的努力还要有钢铁般的意志力才行。“可能我要比常人付出得多很多,”黄阳光这样说,“比如做一件事情,可能他们两三天就学会了,我就要学一个礼拜甚至一个月。”

“我能做,我能行。”这是日常生活中黄阳光说得最多的话。无论是使用手机发短信,还是熟练地操控电脑,黄阳光的脚,几乎可以干任何他想干的事,就连用毛笔写书法、画国画,黄阳光的能耐也让人吃惊。在一些比赛中,他频频获奖,就连评委都看不出是脚画的。翻看黄阳光的国画作品,无论是花鸟鱼虫还是山山水水,都透露出一种强烈的热爱生活、热爱大自然、昂扬向上的气息,给人以鼓舞,给人以激励。

(《焦点访谈·用双脚舞动人生》)

(4)8月1日,是全体解放军和武警官兵的节日。从阳光灼热的苏丹,到碧波万顷的亚丁湾;从迎来第一缕阳光的东海,到“万山之祖”帕米尔高原;从喧嚣热闹的北京街头,到人迹罕至的无名大山……四处闪耀着迷彩服、解放绿、海军蓝。不管在哪里,都有坚定的信仰、崇高的责任和默默的奉献;不管在哪里,都有火热的青春、传奇的人生和血与汗写就的激情乐章。

（张铁《火热的青春、传奇的人生，感受当代军人的理想与信仰》）

(5)西藏亚东县的三位藏族阿妈27年如一日，带动乡亲为哨所官兵服务，让爱汇聚、延伸在雪山哨所。

日前，西藏边防某哨所的呼延军和几位战士来到曲珍、德吉、普次三位阿妈家道别。多年来，哨所官兵不管上山、下山，都会来阿妈家里坐坐，拉拉家常。

2004年冬天，呼延军家人来部队探亲，被大雪困在山下，普次阿妈便把他们接到家里，待雪停后再送上哨所。三位阿妈的家逐渐成了官兵和家属的中转站，很多官兵甚至把通信地址留成了这里。

27年来，哨所人员换了一茬又一茬，可官兵依旧能听到阿妈们拥军的脚步声。

藏族阿妈的行动，感动了每一个人，越来越多的村民加入到拥军的行列里。教师央珍和卓玛主动上哨所帮战士们辅导藏语，村里还专门组成骡马运输队，义务为哨所运送物资。

（2009年3月14日《新闻联播》）

(二)批评

(1)即使是为了应付检查，空调安装也应该抢在检查之前完成。那么，检查的领导怎么没有发现只装了室内机？他们究竟有没有到工地来过？有没有走进民工宿舍，打开空调开关，看一看制冷效果如何？如果是检查后补装的，那么有关领导有没有跟踪监督和检查呢？

（戎国强《民工空调昨成摆设》）

(2)“六一”国际儿童节是孩子们的节日。在成年人的呵护下，让孩子们从中感受美好生活，快乐健康成长是这个节日的永恒主题。然而，如今的儿童节承载太重了。比如，为了表示对少年儿童工作的重视，有关部门开庆祝会，领导长篇大论地讲话，无论是表演节目的孩子，还是坐在台下的孩子都成了陪衬。有的孩子为了表演节目，提前几天排练；有的孩子为了迎候参会的领导，要提前一两个小时到场排队等候。有网民批评，“六一”儿童节已经异化为成人“作秀”的节日。

（郭久辉《把“六一”儿童节还给孩子》）

(3)很多道理，是一说就懂，但经常有人装糊涂；很多事情，是一做就成，但经常有人做不来。就拿“公车公用”来说，道理很简单，也不会没有哪一个官员不知道，但就是有官员会揣着明白装糊涂，要做到也不难，但总是有些官员故意“公车私用”。之所以会如此，首先，是有些官员耀权成瘾，认为一切都是自己的，想怎么用都行，没有了原则，没有了约束。其次，是各种监督措施不力，成了空棉花、软皮筋，对官员的一些乱作为缺乏有效的管理。最后,那就是强调了很久但一直很难做到的“公开”了,一些领导的活动、行为,在一种“不为人知”的状态下进行,时间一久,便会习以为常,哪怕明明是不可为的,也不以为然了。

(《惊!公车送新生胜过办车展》)

(4)拒不承认、当面狡辩、阻挠威胁……近年来,在接受环保督察和后续整改的过程中,一些地方频频上演类似“戏码”——事前为接受督察的区域和项目“整容”“化妆”,事中则遮遮掩掩、敷衍搪塞,甚至直接关门、封路,事后则玩起消极整改、虚假整改的套路。总结起来,就是能躲就躲、能骗则骗,忽悠不成便恐吓威胁,再不济就装傻充愣。相关行为主体不仅有涉事企业及人员,甚至有当地环保部门及人员。

(韩韫超《“指豚为鱼”背后是环境治理理念“跑偏”》)

(5)去年以来,先后发生了数起个别党员干部侮辱甚至殴打群众的事件。在这些事件中,个别党员干部无视群众尊严,动辄就骂甚至动手殴打,丧失了起码的党性立场,玷污了“共产党员”的称号。虽然他们都受到了党纪政纪的严厉处分,有的丢官去职,有的被开除党籍,有的被绳之以法,但恶劣的影响败坏了党和政府的形象。

出现这种现象并非偶然。一是因为有的干部信奉吃点喝点、玩点乐点是人之常情,认为只要不犯大错误、不搞大腐败,有点小毛病,组织上也会宽容原谅。“小节无害”的心理,让他们慢慢放松自我约束,以致作风骄横,放纵自己。二是因为有的干部法律意识淡薄、权力意识膨胀,觉得“大权在握”便可任意妄为,以致骄横跋扈、目无法纪。已经发生的一些事件表明,某些领导干部在对待群众的态度上,丧失了共产党员的品格,更谈不上执政意识、忧患意识和公仆意识。

(《如何对待群众》)

(三)热爱

(1)朋友,你到过天山吗?天山是我们祖国西北边疆的一条大山脉,连绵几千里,横亘准噶尔盆地和塔里木盆地之间,把广阔的新疆分为南北两半。远望天山,美丽多姿,那常年积雪高插云霄的群峰,像集体起舞时的维吾尔族少女的珠冠,银光闪闪,那富于色彩的连绵不断的山峦,像孔雀正在开屏,艳丽迷人。

天山不仅给人一种稀有美丽的感觉,而且更给人一种无限温柔的感情。它有丰饶的水草,有绿发似的森林。当它披着薄薄云纱的时候,它像少女似的含羞;当它被阳光照耀得非常明朗的时候,又像年轻母亲饱满的胸膛。人们会同时用两种甜蜜的感情交织着去爱它,既像婴儿喜爱母亲的怀抱,又像男子依偎自己的恋人。

如果你愿意,我陪你进天山去看一看。

(碧野《天山景物记》)

(2)可是,我真爱北平。这个爱几乎是要说而说不出的。我爱我的母亲。怎样爱?我说不出。在我想做一件讨她老人家喜欢的事情的时候,我独自微微地笑着,在我想到她的健康而不放心的时候,我欲落泪。语言是不够表现我的心情的,只有独自微笑或落泪才足以把内心揭露在外面一些来。我之所以爱北平也近乎这个。夸奖这个古城的某一点是容易的,可是那就把北平看得太小了。我所爱的北平不是枝枝节节的一些什么,而是整个儿与我的心灵相黏合的一段历史,一大块地方。多少风景名胜,从雨后什刹海的蜻蜓一直到我梦里的玉泉山的塔影,都积凑到一块,每一细小的事件中有个我,我的每一思念中有个北平,这只有说不出而已。

真愿成为诗人,把一切好听好看的字都浸在自己的心血里,像杜鹃似的啼出北平的俊伟。但我不是诗人,我将永远道不出我的爱,一种像由音乐与图画所引起的爱。这不但辜负了北平,也对不住我自己,因为我的最初的知识与印象都得自北平,它是在我的血里,我的性格与脾气里有许多地方是这古城所赐给的。

(老舍《想北平》)

(3)我还有什么不能给你呢?剪剪。

你是我唯一的女儿,这么蓝的天空下,我用心地热爱你,轻轻地保护你,我在每一条长满野菊花的小河边,以我干净的湿漉漉的手指仔细抚摸你稚气的哭声。即使在你鲜花般喷香的眼泪还在我掌心以外静静开放之前,剪剪,我就给你预备好最新鲜的小童话和至少七片叶子那样大的甜蛋糕了。

在没有雨的日子里,剪剪,我拎着一根朴素的带着泥土的青草向你走来,我宁静地注视你,任你丰满的微笑发出纯金的光芒,干燥我潮湿的诗歌和心境。

剪剪,我用我宽厚的沉默关怀你,使你在阳光下放心地生活,我会在每一个寂寞的黄昏,小心地为你歌唱和摇响美丽的风铃。

(詹永祥《剪剪》)

(4)在朝鲜的每一天,我都被一些东西感动着;我的思想感情的潮水,在放纵奔流着;我想把一切东西都告诉给我祖国的朋友们。但我最急于告诉你们的,是我思想感情的一段重要经历,这就是:我越来越深刻地感觉到谁是我们最可爱的人!

谁是我们最可爱的人呢?我们的战士,我感到他们是最可爱的人。

也许还有人心里隐隐约约地说:你说的就是那些"兵"吗?他们看来是很平凡、很简单的哩。既看不出他们有什么高深的知识,又看不出他们有什么丰富的感情。可是,我要说,这是由于他跟我们的战士接触太少,还没有了解我们的战士:他们的品质是那样纯洁和高尚,他们的意志是那样坚韧和刚强,他们的气质是那样淳朴和谦逊,他们的胸怀是那样美丽和宽广!

(魏巍《谁是最可爱的人》)

(5)今天,迎着清晨第一缕阳光,五星红旗在各地冉冉升起。从海岛边关到城市乡村,从雪域高原到鱼米之乡,人们向新中国74岁华诞表达最深的祝福。

今天,在西藏拉萨、江西南昌、四川成都、山西太原、河南郑州等地都举行了庄严盛大的升国旗仪式,人们观升旗、唱国歌,庆祝新中国成立74周年。

升国旗,庆佳节。在革命老区福建龙岩、河北西柏坡,在祖国边境黑龙江抚远、内蒙古科右前旗,在海南三沙,泰山、黄山之巅,人们升起五星红旗,向伟大祖国致以崇高的敬意与祝福。

这个国庆节,五星红旗飘扬在大江南北、大街小巷。在云南普洱布朗族村寨,在贵州黔西苗族彝族乡寨,在新疆乌鲁木齐,人们聚在一起,升起国旗,共同祝愿我们伟大的祖国繁荣富强。

今天,在辽宁大连的巡航现场,在京津冀地区的海上门户——天津港,在湖北武汉正在建设的中国光谷科学岛,各行各业的人们升起国旗,表达了奋进新征程的坚强决心。

伴随着雄壮的国歌,一面面鲜艳的五星红旗在军营上空迎风飘扬。

今天,香港特别行政区政府举行升旗仪式,五星红旗和香港特区区旗在金紫荆广场升起。之后,悬挂国旗和区旗的直升机在维多利亚港上空飞过,轮船在海面喷洒水柱敬礼。

澳门特别行政区政府今天也在金莲花广场举行升旗仪式。随着国歌奏响,全场肃立,注视鲜艳的五星红旗和澳门特区区旗冉冉升起,各界人士约550人共同观礼。

(2023年10月1日《新闻联播》)

(四)憎恨

(1)当他看出那并不是别人,正是冯老兰的时候,他祖辈几代的仇恨,一下子从心里涌上来,冲红了脖子。仇人相见,分外眼红,这时像有一颗炸弹在心房里炸裂,从心里发出一股势力辐射全身,浑身的血管都要炸开了。

(梁斌《红旗谱》)

(2)只要略有知觉的人就都知道:这回学生的请愿,是因为日本占据了辽吉,南京政府束手无策,单会去哀求国联,而国联却正和日本是一伙。读书呀,读书呀,不错,学生是应该读书的,但一面也要大人老爷们不至于葬送土地,这才能够安心读书。报上不是说过,东北大学逃散,冯庸大学逃散,日本兵看见学生模样的就枪毙吗?放下书包来请愿,真是已经可怜之至。不道国民党政府却在十二月十八日通电各地军政当局文里,又加上他们"捣毁机关,阻断交通,殴伤中委,拦劫汽车,攒击路人及公务人员,私逮刑讯,社会秩序,悉被破坏"的罪名,而且指出结果,说是"友邦人士,莫名惊诧,长此以往,国将不国"了!

好个"友邦人士"!日本帝国主义的兵队强占了辽吉,炮轰机关,他们不惊诧;阻断铁路,追炸客车,捕禁官吏,枪毙人民,他们不惊诧。中国国民党治下的连年内战,空前水灾,卖儿救穷,砍头示众,秘密杀戮,电刑逼供,他们也不惊诧。在学生的请愿中有一点纷扰,他们就惊诧了!

好个国民党政府的"友邦人士"!是些什么东西!

(鲁迅《"友邦惊诧"论》)

(3)这几天,大家晓得,在昆明出现了历史上最卑劣最无耻的事情!李先生究竟犯了什么罪,竟遭此毒手?他只不过用笔写写文章,用嘴说说话,而他所写的,所说的,都无非是一个没有失掉良心的中国人的话!大家都有一支笔,有一张嘴,有什么理由拿出来讲啊!有事实拿出来说啊!为什么要打要杀,而且又不敢光明正大地来打来杀,而偷偷摸摸地来暗杀!这成什么话?

今天,这里有没有特务?你站出来!是好汉的站出来!你出来讲!凭什么要杀死李先生?杀死了人,又不敢承认,还要诬蔑人,说什么"桃色事件",说什么共产党杀共产党,无耻啊!无耻啊!这是某集团的无耻,恰是李先生的光荣!李先生在昆明被暗杀,是李先生留给昆明的光荣!也是昆明人的光荣!

(闻一多《最后一次讲演》)

(五)严肃

(1)纠正一个错误并不难,难的是从根源上避免错误发生。"开胸验肺"事件,有理由引发全社会对劳动者权益保护制度的反思:对于职业病,要求用人单位盖章确定的"自证其罪",现实中是否可行?当用人单位不愿配合时,劳动部门怎样快速介入?那些被指定的职业病诊断机构,又靠什么保证它们的公信力、监督它们的偏私?……唯有填补制度漏洞,张海超们无奈的自残"自救",才能成为具有制度性保障的依法"他救"。

(毕诗成《"开胸验肺"需要怎样的"督导"》)

(2)敬业是积极向上的人生态度。人生的价值在于奋斗、进步与奉献。兢兢业业做好本职工作是最基本的一条。有人说,伟大的科学发现和重要的岗位,容易调动敬业精神,而一些普普通通的工作,想敬业也敬不起来。道理并非如此。在这些人眼里,房屋维修工作和公共汽车售票员工作再普通平凡不过了,但徐虎、李素丽同志并没有看不起这份工作,他们发扬敬业精神,在平凡的岗位上作出不平凡的贡献,感召了成千上万人投身到现代化建设中,有谁能小看他们的成就,小看他们的人生意义呢?徐虎和李素丽同志的事迹说明,任何平凡的工作都可以干得有出息,关键就看你能不能做到敬业。在平凡的岗位上长期爱岗敬业,创造让党和人民满意的业绩,同样需要坚韧不拔的毅力。

(《敬业——道德规范在职业行为中的表现》)

(3)中央明令禁止公款大吃大喝,但是由于历史遗留问题,政府打白条引发的“账外矛盾”依然时有发生。例如前一阵,河南许昌一家猪蹄店被政府打白条欠下约70万元;辽宁省兴城市一小吃部被打白条178张,老板讨债3年无果。虽然被曝光的例子是少数,但基层吃喝风有其分散性和隐蔽性,不少受害人出于自身利益和地方压力不敢举报,再加上监督乏力,导致个别地方“白条吃喝风”泛滥。

(《公款吃喝:查查“三公”账单之外有多少“白条”》)

(4)千里之堤,毁于蚁穴。护一个干部的短,就会伤一片群众的心。处理慢一步,影响就会大一圈。因此,对于少数党员干部暴露出来的党性作风问题、违法乱纪问题,应果断处理,绝不可护短。各级党组织只有按照中央一再要求的,从严管理干部,加强教育、约束和监督,让党员干部真正做到“权为民所用,情为民所系,利为民所谋”,党群关系才能密切如“血肉”,干群关系方能和睦如“鱼水”。

(《如何对待群众》)

(六)亲切

(1)这位朋友,虽然你的具体情况我不大了解,但是从留言中可以看出,你还是十分关心和在意自己家庭的。那么在积极经营自己家庭的过程中,你是不是也体味到了一种满足的快乐和甜蜜呢?如果是的话,那么我想,你操心经营的这个家庭正是你的成就所在,也是值得你自豪的。家庭、事业两全毕竟是困难的事情,那么只要料理好其中的一方,你又何必为另一方面的不满意而过分苦恼呢?

(2)观众朋友,看来呀果茶并不是越红越好,颜色越红说明添加的色素越多,色素多呢,品质难免会受影响。一般来说,黄褐色的果茶比纯红色的果茶质量要好。另外呢,果茶越稠,说明添加剂成分越多,那种出现果肉汁与水分层的果茶就比那种看起来黏稠的果茶质量要好些。您在买果茶的时候,可要注意这两点。

(3)老人的双手很灵巧。一个泥人在他手里诞生,只要几分钟。看他又拿起一团泥,先捏成圆形,再用手轻轻揉搓,使它变得柔软、光滑起来。接着,又在上面揉搓,渐渐分出了人的头、身和腿。他左手托住这个泥人,右手在头上面摆弄着,不一会儿,泥人就戴上了一顶偏偏的帽子。

(4)听众朋友,以上我跟您谈了糖尿病和动脉硬化的关系,最后呢,我再提醒一下,如果出现了多饮、多食、多尿,也就是所谓的“三多”症状,那您可千万别大意,而要及时去医院。如果被确诊为糖尿病,一方面要积极治疗,另一方面还要适当控制饮食。在这里,我要特别强调的是,现在威胁糖尿病患者最严重的并发症是心血管病变。所以啊,中老年朋友应该经常注意自己饮食量的变化。如果哪位朋友发现自己有了多饮、多食、多尿的症状,同时又出现了疲乏无力、消瘦的症状,请您一定尽快去医院检查,不要把病耽误了。

(5)刚刚结束的世界医学大会认为,体育锻炼是预防心血管疾病的有效手段。多特蒙德大学教授弗尔克尔说:“中年人如果没有体育锻炼,人到花甲时肌肉力量会丧失百分之三十到四十。”他认为,人即便到退休时才开始锻炼,也会受益匪浅。

专家们说,每天散步 30 至 60 分钟能延年益寿。耐力运动,如骑车、游泳或者跳舞,对增强体质效果极佳。

(七)悲伤

(1)妞子会死,这她连想都不敢想。说真的,要是妞子死了,韵梅也就死了半截子。说句大不孝的话吧——即使祁老人死了,天佑太太死了,妞子也必须活下去。老人如同秋天的叶子——时候一到,就得落下来,妞子还是一朵含苞未放的鲜花呢。韵梅很想把她搂在怀里,仿佛她还只有两三个月大。

(老舍《四世同堂》)

(2)她出去了,就再也没回来。

邻居们把她抬上车时,她还在大口大口地吐着鲜血。我没想到她已经病成那样。看着三轮车远去,也绝没有想到那竟是永远的诀别。

邻居的小伙子背着我去看她的时候,她正艰难地呼吸着,像她那一生艰难的生活。别人告诉我,她昏迷前的最后一句话是:“我那个有病的儿子和我那个还未成年的女儿……”

(史铁生《秋天的怀念》)

(3)人群中,有人眼泛着晶莹的泪花,有人胸前佩戴着洁白的花朵,有人手捧着簇簇淡黄的菊花,还有许多人握着鲜红的国旗。

广场旁,十里长街上,鸣笛声长啸不止,声声叩击着人们的心。国之难,举国哀。在这特别的一刻,在这神圣的地方,从全国各地聚集在广场的人们和整个中国一起,默默祈祷,表达对生命的尊重与敬畏。

(《这一刻举国哀悼这一刻全民一心》)

(4)雨雾蒙蒙的城墙门,木笼子里一颗颗血淋淋的人头映入江姐的眼帘,她尽力让自己平静下来去看牺牲者的名单,陡然发现丈夫的名字列在第一行！这种突然失去亲人的感觉我实在是无法想象,这么大的打击,她一个弱女子究竟该如何承受？江姐热泪盈眶,胸口梗塞,不敢也不愿再看。她禁不住要恸哭出声,一阵又一阵头昏目眩,使她无力站稳脚跟……

(罗广斌、杨益言《红岩》)

(八)喜悦

(1)小丽抿着嘴,弓着腰,蹑手蹑脚地,一步一步慢慢地靠近它。靠近了,靠近了,又见她悄悄地将右手伸向蝴蝶,张开的两个手指一合,夹住了粉蝶的翅膀。小丽高兴得又蹦又跳。

(2)战士们有的拼命地把子弹袋往身上背,有的拣起敌人崭新的美国造冲锋枪,怪稀罕地说"伙计！你从美国到这里也挺辛苦,跟我去为人民服务!"陈旅长大笑着走来了,战士们立刻围住他。他高兴地喊:"干脆,利索！两个钟头消灭四千,一个也没漏掉。哈哈,这才叫一网打尽!"战士们欢跳欢蹦,你说你捉的俘虏多,他说他缴的枪也不少,有的人还骑在刚缴来的大炮上。

(杜鹏程《保卫延安》)

(3)"30 秒!""20 秒!""10……5、4、3、2、1,点火,起飞!"一声令下,发射架下顿时浓烟滚滚,火箭缓缓升起。此时,整个人群沸腾了,人们纷纷挥动着五星红旗,昂首观看火箭的升天。当火箭远离地面时,才听见一阵气流的轰鸣声,但很快就被人们的欢呼声淹没了……

几秒钟后,火箭穿越云层,消失在人们的视线中。"祖国万岁!"此时,人群中有人喊出了激动人心的口号,随后掌声雷动,一些年轻战士的脸上,此时已挂满激动的泪花……

(张伟《用欢呼问候太空》)

(4)2008 名乐手,2008 面缶,组成宏大而庄严的缶阵。在中国古老的计时器"日晷"影像反射的光芒中,滚滚春雷声霎时席卷缶阵,响彻全场,响彻全世界。整个缶面闪现巨大的倒计时数字,全场观众一起呐喊。2008 年 8 月 8 日晚 8 时,北京奥运会开幕式正式拉开序幕。撼人心魄的缶乐声,"有朋自远方来,不亦乐乎"的豪迈高歌声,撞击着全世界观众的耳膜,透着好客的中国人无比的热情和真诚:今天,此时此刻,欢迎全世界宾朋来到中国!

(人民网《好一幅气势恢弘的中华文化长卷》)

(5)元宵节即将来临，人们买元宵、闹花灯，喜迎佳节。

元宵到，花灯闹。在福州三坊七巷，近2000盏花灯点亮古香古色的老街巷，透出浓浓的节日氛围。全手工制作的莲花灯吸引了许多台湾同胞驻足观赏。

登上西安古城，星灯交辉宛如天上的街市，灯火流光，在夜空中绽放千重繁华。在哈尔滨、天津、石家庄、郑州、沈阳等地，一组组花灯流光溢彩，让人流连忘返。在山东淄博，几近失传的"流星铁花"大放异彩，令人眼花缭乱。

在江苏徐州，一盏盏卡通味十足、憨态可掬的花灯吸引了不少孩子的目光。在贵州遵义、山东临沂、江西赣州、河北霸州，人们吹唢呐、唱山歌、打钱杆，感受元宵的喜庆气氛，定格一个个美丽瞬间。

这两天，浙江、云南、安徽、湖北、吉林、四川等地的商场里，象征着团团圆圆的元宵被摆到了显著位置，成为抢手货。

（九）惊惧

(1)她想，无论如何，也要压住这惊怕的心神。可是，一阵风吹来，树叶哗哗地一响，接着，便是这里那里，好像满树上都躲着一些鬼魅，而这些鬼魅却等着有人走来，窸窸窣窣的要出动的样子。全身的汗毛，立刻便跟着这阵风，这阵响，一个冷噤，一次战栗，竖了起来。

（许杰《放田水》）

(2)恐惧笼罩着她，我们可以说，她被恐惧围困了；恐惧使她的两肘缩紧在腰旁，使她的脚跟缩紧在裙下，使她尽量少占地方，尽量少吸取不必要的空气，那种恐惧可以说是已经成了她自身的习惯，除了有增无减以外，没有其他可能的变化。在她的眸子里，有一角惊惶不定的地方，那便是恐惧的所在。

（〔法〕雨果《悲惨世界》）

(3)过度的紧张，使他脖颈发硬，两眼发直，只瞧见自己的鼻尖。他走到和地头并排的灌木丛边一条小径上，本能地往那块地头瞥了一眼，在银白色的月光下，他仿佛看见一个黑乎乎的东西在蠕动，一会儿拱土，一会儿扒地。同时，他还清晰地听到了啪啪的声音。于是他的发丝根根竖起，额头冰凉，眼冒金星，被无名的恐惧死死揪住。他准备撒丫子逃跑，决不再瞧那边一眼。他忙不迭地加快了步伐，但不知为什么，越着急，越觉得那不可形容的怪物已经大步追来，挥舞双臂，一把拖住他似的。

（〔朝〕李炳洙《岭北》）

(4)24日下午6点多，袁家村村民袁立松正准备和朋友吃晚饭，这时村里一个姓孙的妇女急匆匆地跑进来说，有小孩掉进村西头的水井里了。袁立松和朋友袁树生以及村里一名干部袁训福，赶紧一路小跑赶到事发地。

袁立松告诉记者,当他们赶到时,井边已经围了一圈人,井里水面上并没有看到孩子,大家猜测小孩可能已经沉底了。

今年52岁的袁立松见情况紧急,一个猛子扎下去打捞。但第一次下水,他什么也没有摸到。这口20多年的老井是村里用来灌溉农田的,有8米多深,虽然会水,但多年没下过水的老袁很难一口气探到井底。

第一次打捞未果,他再次跳入井中,仍没有摸到小孩。第三次,老袁找到井边一个地势较高的地方,用力扎进去,这一次,他终于探到井底并摸到了小孩。由于孩子陷入井底的淤泥中,老袁费了好大力气才把他抱出水面。男孩捞出来后被迅速送到潍坊市人民医院,老袁则因体力不支瘫倒在井边的杂草中。

(《十岁男童掉进八米深井　五旬老汉三次潜水救人》)

(十)坚定

(1)他身子骨虽然单薄,可意志坚强。他要是下定了决心,哪怕是座大山呢,也得钻它仨窟窿。

(老舍《鼓书艺人》)

(2)新的一年,新的奋斗,新的进发。2024年是新中国成立75周年,是实现"十四五"规划目标任务的关键一年。"团结就是力量,信心赛过黄金。"在新的起点上,仍然需要我们接续奋斗、砥砺前行,一件事情接着一件事情办,一年接着一年干,在中国式现代化的新征程上书写更多辉煌,在推进强国建设、民族复兴伟业中共享更大荣光。为了宏伟而朴素的目标,让我们一起出发!

(2024年1月1日《焦点访谈·为了宏伟而朴素的目标》)

(3)刘洪的悲痛是深沉的,可是倔强的他决不让自己被悲痛压倒。过去革命斗争的锻炼,使他有着坚如钢铁、从不屈服的性格。每当他哀伤的时候,他会忍住眼泪,在忍住眼泪的同时,一种难以压抑的愤怒便在胸中燃烧。他的眼睛亮了,拳头握紧了,如果手中有枪,他就把子弹顶上膛,他能化悲愤为力量,展开不疲倦的斗争,而且越战越坚强。

(刘知侠《铁道游击队》)

(4)没有什么是一成不变的。生活就像自然,有阳春,也有金秋;有酷夏,也有寒冬。做好最坏的准备,别羡慕那些春风得意的骄子。他们往往是脆弱的,一旦面临灾祸,就会束手无策,彻底崩溃。也别学那些倒霉背时的可怜家伙。他们一遇到挫折就不能自拔,常常沉溺于悲伤,一错再错,在眼看就要柳暗花明之际,却躺下不再起来。

要永远坚信这一点:一切都会变的。无论受多大创伤,心情多么沉重,一贫如洗也好,都要坚持住。太阳落了还会升起,不幸的日子总有尽头,过去是这样,将来也是这样。

（〔美〕曼迪诺《永恒的变化》）

（5）你们杀死一个李公朴，会有千百万个李公朴站起来！你们将失去千百万的人民！你们看着我们人少，没有力量？告诉你们，我们的力量大得很，强得很！看今天来的这些人都是我们的人，都是我们的力量！此外还有广大的市民！我们有这个信心：人民的力量是要胜利的，真理永远是要胜利的，真理是永远存在的。历史上没有一个反人民的势力不被人民毁灭的！希特勒、墨索里尼，不都在人民之前倒下去了吗？翻开历史看看，你们还站得住几天！你们完了，快了！快完了！我们的光明就要出现了。我们看，光明就在我们眼前，而现在正是黎明之前那个最黑暗的时候。我们有力量打破这个黑暗，争到光明！我们的光明，恰是反动派的末日！

（闻一多《最后一次演讲》）

（十一）急迫

（1）她急得团团转，眼前飘着一层层愁云，心里像塞了一团乱麻，嘴里不停地说："怎么办呢？"

（2）坐上汽车，他觉得汽车跑得太慢太慢了，为什么只有六个轱辘而不多安两个翅膀呢！坐上火车，他觉得火车像在地上爬似的，它应该会飞才对。即令是坐上飞机，那也满足不了他此时此刻的心情。

（金敬迈《欧阳海之歌》）

（3）一艘装载有危险化学品的集装箱滚装船 8 月 10 日深夜在长江三峡大坝——葛洲坝水域发生集装箱落水事故。目前已知有 62 个集装箱落入江中，其中 12 个装有危险化学品：6 个装有高锰酸钾，1 个装有高锰酸钠，5 个装有氢氧化钾。

经三峡海事局初步调查，操作不当是造成本次事故的直接原因。目前暂未发现长江水体污染情况。

（4）干志军，宝山村村办企业桂花水电站负责人。"当时我们那里有 13 个人。我第一个感觉是地震来了，赶紧从工作房间逃了出来。但我立即意识到，还有村民在里边，我又赶紧折返回去，这时山上滑落下来的石头不断地朝发电站冲过来，发出巨响。"

冲进发电站机房，干志军大喊："快出来，地震来了！"村民郝晓蓉满脸灰尘地从楼道口艰难探出脑袋，干志军赶紧上前一把将她拉了上来。紧接着，老共产党员谢正清冲了出来，与干志军会合。与此同时，又一阵呼救声传来，村民徐明英腰部受伤，干志军与谢正清将其搀扶到屋外……

桂花水电站距离宝山村仅3公里,地震发生后,岩层不断垮塌,逃生的公路被阻断,只得翻山找路。就在村民们从水电站逃离不到30分钟,两山的泥石流奔涌而下,水电站瞬间被淹没……

(隋笑飞等《废墟上,党旗依然高高飘扬》)

(十二)冷漠

(1)时至冬天,孔乙己还只穿一件破夹袄,他的腿被打折了,又没钱医治;周围的人都很麻木冷漠,没人会去帮助他。

(鲁迅《孔乙己》)

(2)她现在好像用旧了的弹簧,懒懒地振作不起精神来,她觉得只有空虚和寂寞在她周围扩展着,包围了她,吞噬了她。

(茅盾《昙》)

(3)总之现在我是四海一身,落落寂寞,同枯燥的电杆一样,光泽泽地在寒风里冷颤。眼泪也没有,愁叹也没有,称心的事业,知己的朋友,一点儿也没有,没有没有没有……什么也没有,所有的就是一个空洞的心!同寒灰似的一个心!

(郁达夫《十一月初三》)

(4)六月十五那天,天热得发了狂。太阳刚一出来,地上已像下了火。一些似云非云、似雾非雾的灰气低低地浮在空中,使人觉得憋气……

街上的柳树像病了似的,叶子挂着层灰土在枝上打着卷;枝条一动也懒得动,无精打采地低垂着。马路上一个水点儿也没有,干巴巴地发着白光。便道上尘土飞起多高,跟天上的灰气联结起来,结成一片毒恶的灰沙阵,烫着行人的脸。处处干燥,处处烫手,处处憋闷,整个老城像烧透了的砖窑,使人喘不过气来。

(老舍《骆驼祥子》)

(5)他把车拉出去,心中完全是块空白,不再想什么,不再希望什么。只为肚子才出来受罪,肚子饱了就去睡,还用想什么呢?还用希望什么呢?看着一条瘦得出了棱的狗在白薯挑子旁边等着吃点皮和须子,他明白了他自己就跟这条狗一样,一天的动作只为捡些白薯皮和须子吃,将就着活下去是一切,什么也无须乎想了。

(老舍《骆驼祥子》)

二、文学作品

最后一次演讲(节选)

闻一多

这几天,大家晓得,在昆明出现了历史上最卑劣最无耻的事情!李先生究竟犯了什么罪,竟遭此毒手?他只不过用笔写写文章,用嘴说说话,而他所写的,所说的,都无非是一个没有失掉良心的中国人的话!大家都有一支笔,有一张嘴,有什么理由拿出来讲啊!有事实拿出来说啊!为什么要打要杀,而且又不敢光明正大地来打来杀,而偷偷摸摸地来暗杀!这成什么话?

今天,这里有没有特务?你站出来!是好汉的站出来!你出来讲!凭什么要杀死李先生?杀死了人,又不敢承认,还要诬蔑人,说什么"桃色事件",说什么共产党杀共产党,无耻啊!无耻啊!这是某集团的无耻,恰是李先生的光荣!李先生在昆明被暗杀,是李先生留给昆明的光荣!也是昆明人的光荣!

去年"一二·一"昆明青年学生为了反对内战,遭受屠杀,那算是青年的一代献出了他们最宝贵的生命!现在李先生为了争取民主和平而遭受了反动派的暗杀,我们骄傲一点说,这算是像我这样大年纪的一代,我们的老战友,献出了最宝贵的生命!这两桩事发生在昆明,这算是昆明无限的光荣!

反动派暗杀李先生的消息传出以后,大家听了都悲愤痛恨。我心里想,这些无耻的东西,不知他们是怎么想法,他们的心理是什么状态,他们的心怎样长的!其实简单,他们这样疯狂地来制造恐怖,正是他们自己在慌啊!在害怕啊!所以他们制造恐怖,其实是他们自己在恐怖啊!特务们,你们想想,你们还有几天?你们完了,快完了!你们以为打伤几个,杀死几个就可以了事,就可以把人民吓倒了吗?其实广大的人民是打不尽的,杀不完的!要是这样可以的话,世界上早没有人了。

你们杀死一个李公朴,会有千百万个李公朴站起来!你们将失去千百万的人民!你们看着我们人少,没有力量?告诉你们,我们的力量大得很,强得很!看今天来的这些人都是我们的人,都是我们的力量!此外还有广大的市民!我们有这个信心:人民的力量是要胜利的,真理永远是要胜利的,真理是永远存在的。历史上没有一个反人民的势力不被人民毁灭的!希特勒、墨索里尼,不都在人民之前倒下去了吗?翻开历史看看,你们还站得住几天!你们完了,快了!快完了!我们的光明就要出现了。我们看,光明就在我们眼前,而现在正是黎明之前那个最黑暗的时候。我们有力量打破这个黑暗,争到光明!我们的光明,恰是反动派的末日!

李先生的血不会白流的！李先生赔上了这条性命,我们要换来一个代价。“一二·一”四烈士倒下了,年轻战士们的血换来了政治协商会议的召开;现在李先生倒下了,他的血要换取政协会议的重开！我们有这个信心！

“一二·一”是昆明的光荣,是云南人民的光荣。云南有光荣的历史,远的如护国,这不用说了,近的如“一二·一”,都是属于云南人民的。我们要发扬云南光荣的历史！

反动派挑拨离间,卑鄙无耻,你们看见联大走了,学生放暑假了,便以为我们没有力量了吗？特务们！你们看见今天到会的一千多青年,又握起手来了,我们昆明的青年决不会让你们这样蛮横下去的！

反动派,你看见一个倒下去,可也看得见千百个继起的！

正义是杀不完的,因为真理永远存在！

历史赋予昆明的任务是争取民主和平,我们昆明的青年必须完成这任务！

我们不怕死,我们有牺牲的精神！我们随时像李先生一样,前脚跨出大门,后脚就不准备再跨进大门！

训练提示:抗日战争胜利后,美帝国主义和蒋介石反动政府内外勾结,疯狂策划反共反人民的内战,妄图使中国永远沦为半封建半殖民地社会。这种倒行逆施,遭到全国人民的强烈反对,“反内战、反独裁”的爱国主义运动在全国范围内蓬勃兴起。国民党反动派冒天下之大不韪,一方面派兵向解放区大举进攻;另一方面,在他们统治的区域制造白色恐怖,甚至采取暗杀手段疯狂镇压人民。1946 年 7 月 11 日,著名的爱国民主战士李公朴先生在昆明遇害。7 月 15 日,云南大学召开李公朴先生的追悼大会,闻一多先生主持了这次大会。会上由于混入了国民党分子,在李公朴夫人血泪控诉的过程中,他们毫无顾忌,说笑打闹,扰乱会场,使人们忍无可忍。当李夫人刚离开讲台,闻一多先生就拍案而起,满腔悲愤地发表了这篇著名的演讲。会后,闻一多先生又参加了记者招待会。可他在返家途中,不幸被特务杀害。这篇演讲就成了他的“最后一次演讲”。

在这样一个背景下,语气的感情色彩是怒,分量把握为重度。由于本文是闻一多先生的演讲现场词,所以要把握好语气的变化,将这篇声讨的檄文、鼓舞士气的檄文铿锵有力地表达出来,多使用波峰式、波谷式和上山式,不能一味地高喊。怒的感情在声音和气息的运用上应该把握:气粗声重,口腔如鼓,气息如椽。

青　衣

毕飞宇

自古到今，唱青衣的人成百上千，但真正领悟了青衣意蕴的极少。

筱燕秋是个天生的青衣胚子，二十年前，京剧《奔月》的成功演出，让人们认识了一个真正的嫦娥。可造化弄人，此后她沉寂了二十年，在远离舞台的戏校里教书，学生春来的出现让筱燕秋重新看到了当年的自己。二十年后，《奔月》复排，这对师生却成了嫦娥的AB角。把命都给了嫦娥的筱燕秋一口气演了四场，她不让给春来，谁劝都没用。可第五场，她来晚了，筱燕秋冲进化妆间的时候，春来已经上好了妆。她们对视了一眼，筱燕秋一把抓住化妆师，她想大声说："我才是嫦娥，只有我才是嫦娥！"但是她现在只会抖动着嘴唇，不会说话。

上了妆的春来真是比天仙还要美，她才是嫦娥。这个世上没有嫦娥，化妆师给谁上妆，谁就是嫦娥。大幕拉开，锣鼓响起来，筱燕秋目送着春来走向了上场门。

筱燕秋知道，她的嫦娥在她四十岁的这个雪夜，真的死了。

观众承认了春来，掌声和喝彩声就是最好的证明。筱燕秋无声地坐在化妆台前，她望着镜子里的自己，目光像秋夜的月光，汪汪地散了一地。她一点都不知道自己做了什么，拿起水衣给自己披上，取过肉色底彩挤在左手的掌心，均匀地一点一点往手上抹，往脖子上抹，往脸上抹，然后请化妆师给她吊眉，包头，上齐眉穗儿，戴头套，镇定自若，出奇地安静。

筱燕秋并没有说什么，只是拉开门，往门外走去。筱燕秋穿着一身薄薄的戏装走进了风雪。她来到剧场门口，站在了路灯下面，她望了大雪中的马路一眼，自己给自己数起了板眼，她开始了唱，她唱的依旧是二黄慢板转原板、转流水、转高腔。

雪花在飞舞，戏场门口人越来越多，车越来越挤，但没有一点声音。筱燕秋旁若无人，边舞边唱。她要给天唱，给地唱，给她心中的观众唱。

筱燕秋的告别演出轰轰烈烈地结束了。

人的一生其实就是不断地失去自己挚爱的过程，而且是永远地失去，这是每个人必经的最大伤痛，而我们从筱燕秋的微笑中看到了她的释怀，看到了她的执着和期盼。

生活中充满了失望和希望，失望在先，希望在后，有希望就不是悲。

训练提示：《青衣》的故事发生在1979年。青衣在旦行里占主要位置，所以叫正旦，扮演的一般都是端庄、严肃、正派的女性人物。整篇文章的故事性非常强，由于情节的变化，语气的运用应不断根据情感的变化而变化。文章从第二自然段的中间就出现了语气的变化,从最初喜爱的感情,转变成怒和哀且略带急的感情,然后哀的情感一直延续到文章的最后。其中个别语句的处理可以略有变化,但哀的感情不能丢,只是程度上有所变化。在气息和声音的处理上应该注意:气沉声缓,口腔如负重。

三、消息类稿件

新闻报道强调客观真实是对新闻事实的尊重,也是取得受众信任的基础。但是任何新闻报道都不可能是纯客观的,新闻从选材开始就不可避免地带有记者的主观倾向。一味地追求新闻报道的纯客观性,就会显得我们的播报非常天真幼稚。我们要在客观报道中显示出态度,所谓"态度"就是某种思想感情的某种分量的体现。

我们要控制好播报的分寸,将态度和倾向掩藏在客观事实后面,利用内在语技巧为语气的把握提供内心依据,控制好不同语气的声音表现,在不知不觉中影响受众,从而取得理想的传播效果。

各地举行活动庆祝"三八"国际劳动妇女节

今天是"三八"国际劳动妇女节,各地组织丰富多彩的活动,给广大妇女送上节日祝贺与美好祝福。

今天,由中央和国家机关工委、全国妇联主办的"巾帼心向党"全国三八红旗手巾帼大宣讲示范活动在京举行。全国三八红旗手标兵等宣讲团成员,讲述了她们心怀"国之大者",创造非凡业绩的感人故事。

连日来,云南保山、甘肃兰州等地举行环湖跑、亲子运动,为广大女性同胞拉开健康过节的序幕。河北保定推出冰雪畅游,让更多女性尽享冰雪快乐。在江西南昌、湖南永州、黑龙江绥芬河、内蒙古鄂尔多斯东胜区等地,插花、剪纸、传统刺绣等丰富多彩的活动,吸引了不少女性参与。

展现新时代女性风采。贵州铜仁推出"巾帼集市",分享当地乡村女致富带头人、非遗传承人的创业故事;在福建福州,"巾帼文明岗"代表等一起为城市增绿添彩。

保障女性权益。广西南宁、安徽芜湖等地开展健康科普知识讲座和免费筛查;天津、新疆多地推出女性专场招聘活动;浙江义乌通过线上线下等形式,开展来料加工、电商直播等多方面创业技能培训。

(2024 年 3 月 8 日《新闻联播》)

各地举办活动缅怀英烈

清明期间，各地开展多种形式的祭扫活动，缅怀革命先烈的丰功伟绩，弘扬伟大的革命精神，从中汲取奋进的力量。

松柏常青，英雄常在。清明时节，甘肃兰州烈士陵园举办了集体祭扫活动，大家为474位牺牲时没有留下任何信息的无名英烈擦拭墓碑、敬献鲜花。在辽宁丹东的抗美援朝纪念塔前，人们向革命烈士敬献鲜花，深切缅怀先烈的不朽功绩。

这个清明节，北京市门头沟区的龙泉镇、王平镇组织开展清明缅怀抗洪救灾英烈主题活动，分别前往刘捷烈士墓、魏承浩烈士墓、熊丽烈士墓，深切缅怀在去年7月特大洪涝灾害中牺牲的三位英烈。在湖北应城、黑龙江鸡西、山西武乡、青海西宁，很多人自发来到纪念碑、烈士陵园，向先烈致以崇高敬意。

同时，各地还举行了形式多样的活动，传承红色基因，弘扬革命精神。在吉林通化，人们走进东北抗联纪念馆，听讲解、看展览。在江西高安，学生们走进团山村，了解当年村民与日寇浴血抗争的感人事迹。在宁夏固原，2000多名师生徒步前往任山河烈士陵园，庄严宣誓，祭奠先烈。

这个清明节，全军各部队通过多种形式祭奠缅怀革命先烈，传承弘扬英烈精神。在新疆、西藏座座边关哨所，戍边勇士们用高原官兵特有的方式，向献身祖国边防建设、为边疆和平安宁牺牲奉献的英烈前辈们致敬。

（2024年4月5日《新闻联播》）

中缅联合打击跨国电信诈骗取得重大战果

昨天晚上，随着一架中国民航包机降落在云南昆明长水机场，缅甸移交我方的10名重大电信诈骗犯罪嫌疑人被我公安机关成功押解回国，此次行动是中缅两国开展国际警务执法合作取得的又一标志性重大战果。

此次缅甸警方依法向我国公安机关移交了白所成、白应苍、魏怀仁、刘正祥、刘正茂、徐老发6名缅北果敢电诈犯罪集团重要头目和另外4名重大犯罪嫌疑人。据介绍，长期以来，缅北果敢自治区以白所成、魏怀仁、刘正祥、徐老发等为首的多个犯罪集团大肆组织开设诈骗窝点，公开武装护诈，针对中国公民疯狂实施电信网络诈骗犯罪活动，诈骗数额巨大，同时涉嫌故意杀人、故意伤害、非法拘禁等多种严重暴力犯罪。

缅甸警方于近日将我公安机关公开通缉的白所成等6名犯罪嫌疑人抓获。1月

30日,缅方决定将到案的上述6名犯罪嫌疑人以及我公安机关前期向其通报的另外4名重大犯罪嫌疑人移交我方。当天,公安部组织云南公安机关民警赴缅甸执行包机押解任务,成功将相关犯罪嫌疑人押解回国。

据了解,公安部与缅甸警方持续开展执法安全合作,截至目前,已有4.4万名缅北涉我电信网络诈骗犯罪嫌疑人移交我方,其中幕后"金主"、组织头目和骨干171名,网上在逃人员2908名,打击工作取得历史性重大战果。

(2024年1月31日《新闻联播》)

习近平就俄罗斯发生严重恐怖袭击事件向俄罗斯总统致慰问电

3月23日,国家主席习近平就俄罗斯莫斯科州一音乐厅发生严重恐怖袭击事件造成重大人员伤亡向俄罗斯总统普京致慰问电。习近平表示,惊悉贵国莫斯科州一音乐厅发生严重恐怖袭击事件,造成重大人员伤亡,我谨代表中国政府和中国人民向遇难者表示深切哀悼,向伤者和遇难者家属致以诚挚慰问。

习近平强调,中方反对一切形式的恐怖主义,强烈谴责恐怖袭击行为,坚定支持俄罗斯政府维护国家安全稳定的努力。

(2024年3月23日《新闻联播》)

低温冰冻预警持续 湖南贵州等地有冻雨

气象监测显示,受寒潮天气影响,2月21日至23日,我国西南地区东部、江南、华南等地出现明显降温,气温下降幅度普遍有8℃—16℃。中央气象台预计,未来一周我国大部气温将持续偏低。北方地区冷空气活动频繁,气温多起伏。南方地区28日前后气温有所回升,29日后受冷空气活动影响再次下降。中央气象台今天继续发布低温黄色预警。

另外,今明两天,北方降水明显减少,南方仍有较大范围阴雨雪天气,湖南、贵州等地仍需防范冻雨。其中,今天夜间到明天早晨,冻雨主要集中在贵州中东部、湖南大部、江西西北部,冻雨量0.5毫米—2毫米,局地3毫米以上。公众需持续做好防寒保暖措施,外出警惕雨雪冰冻天气造成的路面湿滑,注意交通安全。

(2024年2月24日《新闻联播》)

四、评论类稿件

睡前聊一会儿:翅膀并非天赐,他们是自己的英雄

田卜拉

睡前聊一会儿,梦中有世界。听众朋友,你好。

半个多月前,中国奥运健儿在东京争金夺银,创造佳绩。今晚,东京残奥会正式开幕,奥林匹克圣火再次在东京新国立竞技场点燃。来自中国的251名残奥健儿即将在20个大项、341个小项中展开角逐。

从刀锋战士靠假肢在田径场上奔驰,到无臂少年将双腿化作"鱼尾"踏浪泳坛,从1960年第一届残奥会开始,无数运动员在别样的赛场上抒写着感人至深的拼搏故事,诠释着自强不息的生命真谛。时下,在东京湾海面,红绿蓝三色的残奥会标志已经取代奥运五环,在黑夜中释放出耀眼的光芒。象征着心智、身体和精神的三色丝带诉说着残奥会的内涵:身体的残缺并不妨碍精神的富足,人生的不幸更磨灭不了心智的强大。

"我们拥有翅膀"(We Have Wings),这是东京残奥会开幕式的理念。的确,体育弥补人生缺憾,奥运铺就圆梦坦途。对于很多运动员而言,残奥会正是展现自我、实现价值的一方舞台。在伦敦残奥会上,出发时紧紧咬住毛巾、接近终点只能以头触壁的仰泳选手郑涛打破世界纪录,他说:"今天,我改变了自己";里约残奥会上夺冠的短跑运动员李露也表示,是奔跑让她这个农村小姑娘走向了世界舞台。运动之于他们,不仅是充实生活的一种爱好,更是改变人生的一对翅膀。如今,这些老将携手更多年轻人征战东京,为"有梦想谁都了不起"写下最生动的注脚。

事实上,翅膀并非天赐,他们是自己的英雄。在不少人看来,残奥会只是奥运会的一种补充,代表着社会对残疾人群体的特别关爱与照顾。事实上,正如残奥会(Paralympic Games)的英文词根"para"包含的"平行"之意,残奥会与奥运会完全是对等的世界性运动会。不一样的竞技比赛,同样的运动之美。在一些项目上,残奥会运动员甚至创下优于同届奥运会金牌选手的成绩。他们不仅在超越自我,也在超越更高、更快、更强的极限,提升着更团结的境界。忽视轮椅与拐杖,忽视"残疾人"的前缀,我们才能在"平视"中产生更多由衷赞叹与理解认同。

身着披风,乘风飞翔,如樱花般绚丽……东京残奥会的吉祥物Someity,其英文"So Mighty"被译为如此强大或无所不能。残奥会运动员用同样娴熟的姿态,展示着同样的运动魅力、同样的胜利喜悦。在他们身后,是占世界人口15%的残障人士。球技高

超的独臂少年、独立上学的板凳男孩、圆梦厨师的脑瘫小伙、健美夺冠的独腿女孩、回乡办厂的袖珍夫妻……他们就在我们身边,过着同样普通的生活。世界上没有十全十美。当他们用自信与美丽,向世人证明“我能行”时,他们鼓舞的,不只是遭遇身体残缺的少数个体,而是面对生活挫折仍要勇毅前行的每个你我。

一个细节耐人寻味,本次参加残奥会的中国运动员全都是业余选手,从事着工人、农民、学生、公务员等各种职业。这也说明:体育是每个人都享有的权利。无论是竞技运动,还是身体锻炼,体育有助于人们提高身体机能、强健心灵精神、实现自我认同、融入社会群体。不久前发布的《全民健身计划(2021—2025年)》,从场馆开放、体育赛事、康复健身等方面对残疾人参与体育活动作出规定,进一步保障相关人士的权益。下一步,如何消除有形无形的歧视,从体育、交通、就业等各方面创造“无障碍环境”,对残障人士做到“一视同仁”,还有很长的路要走,需要全社会共同努力。

“因为有了你这双眼,我才可以自由地奔跑。”在盲人短跑比赛中,往往有一位步伐节奏一致、靠绳带指引选手的引跑员。并驾齐驱的奔跑画面,折射出运动员与引跑员心手相连的深厚情谊,也象征着残障人士和普通人群的同向而行。正如东京残奥会开幕式上,各式各样的飞机在帕拉(Para)机场勇敢起飞,哪怕独翼的小飞机也有机会翱翔蓝天。

这正是:两个奥运,同样精彩。一视同仁,共创未来。

以上就是今天的人民日报评论“睡前聊一会儿”,我们在北京,祝您晚安。

(2021年8月24日微信公众号:人民日报评论)

训练提示:这期节目的内容是对残奥会健儿们满满的赞美、鼓励、祝福与期待,字里行间洋溢着爱与喜的感情。当播读到“身体的残缺并不妨碍精神的富足,人生的不幸更磨灭不了心智的强大”“翅膀并非天赐,他们是自己的英雄”“当他们用自信与美丽,向世人证明‘我能行’时,他们鼓舞的,不只是遭遇身体残缺的少数个体,而是面对生活挫折仍要勇毅前行的每个你我”“哪怕独翼的小飞机也有机会翱翔蓝天”这些句段时,语气要充满爱的鼓励与敬佩,而且含有坚强的力量。

坏的不止是肉,更是企业的底线

徐之

不新鲜、味不大的作为9.9元一斤的特价肉卖;臭味明显的冲洗去味再上柜台;发臭变质无法处理的,直接铰馅儿或灌香肠……近日,有媒体曝光了某品牌大型超市制售隔夜臭肉,引发社会关注和公众热议。超市员工有策略,分程度处理隔夜肉,明显并非无心之失;经手人员操作熟练,亦充分表明并非初次为之;从后台制作到前台出售,无一人提出异议,更是暴露出相关人员食品安全意识之低。绞尽脑汁、费尽心思,通过打折、再处理等方式,千方百计将变质肉塞进消费者的口袋,可谓利令智昏、利欲熏心。

更令人不敢置信的是,这样的事情竟堂而皇之地发生在大型商超。一般来讲,大型超市应该有一套标准操作程序,规范食材的验收、储存、加工、出售等环节,以保障食品安全。人们选择大型商超消费,也正是信赖其成熟的企业管理提供的安全保障。这样的违法违规行为长期存在、没有得到及时纠正,让人不得不怀疑相关企业缺乏监管措施,制度如同虚设。

据了解,该商超门店员工的奖金与销售额直接挂钩。这也就意味着,隔夜肉、变质肉等带来的成本损耗将影响员工奖金。这样的激励制度,原本是为了调动员工销售热情。但因为缺少相应的监管措施,反而异化成了唯利是图的行为导向。员工对变质肉可能带来的食品安全隐患视而不见,一心只想销售出去,转化为自己的奖金。企业监管的缺位,无异于为这样的操作大开方便之门。走进该商超的门店,随处可见食品安全标语,“新鲜”“安全”等字样高悬墙上,却没能成为企业经营自省的警钟,反而沦为欺骗消费者的话术。从这个角度看,坏的不仅仅是肉,更是企业的底线。

对于该商超门店肉品销售事件,当地市场监管部门正在调查处理中。相关品牌也在官微上公开道歉,表示相关肉品已全部封存下架,涉事员工停职接受调查,门店将立刻进行整改。相信随着调查的深入,相关违规操作行为能够得到及时纠正。但围绕此次事件的讨论不应止步于此。一段时间以来,类似的大品牌“翻车”事件时有发生。从明星火锅店被曝黄喉发臭、生菜回收,到该商超门店制售隔夜臭肉,在食品安全上屡屡出现问题,绝不是一纸道歉、自查自纠就能够蒙混过关的。

我们强调企业的社会责任,并非是强加要求,而是因为企业的生产经营真切地关系着人们的日常生活。这一责任,是消费者对品牌的信任赋予的,是企业无可推卸,必须正视、担当的责任。担好这份责任,既要靠外部监督,曝光一处、查处一处、整改一处,以零容忍的态度强化市场监管、形成齐抓共管的合力;更需要企业自觉守好底线,落实好安全生产加工的各项要求,杜绝食品安全隐患。

食品安全是相关企业的生命线,更是底线、红线。企业只有切实担负起应有责任,把好食品安全关,才能赢得消费者信任,让消费者安心、放心。

(2021 年 8 月 17 日微信公众号:人民日报评论)

训练提示:本文对某大型商超制售隔夜臭肉这种利令智昏、利欲熏心的做法提出了严肃批评,揭露了商家的不法操作方式、导致这种恶性事件发生的原因。面对相关品牌在官微上的公开道歉,作者指出“绝不是一纸道歉、自查自纠就能够蒙混过关的”,要“曝光一处、查处一处、整改一处,以零容忍的态度强化市场监管”,因此,文章的整体基调是严肃批评、深刻警醒的。在这个过程中,有质疑、有批评、有惊叹、有呼吁、有斩钉截铁的表态。我们在训练时要深入理解、细致感受多种语气的表达,并灵活运用到稿件的播读中。

五、专稿类稿件

冲锋在强军路上——记陆军某扫雷排爆大队英雄战士杜富国

李清华、杨庆民、张永进

5月的大地,生机勃勃。

陆军军医大学西南医院康复中心,失去双手双眼的扫雷英雄杜富国,每天用他的双脚和断臂,探索这个既熟悉又陌生的世界。

“富国,这个速度怎么样?”站在被精心改装过的跑步机旁边,时刻关注和守护着杜富国的战友刘新未问道。

“没问题!”从腰部以下被特殊的软体装置围裹的杜富国,一边奋力挥动断臂,一边用双脚在跑步机上坚实地跑出每一步。很快,他的额头上渗出晶莹的汗珠,他那向前的奔跑姿态像是在宣示:要永远保持奔跑的姿态,冲锋在新时代的强军路上。

7个月前,执行扫雷任务的杜富国面对生死抉择,毫不犹豫地喊出“让我来”,用实际行动发出了新时代中国军人勇于担当、甘于奉献、不怕牺牲的青春宣言。

“13分08秒!”陆军军医大学西南医院康复中心副主任周贤丽一边摁下手里的秒表,一边喊出杜富国3公里最新的成绩。

28岁的杜富国,失去双手双眼后,从试着在跑步机上掌握平衡,一步一步重新学习走路,到跑出13分08秒的成绩,他用了整整4个月的时间。

周贤丽告诉记者:“这是一个艰难的过程。他在失去视觉、触觉和平衡多重反馈的状态下,独立完成从病床走到桌子旁边拿起杯子喝水这个简单的事情,就训练了无数次。无论面对什么样的训练难度,他总说‘有什么需要我做的,我积极配合,坚决完成任务’。”

“……远方也许尽是坎坷路……也不能阻挡我奔前程……茫茫未知的旅程我要认真面对我的人生……”记者站在杜富国病房门口准备叩门时,屋里传来男声小合唱。轻轻推开门,明亮的病房里,杜富国坐在单人沙发上,笔直地挺着背,战友刘新未和田俊围在他旁边，三个人正认真合唱《壮志在我胸》……

在和杜富国一起出生入死扫雷1000多个日夜的刘新未眼里，他是个勇敢顽强、乐观向上的人，不管多苦多累总是笑着面对。

如今，杜富国的病房里常常传来歌声，一向羞于开腔的刘新未也爱上了唱歌。杜富国的顽强意志和乐观精神感染了身边的每一个人。

杜富国的父亲杜俊在很多接触和采访过他的人们眼里，表现得比较冷静。“和在维和、扫雷中牺牲的战友比，他已经很幸运了。”

遵义市湄潭县风光旖旎的群山中，坐落着杜富国出生和成长的村庄。

午后的乡间，弥漫着山野清香。在杜俊家的茶园下面，一座坟墓上的鲜花吸引了记者的目光。杜俊告诉记者：“这是杜富国太爷的坟，我把富国受伤后的残肢断臂埋在了这儿。”说话间，几天来从未流露过悲伤的杜俊掉下了眼泪。

杜俊说：“我爷爷当年冒着全家被杀头的危险，营救失散红军逃离敌人的魔爪，他是个英雄。”

“我哥这样做，是想告诉爷爷，富国也是英雄。”杜富国的叔叔杜静泪眼婆娑地告诉记者。

走进杜富国和妻子只住过两次的婚房，婚纱照里英气逼人的杜富国和甜美俊秀的王静脸上写满了幸福。

宽敞整洁的四合院里，杜富国年迈的奶奶坐在门洞下，看上去安静而恬淡。

如果，7个月前那颗雷没有爆炸，也许杜富国回家时，还可以再次用他健壮的双臂环住老人：“奶奶，我回来了。”

但在杜富国的世界里没有也许，他说：“那时不容人有犹豫，在我们扫雷队，不管谁在那儿都会选择‘让我来’！”

采访即将结束时，周贤丽发来了一段视频：明媚的阳光下，陆军军医大学操场红色的跑道上，身着鲜艳运动服的杜富国和他的妻子、战友正奋力奔跑。

（2019年5月21日新华社）

训练提示：这篇人物专稿总的基调是赞扬、钦佩的，在饱含深情的文字里，有杜富国在跑步机上努力跑出每一步时的坚定，有毫不犹豫地喊出“让我来”的勇敢与担当，有“13分08秒”跑3公里的欣慰与敬佩，有“我积极配合，坚决完成任务”的坚毅，有“和在维和、扫雷中牺牲的战友比，他已经很幸运了”的心疼，有“我把富国受伤后的残肢断臂埋在了这儿”的痛心，有“身着鲜艳运动服的杜富国和他的妻子、战友正奋力奔跑”的希望与憧憬。

所有这些情感需要在总体基调的制约下用不同的声音形式表现出来。因此我们在训练中一定要对稿件做深入的理解与感受,让这些美好动人的情感先打动自己的内心,进而思考揣摩如何以我们的有声语言创作引起受众的强烈共鸣,使人物的光辉形象深入人心。

第八单元　节　奏

教学目的：指导学生掌握语气衔接的技巧，使学生能够更加完整准确地表达出稿件、节目的内涵，培养学生从整体上把握节奏和驾驭稿件的能力。

教学要求：理解节奏的概念，掌握节奏的基本类型，能够在播读中自如地运用节奏。

重点难点：节奏的基本类型，运用节奏技巧的方法。

课时安排：大课 2 课时，小课 8 课时。

第一部分　理论概述

一、节奏的概念

节奏是"由全篇稿件生发出来的播音员思想感情的波澜起伏造成的抑扬顿挫、轻重缓急的声音形式的回环往复"。我们可以从以下四个方面去认识节奏。

（一）节奏是以思想感情运动为依据的声音表现形式

声音运动的节奏是有内心依据的。播音创作主体思想感情的运动变化源于稿件，所以播音节奏必须"由全篇稿件生发"。播音创作主体能动地接受稿件刺激，使自己的思想感情处于积极的运动状态，产生生理节奏的适度变化，并唤起心理节奏的相应变化。

（二）节奏的外部形式表现为有声语言的抑扬顿挫、轻重缓急

节奏是声音表现的外部形式，声音的高低、强弱、快慢、停连等是组成节奏的基本

要素。它们的承续、主次、分合、对比等多层次、多方面的立体变化,形成了有序的律动,即节奏的存在形式。

(三)节奏是具有一定特点的声音形式的回环往复

“回环往复”是节奏的核心,声音形式的多数性和相似性是“回环往复”的必要条件。所谓相似的声音形式,是指重点句、重点层次、重点段落相似的语气以及相似的语势转换形式。

(四)节奏的整体性

节奏由“全篇稿件生发”,它立足于全篇,由播出目的和稿件主题统率,被基调所制约。一篇稿件的基本节奏具有相对稳定性,同时具体段落、语句又富有变化性,寓变化于齐整之中。

二、节奏的类型

(一)轻快型

多扬少抑,声轻不着力,语流中顿挫少,且顿挫时间较短,语速较快,轻巧明丽,有一定的跳跃感。全篇重点处的基本语气、基本转换都比较轻快。

(二)凝重型

多抑少扬,多重少轻,音强而着力,色彩多浓重,语势较平稳,顿挫较多,且时间较长,语速偏慢。重点处的基本语气、基本转换都显得分量较重。

(三)低沉型

声音偏暗偏沉,语势多为落潮类,句尾落点多显沉重,语速较缓。重点处的基本语气、基本转换多偏沉缓。

(四)高亢型

声音多明亮高亢,语势多为起潮类,扬而更扬,势不可遏,语速偏快。重点处的基本语气、基本转换都带有昂扬积极的特点。

(五)舒缓型

声音多轻松明朗,略高但不着力,语势有跌宕但多轻柔舒展,语速徐缓。重点处的基本语气、基本转换都显得舒展徐缓。

(六)紧张型

声音多扬少抑,多重少轻,语速快,气较促,顿挫短暂,语言密度大。重点处的基本语气、基本转换都较急促、紧张。

三、节奏运用的方法

运用节奏技巧,要掌握以下几种方法:

(一)欲抑先扬,欲扬先抑

在播读中,如果表达的语气、语势要扬起,前边的句子便要下抑,反之,则先扬起,再转为下抑。在扬抑之间,显现出不同层级的高低音变化。

(二)欲停先连,欲连先停

运用节奏技巧时,要善于处理停连关系,使语流中的停与连有机结合,即在连接时考虑停顿,在停顿中注意连接。如果下面要一气呵成,前面一定要有适当的停顿;如果下面要有停顿,前面一定要推进语流,注意连接。

(三)欲轻先重,欲重先轻

在推进语流的过程中,由于色彩和分量的需要,在加重声音之前,一定要先弱化声音,在弱化声音之前,一定要先强化声音。

(四)欲快先慢,欲慢先快

重点句需要慢时,前面句子则要适当加快;重点句需要快时,前面句子则要适当减慢。快慢并不是单指一个语节,应该扩大些,甚至是多个句子。在加快和减慢时,不可使疏密度千篇一律,要注意变化的多样性。

以上方法在播读中不应单一使用。它们各有长处,不同稿件可以有不同侧重。

训练建议:

(1)节奏是以思想感情运动为依据的声音表现形式,教师应指导学生在准确理解、细致感受的基础上把握节奏的类型,注意与稿件的基调相协调。

(2)训练时,在把握节奏基本类型的基础上,注意主导节奏与辅助节奏的转换衔接。

(3)节奏的外部形式表现为有声语言的抑扬顿挫、轻重缓急,注意用节奏的变化形式增强语言的表现力。

(4)将前期所学的内外部技巧运用到表达中。

参考文献:

(1)张颂主编:《中国播音学》(修订版),第三十二章《节奏》,北京广播学院出版社 2003 年版。

(2)付程主编:《实用播音教程》(第二册),第六单元《语气　节奏》,北京广播学院出版社 2002 年版。

(3)张颂著:《播音创作基础》,第五章《思想感情的表达方法》之第四节《节奏》,北京广播学院出版社 1990 年版。

第二部分　示例分析

一、轻快型

这篇散文以诗的笔调,描绘了花卉争荣、生机勃勃的春天,赞美、歌唱春的创造力和春带给人们的无限希望,从而激励人们在大好春光里辛勤劳作、奋然向前。这篇作品可以说是一首抒情诗、一幅风景画、一曲春的赞歌。

春

朱自清

示　例	示例分析
盼望着,盼望着,东风来了,春天的脚步近了。	作者连用两个"盼望着",可见期待春天来临的心情是多么殷切。短短的十几个字,就将作者急切而又喜悦的心情表现得淋漓尽致。起笔,抒写了盼春的热切心情,为全文定下了活泼、轻快的抒情氛围和基调。

续表

示　例	示例分析
一切都像刚睡醒的样子,欣欣然张开了眼。山朗润起来了,水涨起来了,太阳的脸红起来了。	作者抓住春天的特征来点染,给这幅画抹上了一种迷离的色彩,创造了一个动人的意境,引起受众对春天的热烈向往:该是怎样美妙的春天啊!三个并列短句有递进之感,语速可随之有幅度不大的变化,轻快上扬。
小草偷偷地从土地里钻出来,嫩嫩的,绿绿的。园子里,田野里,瞧去,一大片一大片满是的。坐着,躺着,打两个滚,踢几脚球,赛几趟跑,捉几回迷藏。风轻悄悄的,草软绵绵的。	"钻"字用得非常传神;"嫩嫩的,绿绿的""软绵绵的"简洁而富有质感地写出了春草的特点。此处节奏舒缓与轻快交替行进。
桃树、杏树、梨树,你不让我,我不让你,都开满了花赶趟儿。红的像火,粉的像霞,白的像雪。花里带着甜味儿;闭了眼,树上仿佛已经满是桃儿、杏儿、梨儿。花下成千成百的蜜蜂嗡嗡地闹着,大小的蝴蝶飞来飞去。野花遍地是:杂样儿,有名字的,没名字的,散在草丛里像眼睛像星星,还眨呀眨的。	作者以拟人的手法生动描绘了百花"争相斗妍"的画面,蜜蜂、蝴蝶为这幅画增添了轻盈的动感,展现出春天生机勃勃的景象。此段节奏为轻快型。
"吹面不寒杨柳风",不错的,像母亲的手抚摸着你。风里带来些新翻的泥土的气息,混着青草味儿,还有各种花的香,都在微微润湿的空气里酝酿。鸟儿将巢安在繁花嫩叶当中,高兴起来了,呼朋引伴地卖弄清脆的歌喉,唱出宛转的曲子,跟清风流水应和着。牛背上牧童的短笛,这时候也成天嘹亮地响着。	作者以"吹面不寒杨柳风"切入对春风的描写,接着撷取一个生活化的令人倍感亲切的比喻"像母亲的手抚摸着你",写尽了春风的气韵神情。然后,作者以细腻的笔触,写春风的味道:"风里带来些新翻的泥土的气息,混着青草味儿,还有各种花的香,都在微微润湿的空气里酝酿。"最后写春风中的乐音——鸟儿宛转的曲子和牛背上牧童的短笛。作者通过细腻的感受,运用生动的笔墨,将难以描写的春风写得神韵透彻。节奏仍是轻快型。
雨是最寻常的,一下就是三两天。可别恼。看,像牛毛,像花针,像细丝,密密地斜织着,人家屋顶上全笼着一层薄烟。树叶子却绿得发亮,小草也青得逼你的眼。傍晚时候,上灯了,一点点黄晕的光,烘托出一片安静而和平的夜。在乡下,小路上,石桥边,有撑起伞慢慢走着的人,地里还有工作的农民,披着蓑,戴着笠。他们的房屋稀稀疏疏的,在雨里静默着。	作者写春雨,先写春雨的特点:"像牛毛,像花针,像细丝,密密地斜织着,人家屋顶上全笼着一层薄烟。"然后写雨中的景致,描绘出一幅宁静优美的水墨春雨图。这种宁静、这种柔美决定了这一段应是舒缓型节奏。

续表

示　例	示例分析
天上风筝渐渐多了,地上孩子也多了。城里乡下,家家户户,老老小小,也赶趟儿似的,一个个都出来了。舒活舒活筋骨,抖擞抖擞精神,各做各的一份事儿去。“一年之计在于春”,刚起头儿,有的是工夫,有的是希望。	春景如此美好,春天里的人们是怎样的呢?作者写出“蛰伏”了一冬的人们迎来风和日丽的喜悦。人们充满了希望,因为“‘一年之计在于春’,刚起头儿,有的是工夫,有的是希望”。这一段由上一段的舒缓转至轻快,但这个转换不要过大、过急,要为下面三句话做铺垫。
春天像刚落地的娃娃,从头到脚都是新的,他生长着。 春天像小姑娘,花枝招展的,笑着,走着。 春天像健壮的青年,有铁一般的胳膊和腰脚,他领着我们向前去。	作者在描绘了春天的画卷之后,纵情对春天予以赞美,进一步揭示春天有非凡的创造力和无限美好的希望。朗读时要在轻快型节奏中,将三个形象化的比喻渐次排比,有力地结束全文。

二、凝重型

这篇散文通过“母牛倔强索水”“舐犊情深”两幅画面刻画了感人的母爱。在这荒凉的沙漠,这画面如凝重的雕像嵌入我们的眼里,刻入我们的心里。

母　爱

示　例	示例分析
西部一个极度缺水的沙漠地区,在这里,每人每天的用水量只有三斤,饮用、洗漱、洗菜、洗衣,包括喂牲口,全都依赖这三斤珍贵的水。这些水还得靠驻军从很远的地方运来。	文章开篇,便用“三斤”这个少得可怜的数字描述了人畜用水之难,使得播读的氛围、受众的心情从一开始就变得凝重起来。
人缺水不行,牲畜也一样。终于有一天,一头向来温顺的老牛挣脱了缰绳,闯到运水车必经的公路旁。运水的军车来了,老牛迅速冲上公路,司机紧急刹车,停了下来。老牛立在车前,任凭司机怎么呵斥驱赶,它就是不肯挪动半步。五分钟过去了,十分钟过去了,双方仍然僵持着。运水的战士以前也碰到过牲口拦路索水的情形,但它们都不像这头牛这般倔强。人和牛就这样对峙着,性急的司机反复按响喇叭,可老牛仍然一动不动。	这一段是对下文的铺垫。“迅速冲上公路”“紧急刹车”语速要加快,有紧张感。老牛似乎是渴极了,与送水战士僵持着,双方气氛有些凝固,为下面雕塑般的一幕做好铺垫。

续表

示　例	示例分析
后来，牛的主人来了。恼怒的主人扬起长鞭，狠狠地抽打瘦骨嶙峋的老牛。牛被打得哀哀叫唤，但还是不肯让开。它凄厉的叫声，和着沙漠中阴冷的风，显得分外悲壮。一旁的运水战士哭了，司机也哭了。最后，运水的战士说："就让我违反一次规定吧，我愿意接受一次处分。"他从水车上取出半盆水，放在牛面前。	老牛被鞭打却仍不肯让开的一幕悲壮地呈现在受众眼前，那凄厉的叫声犹在耳畔。战士取水是为下一段出人意料的一幕做铺垫。所以，这一段的重点是前半部分。
出人意料的是，老牛没有喝水，而是对着夕阳，仰天长哞，似乎在呼唤什么。不远的沙堆背后跑来一头小牛。老牛慈爱地看着小牛贪婪地喝完水，伸出舌头舔舔小牛的眼睛，小牛也舔舔老牛的眼睛。静默中，人们看到了母子眼中的泪水。没等主人吆喝，它们掉转头，在一片寂静中慢慢地往回走去。	在文章结尾，最感人的一幕出现了，老牛承受长鞭抽打原来是为了孩子。这一段的第一句要读出疑问。第二、三、四句是对这感人一幕的近景描摹。最后一句镜头慢慢推远，要用凝重的语调将这感人的一幕留在漫漫黄沙里。

三、低沉型

这篇文章写于1922年3月，时值五四运动落潮之际。面对令人失望的现实，苦闷、念旧、惋惜和惆怅之情萦绕作者心头。时间，既看不见，又摸不着，却实实在在地在人们身边无情地流逝。作者一方面发挥奇妙的想象力，另一方面充分运用多种修辞方法，特别是将贯穿全篇的11个设问句和反问句作为情绪发展的线索，借有限的物象展示无限的思绪，用精巧的构思把心里盘旋已久的感情表达出来，叩人心扉，耐人寻味。

匆　匆

朱自清

示　例	示例分析
燕子去了，有再来的时候；杨柳枯了，有再青的时候；桃花谢了，有再开的时候。但是，聪明的，你告诉我，我们的日子为什么一去不复返呢？——是有人偷了他们吧：那是谁？又藏在何处呢？是他们自己逃走了吧：现在又到了哪里呢？	作者以三个排比句开头，把燕子再来、杨柳再青、桃花再开，跟与之相反的"日子一去不复返"相对比，使人想起时光的流逝，点出题眼，以抒情性的设问句，提出时间是被人"偷了"，还是"自己逃走了"的问题，深感时不我待。自然的新陈代谢的迹象和自己无形的日子相对照，在一连串疑问句中透出诗人怅然若失的情绪，这种情绪使表达渐渐低沉起来。

续表

示　例	示例分析
我不知道他们给了我多少日子;但我的手确乎是渐渐空虚了。在默默里算着,八千多日子已经从我手中溜去;像针尖上一滴水滴在大海里,我的日子滴在时间的流里,没有声音,也没有影子。我不禁头涔涔而泪潸潸了。	作者把生命时间的流逝比作一滴水,把大自然时间的流逝比作大海,以渺小和浩瀚相对比,抒发了伤时而又惜时的感叹。八千多日子像一滴水滴在大海里无影无踪,“不禁头涔涔而泪潸潸”。这一段的情绪较上一段又进了一步,低沉感渐增。
去的尽管去了,来的尽管来着,去来的中间,又怎样地匆匆呢?早上我起来的时候,小屋里射进两三方斜斜的太阳。太阳他有脚啊,轻轻悄悄地挪移了,我也茫茫然跟着旋转。于是——洗手的时候,日子从水盆里过去;吃饭的时候,日子从饭碗里过去;默默时,便从凝然的双眼前过去。我觉察他去得匆匆了,伸出手遮挽时,他又从遮挽的手边过去;天黑时,我躺在床上,他便伶伶俐俐地从我身上跨过,从我脚边飞走了。等我睁开眼和太阳再见,这算又溜走了一日;我掩面叹息,但是新来的日子的影儿又开始在叹息里闪过了。	作者细微地刻画了日常生活中吃饭、洗手乃至叹息的瞬间,时间就“逃去如飞”,并以拟人手法,赋予时光的象征——“太阳”以生命,说太阳在自己身旁悄悄地挪移、伶俐地跨过、轻盈地飞走。表达本段时,注意作者茫然、惶恐的情绪变化以及句子之间的递进感,凸显有声语言的对比变化。
在逃去如飞的日子里,在千门万户的世界里的我能做什么呢?只有徘徊罢了,只有匆匆罢了。在八千多日的匆匆里,除徘徊外,又剩些什么呢?过去的日子如轻烟,被微风吹散了,如薄雾,被初阳蒸融了。我留着些什么痕迹呢?我何曾留着像游丝样的痕迹呢?我赤裸裸来到这世界,转眼间也将赤裸裸地回去吧?但不能平的,为什么偏要白白走这一遭啊?	作者用一系列设问句来追寻自己生命中“游丝样的痕迹”,显示了对生命价值的严肃思考和对生活的执着追求。这步步紧追的灵魂拷问,使最后一句在表达上到达一个高点,为这低沉的曲调添上了最重的一串音符。
你聪明的,告诉我,我们的日子为什么一去不复返呢?	作者以“我们的日子为什么一去不复返呢”作结尾,与开头呼应,表现了难以平静的心情。在上一段的高点之后,这一句带着苦闷、惋惜和惆怅之情,结束全文。

四、高亢型

这是一篇散文诗,它融合了散文的描写性和诗歌的表现性的特点,刻画了勇敢的精灵——海燕的战斗英姿,深刻反映了1905年俄国革命前急剧发展的革命形势,歌颂了俄国无产阶级革命先驱不朽的形象和坚强无畏的战斗精神,号召广大劳动人民积极行动起来,迎接伟大的革命斗争。

海 燕

〔苏〕高尔基

示 例	示例分析
在苍茫的大海上，狂风卷集着乌云。在乌云和大海之间，海燕像黑色的闪电，在高傲地飞翔。	第一段第一句表现的是一个远景，颇有"山雨欲来风满楼"之感。紧接着镜头拉近，从形状、颜色、角度来表现海燕矫健、勇猛的雄姿，从行动角度表现海燕藐视恶劣环境的英勇气概。随着画面由远及近，声音表现要随之变化。这一段为本篇高亢型节奏拉开了序幕。
一会儿翅膀碰着波浪，一会儿箭一般地直冲向乌云，它叫喊着，——就在这鸟儿勇敢的叫喊声里，乌云听出了欢乐。 在这叫喊声里——充满着对暴风雨的渴望！在这叫喊声里，乌云听出了愤怒的力量、热情的火焰和胜利的信心。	这两段承前面的"飞翔"而来，以瞬息交替的动作，写海燕勇敢低飞又迅疾高翔的矫健雄姿。而后从声音角度写海燕对暴风雨的渴望。这迅疾的动作、这渴望的叫喊非高亢型节奏难以表达。
海鸥在暴风雨来临之前呻吟着，——呻吟着，它们在大海上飞窜，想把自己对暴风雨的恐惧，掩藏到大海深处。 海鸭也在呻吟着，——它们这些海鸭啊，享受不了生活的战斗的欢乐：轰隆隆的雷声就把它们吓坏了。 蠢笨的企鹅，胆怯地把肥胖的身体躲藏在悬崖底下……只有那高傲的海燕，勇敢地，自由自在地，在泛起白沫的大海上飞翔！	这些动物张皇失措的情态，正是资产阶级和改良主义者害怕革命、贪图安逸，只想保全自己的真实写照，真实地反映了俄国资产阶级对待无产阶级革命的态度，表现了作者无情的嘲讽和蔑视。在第三段"胜利的信心"上扬之后，朗诵描写海鸥、海鸭、企鹅的文字时音高要降下来些，到"只有那高傲的海燕，勇敢地，自由自在地，在泛起白沫的大海上飞翔"一句时，情绪、音高陡转、上扬。
乌云越来越暗，越来越低，向海面直压下来，而波浪一边歌唱，一边冲向高空，去迎接那雷声。 雷声轰响。波浪在愤怒的飞沫中呼叫，跟狂风争鸣。看吧，狂风紧紧抱起一层层巨浪，恶狠狠地将它们甩到悬崖上，把这些大块的翡翠摔成尘雾和水沫。 海燕叫喊着，飞翔着，像黑色的闪电，箭一般地穿过乌云，翅膀掠起波浪的飞沫。 看吧，它飞舞着，像个精灵，——高傲的、黑色的暴风雨的精灵，——它在大笑，它又在号叫……它笑那些乌云，它因为欢乐而号叫！ 这个敏感的精灵，——它从雷声的震怒里，早就听出了困乏，它深信，乌云遮不住太阳——是的，遮不住的！	咆哮怒吼的大海象征日渐觉醒的人民革命力量，暴风雨象征就要来到的红色革命风暴，太阳象征无产阶级革命的胜利，海燕象征无产阶级先锋战士。作者满腔热情地赞美大海，赞美海燕。在乌云翻滚、白色恐怖猖獗的险恶环境中，飞舞的海燕如行进中的战士，带给人们力量，朗诵时应昂扬有力。

续表

示　例	示例分析
风在狂吼……雷在轰响…… 一堆堆乌云,像青色的火焰,在无底的大海上燃烧。大海抓住闪电的箭光,把它们熄灭在自己的深渊里。这些闪电的影子,活像一条条火蛇,在大海里蜿蜒游动,一晃就消失了。 ——暴风雨!暴风雨就要来啦! 这是勇敢的海燕,在怒吼的大海上,在闪电中间,高傲地飞翔;这是胜利的预言家在叫喊: ——让暴风雨来得更猛烈些吧!	大海主动出击,与雷声、闪电决一胜负,海燕兴奋活跃,热烈渴望暴风雨的来临,这些正是人民和无产阶级先锋战士革命坚定性和革命乐观主义精神的生动体现。两次大声疾呼,表达了海燕作为报讯者的欢快之情,作为胜利预言家的豪迈情怀。高亢的呼喊在文章的最后达到顶点,要用全身的激情与力量发出对革命的礼赞!

五、舒缓型

这是一篇充满诗情画意的散文,老舍先生紧紧抓住济南冬天"温晴"这一特点,描绘出一幅幅济南特有的动人的冬景图。朗诵的总体节奏为舒缓型。

济南的冬天

老舍

示　例	示例分析
对于一个在北平住惯的人,像我,冬天要是不刮风,便觉得是奇迹;济南的冬天是没有风声的。对于一个刚由伦敦回来的人,像我,冬天要能看得见日光,便觉得是怪事;济南的冬天是响晴的。自然,在热带的地方,日光是永远那么毒,响亮的天气反有点叫人害怕。可是,在北中国的冬天,而能有温晴的天气,济南真得算个宝地。	文章开头,作者以自己的亲身感受,通过和北平、伦敦、热带的对比,写济南冬天无风声、无雾、无毒日的"奇迹",突出它的"温晴",赞誉济南是个"宝地"。"温晴"是贯穿全文的主线,下文描绘济南冬天的景色都是紧紧扣住这一天气特点来写的,这也决定了文章的表达是温和的、舒缓的。

续表

示 例	示例分析
设若单单是有阳光,那也算不了出奇。请闭上眼睛想:一个老城,有山有水,全在蓝天下很暖和安适地睡着,只等春风来把他们唤醒,这是不是个理想的境界? 小山整把济南围了个圈儿,只有北边缺着点口儿。这一圈小山在冬天特别可爱,好像是把济南放在一个小摇篮里,他们安静不动地低声地说:"你们放心吧,这儿准保暖和。"真的,济南的人们在冬天是面上含笑的。他们一看那些小山,心中便觉得有了着落,有了依靠。他们由天上看到山上,便不觉地想起:"明天也许就是春天了吧?这样的温暖,今天夜里山草也许就绿起来了吧?"就是这点儿幻想不能一时实现,他们也并不着急,因为有这样慈善的冬天,干啥还希望别的呢!	"请闭上眼睛想"一句,引导读者进入作者描绘的世界。"晒""睡""醒"这一连串相关的拟人写法,创造出一个暖和安适的"理想境界"。"这是不是个理想的境界"一句,用商量的口吻,使人感到亲切自然,好像在面对面地征求意见。"小摇篮"的比喻和拟人手法将一圈小山写得像慈母般温存、体贴、慈祥。"安静不动"是写神态,"低声"是写声调。这两个修饰语使人想起母亲轻抚摇篮低声哼唱的情态。这一段描写洋溢着作者对济南冬天的喜爱之情,舒缓的表达是最佳的表现方式。
最妙的是下点儿小雪呀。看吧,山上的矮松越发的青黑,树尖上顶着一髻儿白花,好像日本看护妇。山尖全白了,给蓝天镶上一道银边。山坡上,有的地方雪厚点儿,有的地方草色还露着;这样,一道儿白,一道儿暗黄,给山们穿上一件带水纹的花衣;看着看着,这件花衣好像被风儿吹动,叫你希望看见一点儿更美的山的肌肤。等到快日落的时候,微黄的阳光斜射在山腰上,那点儿薄雪好像忽然害了羞,微微露出点儿粉色。就是下小雪吧,济南是受不住大雪的,那些小山太秀气!	这一段按照山上、山尖、山坡、山腰的空间顺序描写,把山各部分的色、态、光展现出来。最后一句"就是下小雪吧,济南是受不住大雪的,那些小山太秀气",实际上也是赞美济南小山的秀美。这如许的美应在舒缓的节奏中娓娓道来。
古老的济南,城内那么狭窄,城外又那么宽敞,山坡上卧着些小村庄,小村庄的房顶上卧着点雪,对,这是张小水墨画,也许是唐代的名手画的吧。	写城外远山,勾画出一幅淡雅的水墨画,这是远眺。在这幅画里,远山是背景。两个"卧"字用得尤为传神。悠然的笔触、舒缓的播读,为这幅画更添色彩。
那水呢,不但不结冰,反倒在绿萍上冒着点儿热气,水藻真绿,把终年贮蓄的绿色全拿出来了。天儿越晴,水藻越绿,就凭这些绿的精神,水也不忍得冻上;况且那长枝的垂柳还要在水里照个影儿呢!看吧,由澄清的河水慢慢往上看吧,空中,半空中,天上,自上而下全是那么清亮,那么蓝汪汪的,整个的是块空灵的蓝水晶。这块水晶里,包着红屋顶、黄草山,像地毯上的小团花的小灰色树影。	这一段写济南冬天的水色,先着力渲染"绿",用"绿"来衬托水的清澈、透明。"冒着点热气"的"点"字用得十分准确。冒热气,但只是一"点",就是"温"。"水也不忍得冻上"是用拟人手法,把水写得脉脉含情。"看吧"从水面到天上,由澄清的河水引出整个清亮的空间。用空灵的蓝水晶来比喻,字里行间透出赞美、喜爱之情。这一段轻快型与舒缓型节奏兼有。

续表

示　例	示例分析
这就是冬天的济南。	最后一句“这就是冬天的济南”要表现得缓慢悠长,将无穷韵味在舒缓型节奏里体现出来。

六、紧张型

这是一篇新闻作品,所以不能像处理文学作品那样突出情节的戏剧性,要重在表现对乘客安危的担忧。播读时,注意停连、重音技巧的运用,多连少停,不要拖泥带水。

40 名乘客命悬南京长江大桥

示　例	示例分析
昨天中午 12:01,一辆满载 40 余名乘客的大客车,突然冲上南京长江大桥南堡附近的人行道,撞断桥栏后,半个车身探出了桥外,悬在半空……	导语部分直接给出悬念,40 多名乘客命悬一线,播读时语速稍快,句末语势为“半起类”,进入紧张型节奏状态。
据事故现场的目击者描述,当日正午,一辆红色桑塔纳轿车沿着大桥由南向北行驶至南堡北侧时,司机突然朝左猛打方向盘违章在桥面上掉头。这突如其来的变化,使迎面快速驶来的一辆大客车始料不及,该车司机急打方向盘向桥东侧避让。然而,由于事情来得太突然,大客车司机虽然猛踩刹车,但客车还是像脱缰的野马一样狠狠地撞上了违章掉头的桑塔纳。	究竟是怎么回事?受众心中很想知道原委,播读者要紧抓受众的这种求知心理,介绍事情的起因。两车相撞的一瞬必须以紧张型节奏来表现,声音上扬,语速快,气较促,顿挫短,语言密度大。
据脱险后的乘客介绍,撞击后,大客车在巨大的惯性作用下,腾身跃上高出桥面 60 厘米的人行道,撞断水泥桥栏,前半部随即冲出桥外,两只前轮摇摇晃晃地挂在空中。突然身处险境的车内人员被这一幕惊呆了,他们大张着嘴,心提到了嗓子眼儿。每位乘客都保持原姿态,一动也不敢动,唯恐车子失去平衡,短暂的沉寂后,车内发出惊呼、尖叫声……	接下来怎样了?受众在紧张地等待着。这一段是对大客车悬在半空的特写镜头的描述,气氛越来越紧张。

续表

示　例	示例分析
巡逻至大桥南堡的该市交巡警九大队大桥中队副中队长张文俊恰好目睹了这一幕。他迅速向交巡警九大队队部发出紧急呼救信号。这时，车内的乘客有的惊恐地欲跳窗，有的吓得哇哇大哭。面对这慌乱的场面，张文俊大声喊道："都别动，保持安静！现在危险，听我指挥。"	张文俊发出紧急呼救信号这一句可以稍稍把紧张的状态放松一点儿，和前后的表达构成对比。从"这时"到"听我指挥"再回到紧张的状态。
三分钟后，接到救援信息的大队长马振康，教导员陈宝祥，副大队长夏文斌、刘明贵，率领30名民警飞速赶到了事故现场。紧张地察看完险情后，民警们各就各位，展开了与死神争夺时间的大营救。	这一段依然要保持较快的语速，但紧张感较第二、三段稍有减弱，因为人们在紧张中看到了希望。
很快，一台大吊车被调来了，它伸出巨臂，放下钢丝绳，紧紧锁住客车车身。随着一声令下，吊车隆隆作响，钢丝绳拉起卡在桥面上的大客车，向后，向后……大客车被沉稳地移至桥中央，慢慢地落下，桥上、车内顿时欢声一片。	这一段先紧张后放松，音色由暗转明。
据警方介绍，驾驶桑塔纳违章掉头的肇事司机已被刑事拘留。40余名受惊乘客也已被交警部门妥善疏散。当日下午1时许，长江大桥恢复交通。	受众悬着的心到此放下来了，播读者的气息渐渐下沉，语调适中，语速放缓，声音平稳。

第三部分　训练材料

一、轻快型稿件

掬一缕芬芳过新年

苏美玲

今年立春早，一次次降温也掩不住浓浓的春意，趁正午的阳光温和了些，乘兴来到一处花市，花蕾间的芬芳和绿叶间的生机，让人一阵阵欢喜一声声惊叹。人多，花多，车多。大人买花,小孩子也凑热闹,吵嚷着要这束要那盆的。

花市入口,就望见了烂漫的仙客来花,紫的羞涩,粉的娇美,大红的热烈,它们亭亭玉立的身姿艳压群芳,团团的花冠昂然挺立。仙客来啊迎仙客,光听听这名字,就知道主人家的热情好客。嗯,捧一盆回家去,放到客厅,等亲朋好友过年来串门儿,就让这花儿先迎接他们吧。

"来,买棵小橘树回家吧,果子多好看呀!"一位小姑娘热情招呼着。还真是:饱满金黄的橘果被阳光照着,像黄亮的小太阳。橘有"吉祥富贵"的寓意。每到过年,家家户户摆盆橘树,不为吃,只为家人欣赏一个心意圆满。一切都是平安圆满,这大概是新年里最美好的祝福吧。

也有小小的长寿花。青花瓷盆,一盆几十朵,拥挤着,开得满满当当。其实,这花不惹眼的,色彩不十分绚丽,也太娇小,但是花期长,寓意"长寿",过新年不就是图个吉利吗?就像俗世的许多日子,无须波澜壮阔惊天动地,只甜蜜在一朵小花一棵小草或一粥一饭里吧?虽然细微却也是热闹的,妥妥当当。俗到极处,却雅俗共赏。

在拥挤的花市里慢慢挪动,人就被这一片一片的花海包裹了去,浑身上下浸渍的满是芬芳。七岁的儿子在熙熙攘攘的人群里像小鱼一样穿梭,满脸的兴奋。是啊,我们做父母的真该抽出空闲多陪陪孩子,让孩子在与花草虫鱼亲近的过程中,懂得珍惜生活的美好与和谐。牵了儿子的小手往前赶,我的心在花香和人群中明媚起来。有搬花的人不小心碰一下,都笑笑,互相礼让着。看阳光下娇媚俊俏的花,心底是无比欢畅,谁还会为彼此间的相碰计较生气呢?要过年了,和气生财嘛。

是的,要过大年了,旧时光里的那些不顺意的事情该放下就要放下了,千万不必再带进下一年里。不然,就是与自己较劲过不去呢。不计较,才心宽,才能更好地为来年积福祈运。新年交好运,发财树成了许多人的首选。是啊,哪个不想讨个吉利,多多发财,把小日子经营得更加活色生香和富足宽裕呢?新年里,开门见此树,意为新年发财好运来。这说法虽有些俗,却是招人喜爱的。

家里养惯了水仙,在年节前后,总有它的清雅点缀。当然少不了在年底买盆水仙作为客厅摆设,客来客往时,因为有它,主人的品位也就显出来了。最为难得的是,水仙不问人家穷富:高门大户的人家有它,能显幽雅;蓬荜柴门的人家有它,能显高格。水仙的好,在民间,有口皆碑。

也看见蟹爪兰,一朵一朵,丝丝蔓蔓地开。花朵娇美透明,如此温柔。很鲜艳的红,羞答答的,让人惊喜。是满心的安静,我喜欢这样,顺其自然,甜蜜自足,知道自己需要什么,保持一个平稳的状态,迎接新一年的开始。

走出花市的时候,我们端详着买下的金橘树、发财树、蟹爪兰、仙客来、长寿花、水仙花,还有儿子喜欢的画眉鸟和小金鱼,心中好欢喜。就这样,掬一缕芬芳,留一路花香，我们走进了新年，走进了春天。

训练提示：好一幅热闹的早春花市图！作者细腻的文笔使朗读者易于调动自己的情感，轻松愉快地叙述，细腻有趣地诉说，在观察中体味，在细节里抒情。文章整体的节奏为轻快型，尤其是第一自然段到第五自然段是作者对花市热闹场景以及人们美好愿望的描述。其中有对不同花儿的拟人描写，所以轻快型节奏更能体现花儿的勃勃生机。从第五段中的“是啊，我们做父母的真该抽出空闲多陪陪孩子”开始到文章的结束，这一部分加入了作者对生活的感悟，所以在轻快型的主导节奏中加入一点舒缓型的辅助节奏会更加到位，体现出作者思考感受的过程。

歌唱美好新生活　携手奋进奔小康

全面建成小康社会，一个少数民族也不能少。春节临近，告别贫困的各族群众用多种文艺方式感谢党的好政策，歌唱幸福美好的新生活。

2020年对湖北长阳土家族自治县的群众来说意义非凡。靠着交通改善后大力发展生态农业和旅游，全县10万多群众摆脱贫困。春节一天天临近，当地的年味也越来越浓，忙年的人们还跳起巴山舞、唱起土家山歌，赞美新生活。

这几天，在位于天山南麓的新疆乌什县巴什阿克玛村，人们用富有民族特色的歌舞庆祝脱贫后的第一个丰收年。如今，林果产业已成为这里增收致富的主导产业。

在贵州关岭县向阳村，刚脱贫的苗族群众用本民族语言改编歌曲，表达对党的感恩之情。在广西富川县，瑶族同胞织起瑶锦、创作瑶歌，展现脱贫后的生活变化。在西藏拉萨，喜庆的红灯笼、欢快的锅庄舞，洋溢着满满的幸福感。

在内蒙古，一支支乌兰牧骑又出发了。他们深入农村牧区，把脱贫攻坚、乡村振兴等主题和原创小品、好来宝等艺术形式相结合，凝聚起各族群众的奋进力量。

（2021年2月1日《新闻联播》）

训练提示：本文是一则消息，报道春节临近，告别贫困的各族群众用多种文艺方式感谢党的好政策，歌唱幸福美好的新生活。尤其是“跳起巴山舞、唱起土家山歌，赞美新生活”“用富有民族特色的歌舞庆祝脱贫后的第一个丰收年”“织起瑶锦、创作瑶歌，展现脱贫后的生活变化”“喜庆的红灯笼、欢快的锅庄舞，洋溢着满满的幸福感”“在内蒙古，一支支乌兰牧骑又出发了”等句子都体现了欢快、喜悦的气氛。因此，本篇节奏类型为轻快型，播读时多扬少抑，语流中顿挫少，且顿挫时间短暂，语速较快，轻快明朗。

二、凝重型稿件

医美维权,为何难上加难?(节选)

周南

脂肪填充、瘦脸针、美白针、小腿肌肉阻断术、"精灵耳"、面部线雕……如今,市面上五花八门的医美整形项目,让不少爱美者趋之若鹜。但在越来越多的人加入"焕颜大军"的同时,接二连三的医美事故、层出不穷的负面新闻,却一次次给人们敲响警钟。

爱美之心,人皆有之。如今,随着消费水平和自我展现需求的提升,医美行业迎来迅猛发展。数据显示,2020年我国医美行业市场规模达到1975亿元。不过,一边是快速崛起的"颜值经济",一边却是医美乱象和纠纷的不断增长。根据中国消费者协会数据,2015年医美投诉数量为483起,到2020年,已经达到7233起。做热玛吉导致面部烫伤,打瘦脸针打成了肌无力,割双眼皮后眼睛无法正常闭合、腿部抽脂后无法下蹲、隆鼻失败导致鼻尖坏死……这些整形"后遗症",让不少当事人不仅没能变美,反而付出了容颜、健康甚至生命的代价。

而更为"残酷"的是,医美一旦出现问题,当事人不仅要承受整形失败的痛苦,很多时候还要面对漫长又艰难的维权过程。由于医美的特殊性,很多整形失败者在维权时面临着举证难、鉴定难等问题;因为缺乏配套法律法规,在各地司法实践中,不同案例就纠纷索赔问题适用哪部法律还存在争议。而一些医美机构或推卸责任、或采取"拖延战术"、不断压低赔偿价格,给当事人维权设置重重障碍。也正因此,现实中医美维权难的案例屡见不鲜。比如,有磨骨失败的患者,自述拿不到病历、三年维权未果;有人在接受吸脂手术后产生瘢痕增生,却被医美机构认定是个人体质原因;还有人不仅维权未果,更在多番撕扯拉锯后,被医美机构告上法庭索赔百万。

医美事故频发、维权之路艰难,折射着医美行业的纷繁乱象。现在医美市场鱼龙混杂,"黑作坊""黑医生"大量存在,药品器械"以次充好""以假乱真"等现象多发,甚至一些美容师、美发师、美甲师、纹绣师都能摇身一变,成为所谓"专家"。医美行业的野蛮生长,给求美者带来"难以承受之重",也让行业本身危机重重。尤其是在今天互联网背景下,一些新型整容交易不时出现,呈现跨地域、跨产业、跨市场等特点,蕴含其中的"风险因子"更是不断积聚。有人这样形容医美行业的发展,"台上热火朝天,底下暗礁险滩"。

医美行业不能在"失序"中奔跑!今年6月10日,国家卫健委、公安部、海关总署等八部委联合印发《打击非法医疗美容服务专项整治工作方案》，于6月到12月联合开展打击非法医疗美容服务专项整治工作。多年来，从各地整顿非法医美机构，到金融市场收紧"医美贷"缰绳；从医美下游严厉打击非法场所、严格规范医美行为，到医美上游严厉打击非法制售药品医疗器械行为，医美乱象整顿取得一定成效，但离消费者预期还有距离。只有加快完善行业规范、补上监管漏洞、提升违法成本、降低维权成本，才能让医美行业健康规范发展，让追逐美丽的故事都能迎来美丽的结局。

山之玲珑而多态，水之涟漪而多姿，花之生动而多致，此皆为美。美是主观感受，是参差多态。然而，如今越来越多人被某种固定、单一的"美"所绑架，走上了无休止的医美道路，承担的代价也越来越大。因此，在医美行业加强规范的同时，我们更应在全社会营造一种健康、多元的审美导向，让那些陷入"颜值焦虑"的人，学会悦纳自己，在整形这件事上更多一些慎重和理性。

（2021年8月19日微信公众号：人民日报评论）

训练提示：从2015年到2020年，医美投诉数量由483起增长到7233起，整形"后遗症"让当事人付出了惨痛的代价。除了医美乱象外，此评论揭露了更为残酷的漫长艰难的维权过程，提出"医美行业不能在'失序'中奔跑"，要加快完善行业规范、补上监管漏洞、提升违法成本、降低维权成本，让医美行业健康规范发展。

这篇评论反映的严重问题以及客观的分析说理决定了播读的基本节奏为凝重型，用声以实声为主，音色偏暗，气息下沉。

扫除学生餐桌上的"苍蝇"（节选）

你好，观众朋友，欢迎收看《焦点访谈》。在日前召开的十九届中央纪委五次全会上，习近平总书记指出，要持续整治群众身边的腐败和作风问题，让群众在反腐"拍蝇"中增强获得感。群众身边的腐败和不正之风看似微小，却直接损害切身利益。今天我们就来看一个和学生午餐相关的微腐败案例。

2018年，无锡市纪委监委查处了一起学校领导贪污学生餐费案件，并由此入手，发现当地多所学校违规挤占学生餐费的问题。事情首先是从一所小学的饭桌上开始的。

2018年5月21日，有人在无锡江阴市多个网络平台上发视频，反映江阴市山观实验小学的学生伙食非常差。视频显示，荤菜就是每人一根火腿肠，再就是萝卜白菜和海带汤。视频迅速在市民朋友圈刷屏，引发家长强烈反响。不少山观小学的学生家长说，早就听孩子说在学校吃得不好，但没想到这么差。

这样的学生午餐并不正常。江阴市山观实验小学的学生午餐费用是家长按每顿8.5元的标准集中交给学校,这个标准是学校根据当地市场情况制定的。家长们质疑交的钱是否真的花在了学生身上,于是一部分家长便去向学校负责人询问。

学生家长说:"当时有一些家长直接到校长室去交流,学校解释是偶尔,很少有这样的事情,好像是说那天送餐车没有及时送到吧。"

这样敷衍的解释并没有让家长们信服。由于事关孩子们的健康和生活,这件事很快也引起了当地纪检监察机关的关注,随后他们着手开始调查。

江苏无锡江阴市纪委监委副主任陆欣说:"我们首先委托了专门的机构对学校食堂的财务进行审计,希望通过审计来发现到底有没有什么问题。审计去的时候不是很顺利,学校把所有的收据都毁掉了,相关的涉案人员也都与供应商进行了一一串通。"

经过及时处理,被销毁的原始单据恢复出来一部分。调查人员对照原始采购单据和后来开具的学校食堂账目,发现学生餐费的确被克扣,而且程度令人震惊。

陆欣说:"审计调查的结果显示,学生伙食费是每天8.5元的标准,但是实际上学生每天吃到的只有3元—3.5元,我们感觉这个问题已经是触目惊心,令人震惊了。"

根据审计等发现的问题,江阴市纪委监委很快将主要责任人锁定为山观实验小学总务主任龚秀娟,并进行了全面初核,随后对龚秀娟采取了留置措施。调查很快有了结果,龚秀娟利用职务之便,克扣学生伙食费,少数被挪用于学校其他开支,多数则被龚秀娟个人贪污,用到了个人和家庭消费上。

2014年,山观实验小学原总务主任退休,龚秀娟接手后,感到有漏洞可钻。此前,学校里一些不合规的开支账面上无法支出,校领导默许从学生餐费里挤占一点来解决,因此校领导和财务对食堂账目的管理都是睁只眼闭只眼。龚秀娟觉得,既然这样,多弄出一些钱来据为己有也不会被发现。

龚秀娟一边压低食材品质和采购成本,一边让供货商们在票据上把钱数往高了开。一高一低之间,差额留在了龚秀娟自己口袋里。

龚秀娟在三年多时间里,贪污金额达131万,这笔钱是从山观实验小学两千多个孩子们的嘴里一顿饭一顿饭克扣出来的。这样恶劣的行为能够得逞,也暴露出学校食堂的日常监管存在缺失。

很简单的操作,却能长期存在,无锡市纪委监委感到这一问题可能具有普遍性,已经成为潜规则。

意识到问题的严重性,无锡市纪委监委决定在全市范围内进行一次彻底的调查。

这次巡察后,无锡市向社会公布了巡察结果,并敦促全市的中小学和幼儿园食堂进行整改。

无锡市纪委监委也向市委市政府提出建议,改革食堂供应体制,规范各个环节流程，加强监管，保障全市66万3到15岁的孩子吃好饭。

改革后，无锡市建立起“统一采购、统一加工、统一配送、统一价格、统一质量标准、统一服务规范”的配送体系，确保质量和安全；同时，还向全社会公开招聘志愿者，组成义务监督员队伍，不定期对各学校食堂进行监督，很多家长报名参与。

孩子的吃饭问题不是小事，是千家万户关心的大事。这一案件的查办和后续改革也得到了家长和社会的认可。

个别学校连孩子的伙食费都要克扣，这些“苍蝇”真是无孔不入。这些滋生在民生领域的微腐败，涉及的金额也许看上去不那么巨大，但对民心的伤害却不小。反腐无小事，民心是最大的政治。习近平总书记指出，要持续纠治教育医疗、养老社保、扶贫环保等领域腐败和不正之风，解决好群众的“急难愁盼”问题，让人民群众感受到公平正义。坚持“老虎”“苍蝇”一起打，清扫这些基层的微腐败，整治群众身边的腐败和不正之风，群众的反腐获得感才会成色更足。

（2021年2月1日《焦点访谈》）

训练提示：孩子在学校的吃饭问题是千家万户关心的大事，贪污腐败分子通过虚列菜品、虚增数量、虚提价格等肮脏手段套取、贪污学生的伙食费，这样恶劣的行为是社会和法律决不容忍的。因此，播报本节目时，要用凝重型节奏，突出问题的严重性，更好地传递节目主旨。

三、低沉型稿件

秋天的怀念

史铁生

双腿瘫痪后，我的脾气变得暴怒无常。望着望着天上北归的雁阵，我会突然把面前的玻璃砸碎；听着听着李谷一甜美的歌声，我会猛地把手边的东西摔向四周的墙壁。母亲就悄悄地躲出去，在我看不见的地方偷偷地听着我的动静。当一切恢复沉寂，她又悄悄地进来，眼边红红的，看着我。“听说北海的花儿都开了，我推着你去走走。”她总是这么说。母亲喜欢花，可自从我的腿瘫痪后，她侍弄的那些花都死了。“不，我不去！”我狠命地捶打这两条可恨的腿，喊着：“我活着有什么劲！”母亲扑过来抓住我的手，忍住哭声说：“咱娘儿俩在一块儿，好好儿活，好好儿活……”

可我却一直都不知道，她的病已经到了那步田地。后来妹妹告诉我，她常常肝疼得整宿整宿翻来覆去地睡不了觉。

那天我又独自坐在屋里,看着窗外的树叶“唰唰啦啦”地飘落。母亲进来了,挡在窗前:“北海的菊花开了,我推着你去看看吧。”她憔悴的脸上现出央求般的神色。“什么时候?”“你要是愿意,就明天?”她说。我的回答已经让她喜出望外了。“好吧,就明天。”我说。她高兴得一会坐下,一会站起:“那就赶紧准备准备。”“哎呀,烦不烦?几步路,有什么好准备的!”她也笑了,坐在我身边,絮絮叨叨地说着:“看完菊花,咱们就去‘仿膳’你小时候最爱吃那儿的豌豆黄儿。还记得那回我带你去北海吗?你偏说那杨树花是毛毛虫,跑着,一脚踩扁一个……”她忽然不说了。对于“跑”和“踩”一类的字眼儿,她比我还敏感。她又悄悄地出去了。

她出去了,就再也没回来。

邻居们把她抬上车时,她还在大口大口地吐着鲜血。我没想到她已经病成那样。看着三轮车远去,也绝没有想到那竟是永远的诀别。

邻居的小伙子背着我去看她的时候,她正艰难地呼吸着,像她那一生艰难的生活。别人告诉我,她昏迷前的最后一句话是:“我那个有病的儿子和我那个还未成年的女儿……”

又是秋天,妹妹推我去北海看了菊花。黄色的花淡雅,白色的花高洁,紫红色的花热烈而深沉,泼泼洒洒,秋风中正开得烂漫。我懂得母亲没有说完的话,妹妹也懂。我俩在一块儿,要好好儿活……

训练提示:双腿瘫痪,生活一片沉寂,然而母亲为了悉心照顾作者,一直隐瞒病情,直至去世。这哪是文字啊,分明都是血和泪,读来不禁使人潸然。本篇文章的节奏类型为低沉型,文章中“我”的消沉与母亲的爱形成对比,因此,播读描写母亲的句子时应该用爱的语气,与“我”的不耐烦、焦躁形成对比。文中的转折为母亲隐瞒病情直到发病去世,播读时应该在“我”对母亲的不舍中增加哀痛的语气,最后一段在语已尽、意无穷的意境中表现出“我”和妹妹坚强活下去的勇气。低沉型节奏决定了播读时的用声是偏暗偏沉的,语势结尾下落,语速较缓。

背　影

朱自清

我与父亲不相见已二年余了,我最不能忘记的是他的背影。

那年冬天,祖母死了,父亲的差使也交卸了,正是祸不单行的日子。我从北京到徐州，打算跟着父亲奔丧回家。到徐州见着父亲，看见满院狼藉的东西，又想起祖母，不禁簌簌地流下眼泪。父亲说："事已如此，不必难过，好在天无绝人之路！"

回家变卖典质，父亲还了亏空；又借钱办了丧事。这些日子，家中光景很是惨淡，一半因为丧事，一半因为父亲赋闲。丧事完毕，父亲要到南京谋事，我也要回北京念书，我们便同行。

到南京时，有朋友约去游逛，勾留了一日；第二日上午便须渡江到浦口，下午上车北去。父亲因为事忙，本已说定不送我，叫旅馆里一个熟识的茶房陪我同去。他再三嘱咐茶房，甚是仔细。但他终于不放心，怕茶房不妥帖；颇踌躇了一会儿。其实我那年已二十岁，北京已来往过两三次，是没有什么要紧的了。他踌躇了一会儿，终于决定还是自己送我去。我再三劝他不必去；他只说："不要紧，他们去不好！"

我们过了江，进了车站。我买票，他忙着照看行李。行李太多了，得向脚夫行些小费才可过去。他便又忙着和他们讲价钱。我那时真是聪明过分，总觉他说话不大漂亮，非自己插嘴不可，但他终于讲定了价钱；就送我上车。他给我拣定了靠车门的一张椅子；我将他给我做的紫毛大衣铺好座位。他嘱我路上小心，夜里要警醒些，不要受凉。又嘱托茶房好好照应我。我心里暗笑他的迂；他们只认得钱，托他们只是白托！而且我这样大年纪的人，难道还不能料理自己么？唉，我现在想想，那时真是太聪明了！

我说道："爸爸，你走吧。"他往车外看了看，说："我买几个橘子去。你就在此地，不要走动。"我看那边月台的栅栏外有几个卖东西的等着顾客。走到那边月台，须穿过铁道，须跳下去又爬上去。父亲是一个胖子，走过去自然要费事些。我本来要去的，他不肯，只好让他去。我看见他戴着黑布小帽，穿着黑布大马褂，深青布棉袍，蹒跚地走到铁道边，慢慢探身下去，尚不大难。可是他穿过铁道，要爬上那边月台，就不容易了。他用两手攀着上面，两脚再向上缩；他肥胖的身子向左微倾，显出努力的样子。这时我看见他的背影，我的泪很快地流下来了。我赶紧拭干了泪。怕他看见，也怕别人看见。我再向外看时，他已抱了朱红的橘子往回走了。过铁道时，他先将橘子散放在地上，自己慢慢爬下，再抱起橘子走。到这边时，我赶紧去搀他。他和我走到车上，将橘子一股脑儿放在我的皮大衣上。于是扑扑衣上的泥土，心里很轻松似的。过一会说："我走了，到那边来信！"我望着他走出去。他走了几步，回过头看见我，说："进去吧，里边没人。"等他的背影混入来来往往的人里，再找不着了，我便进来坐下，我的眼泪又来了。

近几年来，父亲和我都是东奔西走，家中光景是一日不如一日。他少年出外谋生，独立支持，做了许多大事。哪知老境却如此颓唐！他触目伤怀，自然情不能自已。情郁于中，自然要发之于外；家庭琐屑便往往触他之怒。他待我渐渐不同往日。但最近两年的不见,他终于忘却我的不好,只是惦记着我,惦记着我的儿子。我北来后,他写了一信给我,信中说道:"我身体平安,唯膀子疼痛厉害,举箸提笔,诸多不便,大约大去之期不远矣。"我读到此处,在晶莹的泪光中,又看见那肥胖的、青布棉袍黑布马褂的背影。唉!我不知何时再能与他相见!

训练提示:望着父亲攀爬月台的背影,作者的心受到深深的触动,一个自以为是的少年顿悟了父亲的爱。作者行文时已近而立,颇为当时的自以为是自责辛酸。本文的节奏类型为低沉型,体现的是不善言语的父亲对孩子深沉的爱。文章的第二至六自然段用回忆的方式让受众真切地感受到一个慈父的形象。播读整个回忆过程时,应该用爱中带着伤感的语气,尤其是父子的话语交流更应在低沉中带有关切,只是父爱的表达方式不同。描述父亲去买橘子的过程,用语平实,但应质朴中透着深情。

四、高亢型稿件

长征,迎着民族复兴的曙光(节选)

长征,是中国共产党和中国革命事业从挫折走向胜利的伟大转折点,是20世纪中国共产党人创造的壮丽史诗。

长征的起步,并非高歌猛进而是被迫突围。它是在抗日救亡成为全民族最紧迫的任务、中国面临民族危亡的情况下发生的;它是在国民党当局对苏区进行大规模"围剿"、党内出现严重"左"倾教条主义错误、中国共产党及其领导的红军面临生死存亡严重危机的情况下发生的。当时的舆论认为,"国共胜负已成定局,红军已是死路一条"。国民党也认定红军"流徙千里,四面受制,下山猛虎,不难就擒"。长征就是这样一个"把活路堵死、向死路求生"的生死抉择,而红军就是在去向渺茫的"绝路"上获得了新生。

这是民族精神史上的不朽丰碑,是坚强意志、革命勇气的传奇。悬殊的敌我力量、恶劣的自然环境、严峻的党内斗争,历史将三重考验一股脑抛给这支年轻的队伍。天上每日几十架敌机侦察轰炸,地上几十万大军围追堵截;峡谷激流,雪山沼泽,鸟飞不下,兽铤亡群;教条主义桎梏,分裂主义挑衅。两万五千里,步步是险境、处处关生死,红军在难以想象的艰险中克关夺隘,绝处求生。

这是世界战争史上的伟大壮举,是以弱胜强、挑战极限的奇迹。在《红星照耀中国》一书中,作者罗列了一些自己都难以置信的数字:中央红军在367天的长征中,进行了300余次战斗,平均每天就有一次遭遇战。两万五千里路程上,他们只休息了44天,日均行军74里……各路红军跋山涉水、爬冰卧雪、草根果腹、皮带充饥,血战湘江、四渡赤水、飞夺泸定桥、转战乌蒙山、强渡嘉陵江、激战独树镇……十多万红军指战员血洒征途,前赴后继,汇成一股势不可当的铁流。

目睹两万五千里长征的艰苦卓绝和惊天逆转,甚至连敌人都不得不感佩。1936年10月,红军长征三大主力会师陕北,蒋介石喟然长叹:"六载含辛,未竟全功。"

毛泽东同志豪迈地说,自从盘古开天地,三皇五帝到于今,历史上曾有过我们这样的长征吗?没有,从来没有。

训练提示:长征,是中华民族精神史上的不朽丰碑,是坚强意志、革命勇气的传奇,是我党的革命事业的伟大壮举,也是世界战争史上挑战极限的奇迹。试想,若非坚强的民族信念,如何能创造这样的奇迹?本文以昂扬有力的笔触展现了人民军队不畏艰难的钢铁意志。节奏类型为高亢型。文章第四自然段介绍了很多令人难以置信的数字,赞扬了人民军队大无畏的精神。文章的最后一个自然段是毛泽东同志对长征的总结,更增添了士气,给人以强烈的鼓舞。播读时,要引导受众产生一种高亢激越的情绪。

国庆70周年阅兵式解说词(节选)

海　霞:今天是你的生日,我的中国!在这个不同寻常的节日,相信每一位中华儿女都会从心底里说一句:我爱你,中国!

康　辉:70年风雨兼程,天安门广场上的红飘带寓意着红色基因连接历史、现实与未来!

海　霞:今天的天安门广场是世界瞩目的中心,今天的中国正前所未有地靠近世界舞台中心!

康　辉:长安街上,人民军队精神抖擞,这支曾经穿草鞋、拿梭镖走上征途的队伍,现在已经拥有了自己的航母和新一代隐身战机,正阔步迈向世界一流军队!此时此刻,四名上将、两名中将、一百多名少将、近一万五千名官兵列队完毕,等待接受统帅的检阅,接受祖国和人民的检阅!

海　霞:长安街两侧,身穿节日盛装的十万游行群众已集结完毕,一个多小时后,他们将组成一个个方阵从天安门前通过,向全世界展示自由、生动、欢愉、活泼!70年前,中国人的平均预期寿命只有35岁,70年后的今天已经达到77岁。70年来,不断创造奇迹的中国让世界刮目相看!

康　辉:新中国用短短几十年的时间走过了西方发达国家几百年的工业化历程,70年前的中国满目疮痍、积贫积弱,今天中国已经成了世界第二大经济体,是全球经济发展的第一引擎!

海　霞:长安街,始建于明代,寓意长治久安。回望长安大街,它记载着一个国家的兴衰和曾经有过的悲伤、挣扎、奋斗、喜悦,也记载着我们浴血奋战得解放、披荆斩棘成大道、砥砺奋进新时代的伟大征程!今天,走在中国特色社会主义道路上,我们无比自豪,无比自信!

康　辉:黄河长江的浪,长城内外的风,起起伏伏,多少仁人志士,上下求索!

海　霞:革命先行者孙中山,凝视着天安门广场,他曾经奋力让黑暗的中国走向黎明!

康　辉:开国领袖毛泽东,注视着天安门广场,他让沉睡的东方雄狮,昂起了头颅!

海　霞:1949年,一唱雄鸡天下白,中国迈进新纪元!

康　辉:此时此刻,地域不同、口音不同的人们汇聚在这里,有56个民族的兄弟姐妹、有港澳台同胞和海外侨胞,有关心和支持中国发展的外国友人,我们将共同见证历史!

康　辉:中央广播电视总台!

海　霞:中央广播电视总台!

康　辉:这里是中华人民共和国首都北京!

海　霞:我们在这里向全球直播"庆祝中华人民共和国成立70周年大会"!

康　辉:一个必将载入史册的国家盛典,即将开始!

训练提示:新中国成立70年来,改革发展硕果累累。国庆70周年阅兵式解说,气势如虹、不同凡响、值得回味。本篇为70周年阅兵式的解说词节选,表达时一定要贴合举国上下普天同庆的主题,使受众听后受到感染,心潮澎湃。本文的节奏类型为高亢型,又因是盛况直播,更应贴合高亢激越的现场氛围。

五、舒缓型稿件

曼妙的温暖(节选)

苏美玲

是傍晚华灯初上时分吧,漫天飘起雪花,这样紧,这样密密麻麻,它们在灯光里飞旋曼舞,轻灵而自由,浓烈而洒脱,充满着跌落凡尘的快乐。抬头看天,黑黑的天幕下,如此洁白的雪花，迫不及待地飘落，从一个点望过去，好像有无数条射线垂挂下来，那样美！屏息静气，伏在窗前，静静聆听着雪花纷落于大地的美妙乐音。那似曾相识的美丽，感动由此盈盈充溢于心间，心顷刻间柔软起来，满是辽远澄澈。

许多人关于雪的乐趣，大概都来自童年的记忆吧。那时的雪，在该来的时候，自然会如约而至，每年的相逢是那样理所当然。那时候，我们可能坐于炉火边，或者伏在父母的膝上，听他们有一搭没一搭地聊着儿女的趣事或讨论着冬田里麦子的长势，或者我们憨顽地啃几口刚刚在炉火上烤得熟透的地瓜，满屋子里飘荡着温暖和清香，是那般悠闲惬意。忽而听见头顶的瓦楞上，有雪花"簌簌"唱歌的声音，猛地推开房门，欢快地喊叫"下雪了，下雪了！"本想着在院落里迎接雪花的，却被父母劝阻："等明天早早起床吧，好去堆雪人。"于是，只得钻进被窝，想象雪花的模样，一定是可爱调皮的吧。想着想着，就慢慢地进入了甜蜜的梦乡。

第二天，沿着大人们清扫好的小路，邀上几个小伙伴，去麦场上玩耍。打雪仗、堆雪人，还有的兀自在雪地上刻画着自己的脚印，陶醉于那踩在雪上咯吱咯吱的脆响……通常这个时候，大人们是宽容的，有的在远远地看着，有的竟也一起帮忙堆雪人，拿了黑玻璃球做眼睛，胡萝卜当鼻子，再在它的脖子上系一条花花绿绿的围巾。那雪人即刻像一个娇羞的女孩，变得生动灵秀起来。这时候，孩子们会围着雪人玩"老鹰抓小鸡"的游戏，空阔的麦场上传来一阵阵笑声。那些雪花呵，把时间停住，把风停住，把云停住，把人也停住。于是，拖了一地暖暖的温情，向冬天跑去。

极喜欢白居易的《问刘十九》一诗："绿蚁新醅酒，红泥小火炉。晚来天欲雪，能饮一杯无？"不知道诗人是以什么样的心态，将这平常物入诗，自然流畅，意蕴绵长。在这寒冷的冬日里，念起这样的诗句，唇齿含香。想象小火炉的几多温馨，想象和朋友围炉夜话，把酒话尘世的风情，该是端坐于矮矮低低的茅草屋里吧。在静静的雪夜里，氤氲了怎样一段曼妙的温暖。

训练提示：曼妙纷扬的雪景，使作者联想到纯净快乐的童年，还有比童年的美好记忆更让人觉得美妙无邪的吗？本文对雪景的描写，表现了作者爱雪、爱生活的美好心态。文章的节奏类型为舒缓型，但第二自然段描写童年记忆的部分应加快节奏。堆雪人的过程也应在舒缓中带有愉悦。最后一个自然段的诗使文章回归舒缓、平静，用诗点题，使受众沉浸于曼妙的温暖之中。

周庄　梦里那一处水乡

周庄，在去的时候就知道它的基本轮廓与场景了，因为周庄实在太出名了，按理这样的旅行不会给我太多的感触。然而,步入周庄"小桥流水人家"的画卷中,置身于"贞丰泽国""唐风孑遗"牌匾前的时候,周庄的神韵还是让人不由地心怀激荡。面对一个有近千年历史的水乡古镇,我却不愿浸泡在历史的斑驳与时间的洪流中去赏玩周庄的美,因为周庄经历了近千年的风雨洗礼后,她依然如同一个妙龄的姑娘一样,娴静、幽雅地停驻在每个经过她身旁的人面前。

柳亚子与诸友在她的臂弯题写下了数百首诗篇。"贞丰桥畔屋三间,一角迷楼夜未央。尽有酒人倾自堕,独留词客赋朱颜"的诗句至今传唱。陈逸飞在她的身侧,用画笔临绘她的倩影,于是有了以周庄的双桥为素材的油画——《故乡的回忆》。陈逸飞先生的周庄角隅,在大洋彼岸引起轰动。后来这幅画上了联合国的邮票首日封。于是,《故乡的回忆》、画家陈逸飞、周庄一道在这个世界大放异彩。

余秋雨来了,怀揣着水乡的梦,走的时候还在回味——斑驳的青灰色像清晨的残梦,交错的双桥坚挺而又苍老,没有比这样的图像更能概括江南小镇的了,也没有比这样的江南小镇更能象征故乡的了。

吴冠中也来了,同样带着画笔,同样怀揣着水乡的梦,他看到了"轿从前门进,船从家中过",并画了一幅闻名于世的油画——《船从家中过》。他像审视自己的作品一样,认真遴选了祖国的大山名川之后,道出:黄山集中国山川之美,周庄集中国水乡之美。

三毛一生不曾停住的脚步,曾在这里走过——周游世界的她,也不免神情激动,眼泪汪汪。

很多人,踩着前人的足迹来了,画家、摄影家、建筑学家、作家……还有更多的像我一般怀揣着水乡梦的人来了,这里开始挤满了来自五湖四海的脚步,这里也收藏了所有人关于梦、关于美的幻想与期盼。

关于周庄曲折多变的小巷,似是清雨泽润的石阶,或曲或直的小桥,明澈清凉的流水,错落有致的人家……很多人不能言语,因为充满诗意的周庄,似乎只能用诗的言语去描绘。有人说,最美的诗在每个人心里。或许只有踏上周庄的那一刻,你或者我才真正可以体悟,但是仿佛所有的体悟又在那一刻终止了,不能言传、不能与人分享。

周庄,一个无所不美的地方,美得却是那么不可名状。在那里你才知道,有些风景只用眼睛去欣赏是多么不够,甚至是在抹杀那些诗意、那些浪漫。

(2005年8月10日中国网)

训练提示:周庄的民居建筑、民俗风情都是中华优秀传统文化的代表。在作者笔下,周庄如同一个妙龄的姑娘一样,娴静、幽雅。"她"给诗人泉涌般的灵感,给画家取之不尽的意象,给文人墨客万般美的幻想与期盼。这样柔美温婉的笔触决定了有声语言表达必定是舒缓型节奏,在浅吟低唱中将那些诗意、那些浪漫娓娓道来。

六、紧张型稿件

患难朋友(节选)

〔美〕菲利普·扬西

1971年10月1日,炎热的夏天刚刚结束,两个年轻的加拿大人来到哥伦比亚的格兰西尔国家公园,打算一起攀登2000多米高的巴鲁·帕斯山,在这里度过愉快的假日。男的叫马尔克姆·艾斯皮斯莱特,19岁;女的叫拜波·贝克,18岁。他们一路顺利爬上顶峰,不料天气突然变化,下起了雪,把二人困在山上。没办法,他们只好躲进小窝棚过了一夜。

第二天上午,雪停了,这对年轻人立即开始野游。拜波脚上穿着高筒靴,踩在融雪结成的冰面上,却不住地闪着趔趄。

山上有条小道,顺着小溪蜿蜒伸向山下。一个小时后,两人沿着小路来到山腰,在此停住脚步,靠着被山风吹积而成的雪墙休息。

太阳出来了,照在身上暖洋洋的,他们只穿汗衫,把脱下的外衣捆在腰上,重登旅途,马尔克姆在前面领路。

沿着小路走了100多米,马尔克姆猛地刹住脚步,只见右方20米处,两头小熊正在山塘旁边嬉戏玩耍。他们昨天从望远镜里看见过一头母熊带着两头小熊,不过隔得很远,只觉着有趣,并不怎么害怕。可是现在说不定就有一头母熊,弄不好就是昨天见过的那头大灰熊,隐藏在后面那片树林里呢!

马尔克姆一动不动地站着,心里暗暗盘算该怎样应付眼前的情况。如果不惊动它们,也许能溜之大吉。可他刚要抬脚迈出第一步,一头母熊呼地从树林里面扑过来,同时发出刺耳的尖叫和咆哮。灰白色的皮毛在阳光照耀下油光闪亮,脊背上耸起一坨特有的肉峰。拜波知道是碰上了灰熊,别的野兽像这么大的个头没有能跑这么快的。扑上来的灰熊张开血盆大口,喷吐着膻腥的唾沫,发出阵阵短促的咆哮。在这千钧一发之际,马尔克姆学着鸭子扎猛,向下一蹲,躲过了狗熊的冲撞,但是挨了重重的一下。

他昏了过去,一会醒来抬头一看,发现自己已经被抛到3米以外的地方。狗熊撵上了拜波,正站在她的腿上要撕咬她的脖子,她趴在雪地里一动不动。马尔克姆本能地从腰里拔出猎刀,大喝一声,毫不犹豫地冲上去——时间已经不允许他再有丝毫犹豫。母熊直立起来有2米多高、比他重270多公斤。他跳到狗熊后背上,狗熊纹丝不动。

马尔克姆听到狗熊牙齿发出咯吱咯吱的声响,他怒不可遏,用尽全身力气,狠狠地把猎刀捅进狗熊的脖子,又蹬住狗熊肥厚的脊梁向上爬了爬,攥紧刀柄,使劲一剜。

“扑”,烫人的鲜血喷了出来,狗熊发出震耳欲聋的号叫,朝后猛一摆头,匕首脱手飞出,刺伤了马尔克姆的手腕。

这时,狂暴至极的母熊伸出两只巨大的熊掌,把马尔克姆死死抱住。血的腥气和熊身上的膻臊熏得他直想呕吐。两只大熊掌凶狠地拍打他的身体。第一掌就像摘假发套似的撕去了他的头发,连头皮也被扒得一干二净。狗熊又抱住他,一块朝山下滚去,一直滚到沟底。狗熊露出钉耙似的牙齿一次次地啃他的脸,弯下腰撕嚼他的脖子和肩膀。马尔克姆用拳头有气无力地捶打狗熊鼻子,然而无济于事。

事情到了这步田地,马尔克姆也就闭上了眼睛,不再挣扎。他心想:完了,全完了。说来让人难以相信,狗熊见他不动弹,忽然嘴下留情,抓起泥土和枯枝盖在他身上,摇摇晃晃地走开了。

马尔克姆起初不敢相信自己还活着。他的身子一半在水里,一半在岸上。除了手腕痛得揪心,别的地方倒没觉着怎么样。他慢慢地挣扎出水塘,用微弱的声音喊着:“拜波,你不要紧吧?”

拜波害怕狗熊还在附近,没敢回答。她爬到沟边,先看见一团鲜血淋漓的头发,之后又发现了马尔克姆。他的脸部血肉模糊,难以辨认,右边的脸皮整个朝后掀过去,肌肉全部裸露在外。她大喊一声:“马尔克姆,坚持住,我去找人!”说完把外衣扔给他,拔脚朝山下的旅馆跑去。

马尔克姆静静地躺了一会,他很想查看一下身上的伤势:手腕已经不能动弹,肯定是断了;一只膝盖脱臼;用舌头舔舔,嘴里靠前的牙齿全都没有了。一只眼睛还能勉强看见东西,但是却不敢看,因为他看见自己的脸皮软软地垂耷下来。他希望这场生死搏斗根本不曾发生,仅仅是一场噩梦。

马尔克姆倚着一截树桩不知坐了多久,救护人员赶到这里。他的好友高迪赶来后不禁倒吸一口冷气,一个毫无血色的白生生的头髅赫然映入他的眼帘。急救站的医生迅速用纱布包好他的头部和腿上被狗熊咬烂的地方,用无线电请求直升机来救援,然后把他送到了维多利亚女王医院。

手术进行了 7 个小时,医生们在他身上缝了 1000 多针。

顽强的生命终于开始复苏。圣诞节前的一天,护士为他换纱布,他乘护士暂时走开的时候艰难地挪到浴室的镜子前面,刚刚向镜子里瞥了一眼就几乎晕过去:医生用胳膊上的肌肉为他安上了假鼻子,又把腿上的皮贴在脸上;没有头发,满脸疮疤。他一连几个星期拒不见人。拜波的来信堆积成山,他也不再理睬。

但是拜波并不气馁,她一直按时给马尔克姆写信。

圣诞节以后,拜波千里迢迢赶到医院,马尔克姆内心受到不小的震动。两人隔着纱布推心置腹地做了长谈。马尔克姆很固执,可是拜波比他更“拗”。马尔克姆心想,也许她真爱我。

一月,一封催婚的情书飞来,驱散了他心中的阴云。二月,在这次不幸事件发生五个月后,一个步履蹒跚、体质孱弱的人在福特·兰格利火车站下了火车,一位姑娘笑容满面地急步迎上去。

1973 年 7 月 21 日,两人举行了婚礼。

有人问拜波,她嫁给马尔克姆是否迫于道义的压力,她回答说:"过去我爱马尔克姆,现在我仍然爱他。生活绝不会一帆风顺,伤痕不能改变人的品德。"

训练提示:在雪地里和直立起来有 2 米多高的母熊搏斗,年轻人临危不惧,勇敢冷静,搏斗场面惊心动魄,备稿时要体会到男主人公命悬一线的紧迫感。

本文前几段是对两人爬山过程中遇到小危险的描述,也是为之后遇到大灰熊埋下伏笔,相对于后面的段落,文章开篇较为舒缓,但要与全文的紧张型主导节奏相协调。第六自然段到第九自然段是人与熊搏斗的段落,这几段既是本文的重点段落,也是最紧张的部分,因此多用急的语气。从"到了这步田地……",事情出现了转机,紧张型节奏略微调整。在描述男主人公伤势的段落时,语气略急,以表现伤势的严重性,但急的语气在度的把握上应有所控制。从火车站下车与心爱的人见面一直到结婚,文章转入平和,语气变为喜悦。最后一个自然段语气舒缓,留给受众思索回味的空间。

山东栖霞笏山矿难:救援难度大　矿工安危牵动人心

杨兵、王娇妮

截至 1 月 15 日 14 时,距离山东栖霞矿难发生已过去 120 小时,为了 22 名被困矿工的生命,救援依旧在争分夺秒地进行中。五天前,这座金矿发生爆炸事故,井下工人至今失联。

记者 15 日再次来到事发地,积雪融化后的土路十分泥泞,连日来,救援人员与各类机械设备,以及应急、消防、公安等车辆都经由这条四五米宽的土路奔赴救援一线。

走近救援现场,多台钻井机高高矗立,钻头不断地向地下钻探。从地面向下打钻,是为了给被困人员打通另一条生命通道,用于通风放气、传送给养。

爆炸发生于笏山金矿井下"一中段"(离井口 240 米),而 22 名矿工分别位于"六中段"(离井口 698 米)和"五中段"(离井口 648 米)。目前,共有 6 个钻孔在同时进行施救。截至 15 日 12 时,其中 1 个钻孔已完成进尺 526 米,离被困人员所在位置还剩 100 多米。

然而,随着深度增加,钻孔施工难度增大。由于地质条件复杂,岩层构造裂隙易造成钻孔“卡钻”,导致个别钻机推进速度缓慢甚至停滞。同时,钻孔与巷道贯通后,如涌水量过大,易造成井下水位提高,给被困人员安全造成威胁。救援指挥部正通过实时检测钻孔涌水量等及时调整施工方案。

顺着救援人员奔跑的路线向前,就来到了此次救援的中心区域——回风井井口。连日来,救援人员试图从这里打通通道,然而困难重重。

爆炸导致井筒内设施被破坏,障碍物大量堆积,供风、供排水管路、供电和通信缆线以及梯子间设施脱落,相互搅在一起,还有矿车等堵塞在井筒中,初步探测堵塞厚度达 7 米,清障难度很大。

截至目前,对回风井井筒障碍物的清理,仍停留在距地面 340 多米。

记者在现场了解到,为确保清障过程中的人身安全,按照人与物不能混合提升的原则,提障时操作人员需撤离,这也导致了障碍物提升循环周期长。同时,为防止产生有害气体,目前只能采用液压切割机对电缆和钢丝绳进行切割、采用气割对金属障碍物切割,效率较低。

“不惜一切代价、穷尽一切手段,在现有技术条件下,继续采用多种方式,有针对性地解决救援困难,尽最大努力营救被困人员。”救援指挥部正不断调整方案,确保救援加速推进。

距离事故发生已过去五天,事故责任单位相关责任人因迟报矿难已被控制,等待他的将是严肃查处、严肃追责,事故原因也已同步启动调查,而矿工们的安危依然未知,牵动人心。

当日,山东栖霞又飘起雪花,新一轮降温即将到来,但救援一刻不停,救援队伍与设备不断增加,目前已有 11 支专业救援队伍和 1 支消防救援队伍,救援人员 431 人、各类机械装备 265 台(套)投入救援。救援人员头上不同颜色的安全帽,代表了不同的职责,但目标只有一个——为了 22 个矿工的生命。

(2021 年 1 月 16 日中新网)

训练提示:为了抢救 22 位矿工的生命,救援工作正在紧锣密鼓地进行。其中 1 个钻孔已完成进尺 526 米,离被困人员所在位置还剩 100 多米。然而,随着深度增加,钻孔施工难度增大、困难重重。当日,山东栖霞飘起雪花,新一轮降温即将到来,给救援工作又带来一重困难。等待救援的矿工命悬一线,令人紧张揪心。本文节奏类型为紧张型,第一段是新闻的导语,紧张的气氛就已经起来了,此后的第二、三、四段,介绍了当前情况。第五段开头的“然而”,让气氛更加紧张,说明救援情况不容乐观。直到最后一段,作者列举了一系列救援数字,紧张感依然存在,因为被困矿工仍生死未卜。播读这篇文章时,始终要把握好对矿工生命的重视、对救援工作进展的关注,多连少停,严肃紧张。

后 记

《播音创作基础训练教程》出版第三版了。怀着一份感激、一份兴奋当然还有一些忐忑不安，向将要使用这本教程的同行、学生做一简单介绍，向所有帮助过我们的人说一声谢谢。

本书的编写目的主要是针对小课训练，比较适合作为专业院校的小课训练教材。针对市面上的教材大多从段篇练起的情况，这本训练教材是从例句练起，而后循序渐进到段篇，并以不同体裁的例稿作为训练素材。每章内容包括教学目的、教学要求、重点难点、理论概述、训练建议、示例分析、训练材料，其中示例分析、训练材料是重点。在示例分析中，每种语言技巧的每一个类型都附有详细讲解。以"停连"一章为例，包括十种不同停连类型的各十个例句、不同停连处理方式的各十个例句；在训练材料中包含若干新闻消息、新闻评论、新闻专稿、文学作品等。这本教材对于专科层次及本科层次都较为适用，比较方便教师针对学生个体情况的不同选择不同的训练素材，因材施教。

书中用到的语言表达技巧的理论概述部分，参考了张颂教授的《播音创作基础》一书，我和我的同事们在此对张颂教授为播音主持教育事业所作的贡献表示深深的钦佩和敬意！作为后辈的我们从他的著述中获益良多。

书中各种技巧的训练离不开具体稿件，我们选用了部分经典名篇，某些节目的播出稿，新华网、人民网、央视网等网站的一些优秀新闻报道，还增加了来自新媒体的内容。虽难以面谢，但在此我们要感谢这些作品的作者，感谢您的优秀作品在鼓舞世人的同时，也为我们的播音主持教学工作提供了优秀的训练范本。

限于时间和水平等诸多原因，本书难免存在一些问题，恳请前辈、同行和读者不吝赐教,多提宝贵意见,我们愿在鞭策中不断修正和进步!

最后,我们真诚地感谢中国传媒大学出版社的赵欣老师、张笛编辑,蒙其不弃,这本小书的第三版上架了,多谢!

李新宇

2024 年 5 月写于泉城济南

图书在版编目(CIP)数据

播音创作基础训练教程 /李新宇主编.--3 版.--北京:中国传媒大学出版社,2024.7

播音与主持艺术专业“十四五”规划教材　播音与主持艺术专业训练教材

ISBN 978-7-5657-3316-1

Ⅰ. ①播…　Ⅱ. ①李…　Ⅲ. ①播音—语言艺术—高等学校—教材　Ⅳ. ①G222.2

中国版本图书馆 CIP 数据核字（2022）第 195468 号

播音创作基础训练教程(第三版)

BO YIN CHUANG ZUO JI CHU XUN LIAN JIAO CHENG (DI-SAN BAN)

主　　编　李新宇

策划编辑　赵　欣

责任编辑　张　笛

责任印制　李志鹏

封面设计　拓美设计

出版发行　中国传媒大学 出版社

社　　址　北京市朝阳区定福庄东街 1 号　　**邮　　编**　100024

电　　话　86-10-65450528　65450532　　**传　　真**　65779405

网　　址　http://cucp.cuc.edu.cn

经　　销　全国新华书店

印　　刷　艺堂印刷(天津)有限公司

开　　本　787mm×1092mm　1/16

印　　张　16. 25

字　　数　350 千字

版　　次　2024 年 7 月第 3 版

印　　次　2024 年 7 月第 1 次印刷

书　　号　ISBN 978-7-5657-3316-1/G · 3316　　**定　　价**　58. 00 元

本社法律顾问:北京嘉润律师事务所　郭建平